文学欣赏与情商教育

主编　高勤华　李彦辉

郑州大学出版社

郑州

图书在版编目(CIP)数据

文学欣赏与情商教育/高勤华,李彦辉主编. —郑州:郑州大学出版社,
2018.12
ISBN 978-7-5645-5931-1

Ⅰ.①文… Ⅱ.①高…②李… Ⅲ.①文学欣赏-中小学-教材
②情商-能力培养-中小学-教材 Ⅳ.①G634.333②G631

中国版本图书馆 CIP 数据核字 (2018)第 284978 号

郑州大学出版社出版发行
郑州市大学路40号   邮政编码:450052
出版人:张功员   发行电话:0371-66966070
全国新华书店经销
河南文华印务有限公司印制
开本:787 mm×1 092 mm 1/16
印张:15.75
字数:375 千字
版次:2018 年 12 月第 1 版   印次:2018 年 12 月第 1 次印刷

书号:ISBN 978-7-5645-5931-1   定价:39.00 元
本书如有印装质量问题,请向本社调换

作者名单

主　审　李京辉

主　编　高勤华　李彦辉

副主编　李保民　赖梦晓　王景辉

编　委（排名不分先后）

王宝霞　王建霞　刘时琳　孙海潮

杜晓燕　张丽君　罗　菲

　　情商教育被誉为"教育中的贵族"，它包括丰富的语言表达能力、流畅的交际沟通能力、独特的创造力、深刻的理解力等。青少年正处于情商发展的关键时期，培养健全的心理结构尤为重要。文学欣赏则为青少年的情商发展提供了一条新的途径。

　　本书精选中外优秀文学作品，这些文学作品不仅能够丰富人们的知识、陶冶人们的情操，而且能够给人以精神的力量，提高人们的想象力、创造力、理解力和逻辑思维能力，这些正是青少年情商教育的重中之重。通过文学欣赏，可以使学生具有更高的精神境界、更开阔的胸怀和视野、更丰富的生活体验和人文修养、更有活力的人格魅力、更强的开拓精神和进取意识。

　　希望读者能够从本书中获益。

　　读书是一种美妙的精神之旅,畅游于浪漫而富有诗意的书的海洋世界中,该是怎样的一种幸福呢?借用英国哲学家培根《论读书》中的名句:"足以怡情,足以博采,足以长才!"徜徉书海犹如步入熠熠闪光、光华富丽的艺术殿堂中,让人叹为观止,流连忘返。书中充满了神奇的力量,对人的影响也是巨大的。读书,能陶冶情操,滋养心灵;能修身养性,育德性,导人生;读书,能医愚;能开启心智,让人聪慧;能致远,让人眼界宏阔,格局高,见地深。每一本书都像面前打开的一扇扇窗户一样,让我们看到一个个熟悉的或陌生的不可思议的窗外广阔领域,见所未见、闻所未闻的人物,跨越时空的风土人情让我们领略到不一样的人生风景,带给我们奇特的感受……古语说得好:"捧一帧书册,看史事五千;品一壶清茗,行通途八百。无须走马塞上,便可看楚汉交兵;无须程门立雪,便可听师长之谆谆教诲。"

　　《文学欣赏与情商教育》收录的都是名家名篇,许多都是我们耳熟能详的篇目,我看到这些篇目顿感亲切可人,读来朗朗上口,爱不释卷。本书很适合高中阶段及以后的不同人群阅读。文学欣赏部分更是写得精致,每篇的背景介绍和作者简历,为读者理解原文做了很好的铺垫;人物心理的刻画及情结分析都与社会背景、人生经历等有机地结合起来,分析得透彻深刻,细微处更是惟妙惟肖,充分呈现出了原文的思想性和艺术性;看得出通篇行文非常考究,结构层次清晰,读起来轻松自然,很容易跟着书中呈现的结构进入阅读和欣赏的状态。本书设计的新颖之处更在于在欣赏之后进一步做了情商分析,情商是文章中蕴含的情感、态度和价值观,这些内容既是文学欣赏的延伸,又是文学阅读的核心,文学阅读的价值在欣赏,欣赏的最高境界应该是情感、态度、价值观的领悟,即对情商的领悟。我时常读文学欣赏之书,也经常看一些励志的情商作品,但把文学欣赏和情商感悟结合在一起的实不多见。

　　所以,本书确实可读!读来必受益匪浅,既能怡情博彩,又能励志长才,特别适合青少年朋友。如今，我们大家都非常需要用读书来充实自己，让自己的生活变得丰富多彩，让自己的精神世界富足起来，让自己变得睿智、聪慧，目光如炬，胸怀似海，活出一份独特的绚丽和精彩！

2018 年 8 月

（作者为郑州职业技术学院院长、教授）

　　著名作家朱自清在他的著作《经典常谈》一书的序言中写道："在中等以上的教育里，经典训练应该是一个必要的项目。经典训练的价值不在实用，而在文化。"朱自清先生的这一主张得到当时教育界许多有识之士的赞同。的确，经典作品是真正的文化瑰宝，是取之不尽的思想宝库，是人类共同的精神财富，具有亘古不衰的无穷魅力和绵绵不绝的艺术生命。所以在信息化飞速发展和现代化进程大力推进的今天，我们仍需要阅读经典，细细品味名篇佳作，文化经典作品中所蕴含的思想精髓、丰厚意蕴和深沉哲思将使我们对生活、对人生有更深入更透彻的理解、感悟和启示，我们的生命因此而丰盈润泽，我们的人生因此而幸福飞扬……

　　朱光潜曾说："书是读不尽的，就算读尽也无用，许多书都没有一读的价值。多读一本没有价值的书，便丧失可读一本有价值的书的时间和精力，所以须慎加选择。"因此，我们在编写《文学欣赏与情商教育》这本书时，始终牢记朱先生的话，本着对读者高度负责的态度，对作品进行反复的筛选和严格的把关，选文都是脍炙人口的名篇佳作，每一篇文章都具有极高的阅读价值，具有极高的思想水平和艺术价值，集经典性、阅读性、鉴赏性、人文性于一体，可谓一场不容错过的"经典盛宴"。本书分为"上编——古诗文""下编——现代诗文"两部分。上下两部分所有选文都是最优秀的学习范本，最丰盛的精神源泉，这些思想深刻、内容丰富、文笔流畅、语言精美、充满真知和智慧、塑造灵魂的文化经典作品，对提高个人的文化素养、审美能力、思想境界、开阔视野、增进智慧、丰富情感方面都大有裨益。经典作品的确是人生的一种滋养，读者在品读时，要集中精力，静心阅读，用自己的心灵去触摸文字，去感受、去体验作品的无穷魅力，让书香盈满每个人的心田。但由于个人的生活经历、体验、阅读能力、文学素养、文化积淀、审美情趣等方面都有差异，再加上有些经典作品的创作年代比较久远，凝聚着作者当时生活时代的风貌特征，思想内容可能深奥难懂，所以，我们在编写时，在每篇作品下设"作品赏析""情商感悟"两个栏目，以引导读者进行阅读，帮助读者更好地理解作品。其中"作品赏析"精选专家学者对诗文的鉴赏，从作品形象塑造、语言运用、表达技巧、构思布局、情景意象等方面着眼,对读者整体感悟诗文的精妙之处,理解作品所表现的思想内容,把握作者所表达的真情实感方面有很好的引导作用。"情商感悟"在理解作品思想内容和思想感情的基础上,再对作品所反映出来的思想主题、作者观点态度进行更深层的解读,挖掘其人文性的精神内核,力求给予读者思想的启迪和升华,精神人格的完善和提升,心智的健全和丰富。因此,本书定位于"人文阅读",以期实现"爱的教育",让读者受到真善美的熏陶,引导读者智慧地处理生活、学习、工作和做人的关系,不断提高思想境界和道德情操,培养独立人格,成为高情商、高修养的人生赢家。

由于时间水平所限,书中疏漏在所难免,恳请读者批评指正。

编　者

2018 年 8 月

目录

上编 古代诗文

下编 现代诗文

上编

古代诗文

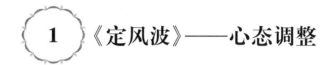

定风波

苏 轼

三月七日,沙湖道中遇雨。雨具先去,同行皆狼狈,余独不觉。已而遂晴,故作此词。

莫听穿林打叶声,

何妨吟啸且徐行。

竹杖芒鞋轻胜马,谁怕?

一蓑烟雨任平生。

料峭春风吹酒醒,

微冷,山头斜照却相迎。

回首向来萧瑟处,归去,

也无风雨也无晴。

译 文

三月七日,在沙湖道上赶上了下雨,拿着雨具的仆人先前离开了,同行的人都觉得很狼狈,只有我不这么觉得。过了一会儿天晴了,就作了这首词。

不要害怕树林中风雨的声音,何妨放开喉咙吟唱从容而行。拄竹杖穿草鞋轻便胜过骑马,这都是小事情又有什么可怕?披一蓑衣任凭湖海中度平生。

料峭的春风把我的酒意吹醒,身上略微感到一些寒冷,看山头上斜阳已露出了笑脸,回首来程风雨潇潇的情景,归去不管它是风雨还是放晴。

作品赏析

嘉祐元年(1056),虚岁二十一的苏轼首次出川赴京,参加朝廷的科举考试。翌年,他参加了礼部的考试,以一篇《刑赏忠厚之至论》获得主考官欧阳修的赏识,高中进士第二名。

嘉祐六年(1061),苏轼应中制科考试,即通常所谓"三年京察",入第三等,授大理寺评事、签书凤翔府判官。后因其父于汴京病故,丁忧服丧归里。熙宁二年(1069)守制期满还朝,仍授本职。

苏轼几年不在京城,朝里已发生了天大的变化。神宗即位后,任用王安石,支持变法。苏轼的许多师友,包括当初赏识他的恩师欧阳修在内,因在新法的施行上与新任丞相王安石意见不合,被迫离京。朝野旧雨凋零,苏轼眼中所见的,已不是他二十岁时所见的"平和世界"。苏轼因在返京的途中见到新法对普通老百姓的损害,故很不同意丞相王安石的做法,认为新法不能便民,便上书反对。这样做的结果,便是像他的那些被迫离京的师友一样,不容于朝廷。于是苏轼自求外放,调任杭州通判。

苏轼在杭州待了三年,任满后,被调往密州、徐州、湖州等地,任知州。这样持续了大概十年,苏轼遇到了生平第一祸事。当时有人故意把他的诗句扭曲,大做文章。元丰二年(1079),苏轼到任湖州还不到三个月,就因为作诗讽刺新法,以"文字毁谤君相"的罪名,被捕下狱,史称"乌台诗案"。苏轼坐牢103天,几濒临被砍头的境地。幸亏北宋在太祖赵匡胤年间定下不杀大臣的国策,苏轼才算躲过一劫。出狱以后,苏轼被降职为黄州团练副使(相当于现代民间的自卫队副队长)。这个职位相当低微,而此时苏轼经此一狱已变得心灰意冷,于公余便带领家人开垦荒地,种田帮补生计。"东坡居士"的别号便是他在这时为自己起的。

宋神宗元丰七年(1084),苏轼离开黄州,奉诏赴汝州就任。由于长途跋涉,旅途劳顿,苏轼的幼儿不幸夭折。汝州路途遥远,且路费已尽,再加上丧子之痛,苏轼便上书朝廷,请求暂时不去汝州,先到常州居住,后被批准。当他准备南返常州时,神宗驾崩。哲宗即位,高太后听政,新党势力倒台,司马光重新被启用为相。苏轼于是年以礼部郎中被召还朝。在朝半月,升起居舍人,三个月后,升中书舍人,不久又升翰林学士。俗语:"京官不好当。"当苏轼看到新兴势力拼命压制王安石集团及尽废新法后,认为其与所谓"王党"不过一丘之貉,再次向皇帝提出谏议。

苏轼至此是既不能容于新党,又不能见谅于旧党,因而再度自求外调。他以龙图阁学士的身份,再次到阔别了十六年的杭州当太守。苏轼在杭州修了一项重大的水利工程,疏浚西湖,用挖出的泥在西湖旁边筑了一道堤坝,也就是著名的"苏堤"。

苏轼在杭州过得很惬意,自比唐代的白居易。但元祐六年(1091),他又被召回朝。但不久又因为政见不合,被外放颍州。元祐八年(1093)新党再度执政,他以"讥刺先朝"罪名,贬为惠州安置,再贬为儋州(今海南省儋州市)别驾、昌化军安置。徽宗即位,调廉州安置、舒州团练副使、永州安置。元符三年(1101)大赦,复任朝奉郎,北归途中,卒于常州,谥号文忠。

上片,写遇雨后的情境。

"莫听穿林打叶声",雨滴打在竹叶上发出响声,你不要觉得扫兴。如果你把它当成美妙的音乐来欣赏,就不妨"吟啸且徐行"了。可见"莫听"两字,道出了苏轼的心境。对客观事物、客观存在不要太在意,不妨去欣赏它。人们常说,生活不缺少美,而是缺少发现美的眼睛。那么如何才能善于发现美呢?不妨学学苏轼。我们多数人都被外界的各种不顺心的事情所烦恼,整天抱怨老天不公,有用吗?没用!可能当你抱怨后,却来个"回首向来萧瑟处,归去,也无风雨也无晴"。真是让人哭笑不得。这时人们又要说,真是天意弄人吗？我说你这么认为就应该好好向苏轼学习了。不要被客观存在所牵绕，不妨去学着欣赏，大不了就像看一幕悲剧一样，其实悲剧的人生才有价值。

生活条件不好，"竹杖芒鞋轻胜马"又有什么好怕的呢？"一蓑烟雨任平生"，这样才旷达。达则兼济天下，穷则独善其身。既然朝廷不给我兼济天下的机会。"芒鞋青竹杖，自挂百钱游；可怪深山里，人人识故侯。"（《初入庐山》诗）也图个逍遥，说到底，谁不想逍遥自在地生活呢。我觉得这才是人们追求的最终生活境界。

"一蓑烟雨任平生"是我最喜欢的一句。有这样一种解释："披着蓑衣在风雨里过一辈子，也处之泰然（这表示能够顶得住辛苦的生活）。"（胡云翼《宋词选》）我倒不这么觉得。我觉得是：我没有什么身外之物，下雨也只要有一蓑衣就行了，管你三七二十一。燕子很轻盈才能飞得更敏捷。风筝很轻，才能飞得更高。人只有不被声名荣誉所累才能领悟人生真谛。

下片，写天转晴了。

"料峭春风吹酒醒，微冷，山头斜照却相迎。"料峭的春风把酒吹醒了，有点冷，是吗？"山头斜照却相迎"，不冷了吧。这个转，转出了味道。当你被外在的困境所困扰时，如果一味地抱怨，可能到顺境时，你也不能把握了。你应该时刻记着"塞翁失马，焉知非福"。

"回首向来萧瑟处，归去，也无风雨也无晴。"天晴后，回头看看"萧瑟处"，刚才还是大雨，现在已经天晴了，大自然就是这样，月圆了就缺，缺了又圆，反复循环。雨后便是天晴，天晴后便是下雨。如此循环，难道不是"也无风雨也无晴"吗？佛说："菩提本无树，明净亦非台。本来无一物，何处惹尘埃。"当你心静如湖水，全不在意外在事物的得失时，你便可以领悟到"也无风雨也无晴"的快乐了。

这首记事抒怀之词作于公元 1082 年（宋神宗元丰五年）春，当时是苏轼因"乌台诗案"被贬为黄州（今湖北黄冈）团练副使的第三个春天。苏轼与朋友春日出游，风雨忽至，朋友深感狼狈，苏轼却毫不在乎，泰然处之，吟咏自若，缓步而行。

情商感悟

良好的心态是情商的内容之一，凡大智慧者，无不具有宠辱不惊的心理状态。通过这首词理解苏轼当时的心态，首先要从苏轼大起大落的人生经历来分析。此词作于苏轼贬谪黄州后的第三年，时任团练副使，官职之低，可以想见。在此之前，苏轼曾以"文字毁谤君相"的罪名，被捕入狱，几近丧命。可以说这是苏轼人生的一段低谷时期。当时官场黑暗，被贬黄州不知道有没有升迁的机会。在这样的背景下，苏轼写出了如此洒脱轻快、脱于世俗的词句，怎不让人击节称快，"一蓑烟雨任平生""也无风雨也无晴"，这两句就代表着苏轼面对仕途遭受打击的政治心态。

理解苏轼的心态要从其面对自然风雨的精神状态去分析。"莫听穿林打叶声"表明他对自然风雨带来的困难全然不顾，与一般人怨天尤人的心理正好相反。"竹杖芒鞋轻胜马，谁怕？"把自然风雨看作是对自己的历练，有种藐视自然、笑傲人生的心态。近千年过去了，读着苏轼的这首脍炙人口的词，我们会感悟到什么呢？当然是良好心态对一个人的重要性。

心态表示一个人的精神状态,只有良好的心态,才能每天保持饱满的热情。心态好,运气就好。记住做任何事情一定要有积极的心态,一旦失去它,就跳出去,要学会调整心态,有良好的心态,工作就会有方向,人只要不失去方向就不会失去自己。心态的好坏,在于平常的及时调整和修养并形成习惯。

人活在世上,凡事都要看开点,看远点,看淡点,心胸要豁达、大度些,相信"任何事情的发生必有利于我"且"办法总比困难多"。人活得快乐,就要有一个好心态。无论遇到什么事,换个角度去思考,就会感到快乐。有人在一个好的单位工作,他每天会有许多不如意,苦恼总围绕在他的身边。有人工作单位一般,可他却不舍不弃,每天都有工作目标,把此作为一种锻炼、成长的机会,而且通过创造性的完成本职工作,受到人们的敬佩。阳光般的心态,火一样的热情,必将收获成果和幸福。

别怕吃亏,"吃亏"是福啊。生活中要既能接受自己,又能接受别人,还要善于接受现实。有人曾经这样说:当我们不能改变环境时就必须去适应环境,不能改变别人时就改变自己,不能改变事情就改变对事情的态度。不能向上比较就向下比较。这就告诉我们,人不能去等,要学会适应。要随着时间、地点、环境的变化不断地去调整自己的心态。别说人们不接受你,别说环境不适合你,别说事情太难做,只是你的心态没调整好。另外我们还要学会忘记、谅解、宽容。别让你的不原谅给了别人持续伤害你的机会。要学会感恩、欣赏和给予,这样你就会觉得你所做的一切都是一种对他人的回报。常常保持这种心态,你就会天天快乐,幸福无比。

2　《春江花月夜》——时光

春江花月夜

张若虚

春江潮水连海平,海上明月共潮生。
滟滟随波千万里,何处春江无月明。
江流宛转绕芳甸,月照花林皆似霰。
空里流霜不觉飞,汀上白沙看不见。
江天一色无纤尘,皎皎空中孤月轮。
江畔何人初见月?江月何年初照人?
人生代代无穷已,江月年年望①相似。
不知江月待何人,但见长江送流水。
白云一片去悠悠,青枫浦上不胜愁。
谁家今夜扁舟子?何处相思明月楼?
可怜楼上月徘徊,应照离人妆镜台。
玉户帘中卷不去,捣衣砧上拂还来。
此时相望不相闻,愿逐月华流照君。
鸿雁长飞光不度,鱼龙潜跃水成文。
昨夜闲潭梦落花,可怜春半不还家。
江水流春去欲尽,江潭落月复西斜。
斜月沉沉藏海雾,碣石潇湘无限路。
不知乘月几人归,落月摇情满江树。

译文

　　春天的江潮水势浩荡,与大海连成一片,一轮明月从海上升起,好像与潮水一起涌出来。

---

　　①　一作"只"。

月光照耀着春江,随着波浪闪耀千万里,所有地方的春江都有明亮的月光。

江水曲曲折折地绕着花草丛生的原野流淌,月光照射着开遍鲜花的树林好像细密的雪珠在闪烁。

月色如霜,所以霜飞无从觉察。洲上的白沙和月色融合在一起,看不分明。

江水、天空成一色,没有一点微小灰尘,明亮的天空中只有一轮孤月高悬空中。

江边上什么人最初看见月亮?江上的月亮哪一年最初照耀着人?

人生一代代地无穷无尽,只有江上的月亮一年年地总是相似。

不知江上的月亮等待着什么人,只见长江不断地一直运输着流水。

游子像一片白云缓缓地离去,只剩下思妇站在离别的青枫浦不胜忧愁。

哪家的游子今晚坐着小船在漂流?什么地方有人在明月照耀的楼上相思?

可怜楼上不停移动的月光,应该照耀着离人的梳妆台。

月光照进思妇的门帘,卷不走,照在她的捣衣砧上,拂不掉。

这时互相望着月亮可是互相听不到声音,我希望随着月光流去照耀着您。

鸿雁不停地飞翔,而不能飞出无边的月光;月照江面,鱼龙在水中跳跃,激起阵阵波纹。

(这两句写月光之清澈无边,也暗含鱼雁不能传信之意)

昨天夜里梦见花落闲潭,可惜的是春天过了一半自己还不能回家。

江水带着春光将要流尽,水潭上的月亮又要西落。

斜月慢慢下沉,藏在海雾里,碣石与潇湘的离人距离无限遥远。

不知有几人能趁着月光回家,唯有那西落的月亮摇荡着离情,月光洒满了江边的树林。

作品赏析

被闻一多先生誉为"诗中的诗,顶峰上的顶峰"(《宫体诗的自赎》)的《春江花月夜》,一千多年来让无数读者为之倾倒。一生仅留下两首诗的张若虚,也因这一首诗,被喻为"孤篇横绝全唐"。

作者抓住扬州南郊曲江或更南边扬子江一带月下夜景中最动人的五种事物:春、江、花、月、夜。作者更是透着对生活美好的向往把扬州的景色用文字表达得淋漓尽致。

整篇诗由景、情、理依次展开,第一部分写了春江的美景。第二部分写了面对江月由此产生的感慨。第三部分写了人间思妇游子的离愁别绪。

诗人入手擒题,一开篇便就题生发,勾勒出一幅春江月夜的壮丽画面:江潮连海,月共潮生。这里的"海"是虚指。江潮浩瀚无垠,仿佛和大海连在一起,气势宏伟。这时一轮明月随潮涌生,景象壮观。一个"生"字,就赋予了明月与潮水以鲜活的生命。月光闪耀千万里之遥,哪一处春江不在明月朗照之中!江水曲曲弯弯地绕过花草遍生的春之原野,月色泻在花树上,像撒上了一层洁白的雪。诗人真可谓丹青妙手,轻轻挥洒一笔,便点染出春江月夜中的奇异之"花"。诗人对月光的观察极其精微:月光荡涤了世间万物的五光十色,将大千世界浸染成梦幻一样的银色。因而"流霜不觉飞""白沙看不见",浑然只有皎洁明亮的月光存在。细腻的笔触,创造了一个神话般美妙的境界,使春江花月夜显得格外幽美恬静。这八句,由大到小,由远及近,笔墨逐渐凝聚在一轮孤月上。

清明澄澈的天地宇宙,仿佛使人进入了一个纯净的世界,这就自然地引起了诗人的遐思冥想:"江畔何人初见月?江月何年初照人?"诗人神思飞跃,但又紧紧地联系着人生,探索着人生的哲理与宇宙的奥秘。这种探索,古人也已有之,如曹植《送应氏》"天地无终极,人命若朝霜",阮籍《咏怀》"人生若尘露,天道邈悠悠"等。但诗的主题多半是感慨宇宙永恒,人生短暂。张若虚在此处却别开生面,他的思想没有陷入前人窠臼,而是写出了新意:"人生代代无穷已,江月年年望相似。"个人的生命是短暂即逝的,而人类的存在则是绵延久长的,因之"代代无穷已"的人生就和"年年望相似"的明月得以共存。这是诗人从大自然的美景中感受到的一种欣慰。诗人虽有对人生短暂的感伤,但并不颓废与绝望,而是缘于对人生的追求与热爱。全诗的基调是"哀而不伤",使我们得以聆听到初盛唐时代之音的回响。

"不知江月待何人,但见长江送流水",这是紧承上一句的"望相似"而来的。人生代代相继,江月年年如此。一轮孤月徘徊中天,像是等待着什么人似的,却又永远不能如愿。月光下,只有大江急流,奔腾远去。随着江水的流动,诗篇遂生波澜,将诗情推向更深远的境界。江月有恨,流水无情,诗人自然地把笔触由上半篇的大自然景色转到了人生图像,引出下半篇男女相思的离愁别恨。

"白云"四句总写在春江花月夜中思妇与游子的两地思念之情。"白云""青枫浦"托物寓情。白云飘忽,象征"扁舟子"的行踪不定。"青枫浦"为地名,但"枫""浦"在诗中又常用为感别的景物、处所。"谁家""何处"二句互文见义,正因不止一家、一处有离愁别恨,诗人才提出这样的设问,一种相思,牵出两地离愁,一往一复,诗情荡漾,曲折有致。

以下"可怜"八句承"何处"句,写思妇对离人的怀念。然而诗人不直说思妇的悲和泪,而是用"月"来烘托她的怀念之情,悲泪自出。诗篇把"月"拟人化,"徘徊"二字极其传神:一是浮云游动,故光影明灭不定;二是月光怀着对思妇的怜悯之情,在楼上徘徊不忍去。它要和思妇做伴,为她解愁,因而把柔和的清辉洒在妆镜台上、玉户帘上、捣衣砧上。岂料思妇触景生情,反而思念尤甚。她想赶走这恼人的月色,可是月色"卷不去","拂还来",真诚地依恋着她。这里"卷"和"拂"两个痴情的动作,生动地表现出思妇内心的惆怅和迷惘。月光引起的情思在深深地搅扰着她,此时此刻,月色不也照着远方的爱人吗?共望月光而无法相知,只好依托明月遥寄相思之情。

最后八句写游子,诗人用落花、流水、残月来烘托他的思归之情。"扁舟子"连做梦也念念归家——花落幽潭,春光将老,人还远隔天涯,情何以堪!"江水流春",流去的不仅是自然的春天,也是游子的青春、幸福和憧憬。"江潭落月",更衬托出他凄苦的落寞之情。沉沉的海雾隐遮了落月;碣石、潇湘,天各一方,道路是多么遥远。"沉沉"二字加重地渲染了他的孤寂;"无限路"也就无限地加深了他的乡思。他思忖:在这美好的春江花月之夜,不知有几人能乘月归回自己的家乡!他那无着无落的离情,伴着残月之光,洒满在江边的树林之上……

"落月摇情满江树",这结句的"摇情"——不绝如缕的思念之情,将月光之情,游子之情,诗人之情交织成一片,洒落在江树上,也洒落在读者心上,情韵袅袅,摇曳生姿,令人心醉神迷。

《春江花月夜》在思想与艺术上都超越了以前那些单纯模山范水的景物诗,"羡宇宙之无穷,哀吾生之须臾"的哲理诗,抒儿女别情离绪的爱情诗。诗人将这些屡见不鲜的传统题材,注入了新的含义,融诗情、画意、哲理为一体,凭借对春江花月夜的描绘,尽情赞叹大自然的奇丽景色,讴歌人间纯洁的爱情,把对游子思妇的同情心扩大开来,与对人生哲理的追求、对宇宙奥秘的探索结合起来,从而汇成一种情、景、理水乳交融的幽美而邈远的意境。诗人将深邃美丽的艺术世界特意隐藏在惝恍迷离的艺术氛围之中,整首诗篇仿佛笼罩在一片空灵而迷茫的月色里,吸引着读者去探寻其中美的真谛。

全诗紧扣春、江、花、月、夜的背景来写,而又以月为主体。"月"是诗中情景兼融之物,它跳动着诗人的脉搏,在全诗中犹如一条生命纽带,通贯上下,触处生神,诗情随着月轮的升落而起伏曲折。月在一夜之间经历了升起—高悬—西斜—落下的过程。在月的照耀下,江水、沙滩、天空、原野、枫树、花林、飞霜、白沙、扁舟、高楼、镜台、砧石、长飞的鸿雁、潜跃的鱼龙,不眠的思妇以及漂泊的游子,组成了完整的诗歌形象,展现出一幅充满人生哲理与生活情趣的画卷。这幅画卷在色调上是以淡寓浓,虽用水墨勾勒点染,但"墨分五彩",从黑白相辅、虚实相生中体现出绚烂多彩的艺术效果,宛如一幅淡雅的中国水墨画,体现出春江花月夜清幽的意境美。

诗的韵律节奏也饶有特色。诗人灌注在诗中的感情旋律极其悲慨激荡,但那旋律既不是哀丝豪竹,也不是急管繁弦,而是像小提琴奏出的小夜曲或梦幻曲,含蕴,隽永。诗的内在感情是那样热烈、深沉,看来却是自然的、平和的,犹如脉搏跳动那样有规律,有节奏,而诗的韵律也相应地扬抑回旋。全诗共三十六句,四句一换韵,共换九韵。又平声庚韵起首,中间为仄声霰韵、平声真韵、仄声纸韵、平声尤韵、灰韵、文韵、麻韵,最后以仄声遇韵结束。诗人把阳辙韵与阴辙韵交互杂沓,高低音相间,依次为洪亮级(庚、霰、真)—细微级(纸)—柔和级(尤、灰)—洪亮级(文、麻)—细微级(遇)。全诗随着韵脚的转换变化,平仄的交错运用,一唱三叹,前呼后应,既回环反复,又层出不穷,音乐节奏感强烈而优美。这种语音与韵味的变化,又是切合着诗情的起伏,可谓声情与文情丝丝入扣,宛转谐美。

情商感悟

作者在诗里营造了一种自然界各种美景融合为一、如梦似幻的境界,但最重要的是他由相思恋人引发出对全人类终极问题的关注,即生命是有限的,而自然界是无穷的,我们都是历史中的小小尘埃,存在的价值又在哪里呢?但诗人自己又回答了自己提出的问题,从宏观上看,人类的生命也像自然一样生生不息。

《春江花月夜》的情商主题是时光。时光指时间间隔,即一段时间中事物不断发展变化所经历的过程;或指定物理事件所需的第四个坐标(以及三个空间维度);或经验的连续统一体,从未来到现在,从现在到过去;也可指由划分到相同时间的部分。"时光"最早出现在魏晋时期石崇《思归叹》:"时光逝兮年易尽。"

时光具有客观属性,不以人的意志为转移,我们无法改变时光的长度,但我们可以增加时光的宽度,时光转瞬即逝,人的一生看似漫长却又何其短暂,如何才能把握如水光阴,是我们应该思考的永恒话题。青年学生们,时不我待,幸福的生活,需要在时光里去创造,幸福的人生,也需要在时光的熔炉里千锤百炼。漫长的人生中,时光又具有随机性,我们要拥有一双发现机遇的眼睛,更要用智慧去抓住机遇,不负好时光!

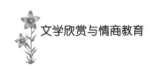

送　别

李叔同

长亭外,古道边,芳草碧连天,晚风拂柳笛声残,夕阳山外山。
天之涯,地之角,知交半零落,一瓢①浊酒尽余欢,今宵别梦寒。

长亭外,古道边,芳草碧连天,问君此去几时来,来时莫徘徊。
天之涯,地之角,知交半零落,人生难得是欢聚,唯有别离多。

长亭外,古道边,芳草碧连天,晚风拂柳笛声残,夕阳山外山。
天之涯,地之角,知交半零落,一瓢浊酒尽余欢,今宵别梦寒。

译　文

　　长亭之外的古道旁边,是连天的香草,一片碧绿。晚风拂动着柳枝,在这送别之时,笛声也吹送而来,稀稀落落。遥看远方,青山重叠,阻隔相连,夕阳在山外沉落。旧时的知己与好友,如今各自天涯,大半已无从寻觅。喝下这壶浑浊的陈酒吧,消解掉我们余下的欢乐——今夜离别的梦里会有丝丝寒意。

作品赏析

　　"悲欢离合",乃古往今来、大千世界的永恒主题。"今宵酒醒何处? 杨柳岸晓风残月"是对分离的凄迷;"劝君更进一杯酒,西出阳关无故人"是对朋友的劝慰;"海内存知己,天涯若比邻"是对友情的珍重;"年年柳色,灞陵伤别"是对别离的伤感;"金陵弟子来相送,欲行不行各尽觞"是别离时的苦闷……在中国古典诗歌的送别曲中,"离情别怨"是永恒的旋律。五四运动以后,抒写离情别怨的诗文,依旧蓬勃,佳作如潮。其中,李叔同先生创作的校园歌曲《送别》,尤其脍炙人口,风行天下,历久不衰。李叔同(1880—

---

　　① 注:一作"壶""瓠"。

1942），法号弘一。他多才多艺，集诗、词、书画、篆刻、音乐、戏剧、文学于一身。既是一代高僧，又是才华横溢的音乐、美术教育家，书法家和戏剧活动家。鲁迅、郭沫若等现代文化名人以得到大师一幅字为无上荣耀。他以卓越的艺术造诣先后培养出了名画家丰子恺、音乐家刘质平等大师。《送别》写于1905年，是李叔同在日本留学时所作。

总体结构看，《送别》很像一首古词（类小令），共三段，其中一、三两段文字相同。

第一节，着重写送别的环境。作者选取了"长亭""古道""芳草""晚风""暮色""弱柳""残笛""夕阳"八个典型的意象，渲染离别的场景。"长亭""古道"是写送别的地方，这使我们联想到文学史上的无数次离别，如柳永的"寒蝉凄切，对长亭晚，骤雨初歇"，白居易的"远芳侵古道，晴翠接荒城。又送王孙去，萋萋满别情"等。"芳草"喻离情，如《楚辞·招隐士》中就有"王孙游兮不归，芳草生兮萋萋"。"晚风拂柳"暗示了惜别，"柳"与"留"谐音，多传达怨别、怀远等情思。如《诗经·采薇》："昔我往矣，杨柳依依；今我来思，雨雪霏霏。"戴叔伦《堤上柳》："垂柳万条丝，春来织别离。""山外山"喻天各一方。而这一切别绪，都笼罩在"夕阳"之下的特定时间里，只让人感受到友情温暖、斜阳温暖、晚风温暖，温暖而又缠绵。

第二节，着重写送别人的心境，是全曲的高潮。通过"天涯""地角""知交""零落""浊酒""夜别""离梦"，诉诸感官，触动心弦，诱君品鉴。送别之情，当然会从内心生出许多感慨！"天之涯，地之角，知交半零落"，人生不过数十年，知交能有几人？再见又待何时？有几人能相守在一起？黯然销魂者，唯别而已矣。"一瓢浊酒尽余欢"，这的确是一种无奈的凄美，把酒离别，"都门帐饮"，愁绪纷乱，友人何时能相聚？最后，在时空的交错中，作者又以现在时的"今宵别梦寒"总括全篇。从感情上看，梦里重逢照应上文的"山外山"，从韵律上看，它是重复强调，但这个重复强调却是更进一步的思念，唯有相思入梦频。

第三节，是第一节的重叠，进一步烘托别离的气氛，是意象上的强化和音韵上的反复。其中，"晚风拂柳笛声残，夕阳山外山"两句周而复始，与回环往复的旋律相配合，形成一种回环美，加深了魂牵梦绕的离情别意。

全词三节，有起，有开，有合；紧扣主题，营造了让人迷醉的意境，充满了对人生的无奈。"一切景语皆情语"（王国维语），长亭，古道，芳草，晚风，夕阳……景物依旧，人在别时，倍感凄凉。它的审美效应，就在"酒尽梦寒"的无言中回荡不已。全词给我们描绘了这样的情景：夕阳下，群山相连，碧草茵茵，一望无际；近处，长亭、古道，晚风轻拂，杨柳依依，送别的竖笛哀婉幽怨。一对知心朋友分别在即，想到从此天各一方，双方都有无限的感伤。他们端起酒杯，想借酒尽最后的一点欢娱。酒醉梦别，彼此在记忆中留下那"晚风拂柳""夕阳在山"的难忘一幕！

整曲《送别》，沿婉约一派，清新淡雅，情真意挚，凄美柔婉。歌词造句长短参差，句式充满变化。曲谱借用了当时在日本很流行的歌曲《旅愁》的旋律（而日本歌词作家犬童球溪的《旅愁》又是借用了美国艺人约翰·P.奥德威所作《梦见家和母亲》的旋律），李叔同人瓶装己酒，写成了中国诗味极浓的校园歌曲。那种痴情，那种哀怨，那种眷恋，统一于《送别》的歌吟中，珠联璧合，画意诗情，相得益彰。

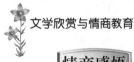

情商感悟

　　每个人心中都有一首《送别》，每个人心底都有一位不愿"送别"的人，也许是朋友，也许是家人，也许是恋人，也许……也许只有离别才能凸显这些的珍贵，也许只有经历了离别才能让我们更加珍惜相爱、相知、相守的时光。关于这首《送别》，网上流传着许多的故事，《送别》就是那些过滤后的，让你在分别时才想起来的，我们应当珍惜"美好的时光"。何为"珍惜"？珍惜应该是及时地诠释，及时做事，及时表达爱意，及时感恩，及时享受生活，珍惜幸福，学会知足，远离后悔和贪婪，在某事物消逝之前用心去保护。一个人所珍惜的必是他认为最美好的，即使是曾经的珍惜，那也在他的曾经中是最美好的。

　　青年学子们，人生匆匆，本不该计较，因为美好的事物太多。世间所有的美好都应该珍惜。我们应该珍惜每一分、每一秒，不给自己留下终生的后悔。从珍惜自己开始，珍惜这个世界！珍惜眼前人，不要错过了再后悔！

4 《钗头凤·红酥手》《钗头凤·世情薄》
——爱情

钗头凤·红酥手

陆 游

红酥手,黄縢酒,满城春色宫墙柳;东风恶,欢情薄。一怀愁绪,几年离索。错!错!错!

春如旧,人空瘦,泪痕红浥鲛绡透;桃花落,闲池阁。山盟虽在,锦书难托。莫!莫!莫!

译 文

红润酥腻的手里,捧着盛上黄縢酒的杯子。满城荡漾着春天的景色,你却早已像宫墙中的绿柳那般遥不可及。春风多么可恶,欢情被吹得那样稀薄。满杯酒像是一杯忧愁的情绪,离别几年来的生活十分萧索。错!错!错!

美丽的春景依然如旧,只是人却白白相思而消瘦。泪水洗尽脸上的胭脂红,又把薄绸的手帕全都湿透。满春的桃花凋落在寂静空旷的池塘楼阁上。永远相爱的誓言还在,可是锦文书信再也难以交付。莫!莫!莫!

钗头凤·世情薄

唐 婉

世情薄,人情恶,雨送黄昏花易落。晓风干,泪痕残,欲笺心事,独语斜阑。难!难!难!

人成各,今非昨,病魂常似秋千索。角声寒,夜阑珊,怕人寻问,咽泪装欢。瞒!瞒!瞒!

译 文

世事炎凉,黄昏中下着雨,打落片片桃花,这凄凉的情景中人的心也不禁忧伤。晨风吹干了昨晚的泪痕,当我想把心事写下来的时候,却不能够办到,只能倚着斜栏,心底里向着远方的你呼唤；和自己低声轻轻地说话，希望你也能够听到。难！难！难！

今时不同往日，咫尺天涯，我身染重病，就像秋千索。夜风刺骨，彻体生寒，听着远方的角声，心中再生一层寒意，夜尽了，我也很快就像这夜一样了吧？怕人询问，我忍住泪水，在别人面前强颜欢笑。瞒！瞒！瞒！

作品赏析

陆游是南宋时期著名的爱国诗人。他出生于越州山阳一个殷实的书香之家，幼年时期，正值金人南侵，常随家人四处逃难。这时，他母舅唐诚一家与陆家交往甚多。唐诚有一女儿，名唤唐婉，字蕙仙，自幼文静灵秀，不善言语却善解人意。与年龄相仿的陆游情意十分相投，两人青梅竹马，耳鬓厮磨，虽在兵荒马乱之中，两个不谙世事的少年仍然相伴度过一段纯洁无瑕的美好时光。随着年龄的增长，一种萦绕心肠的情愫在两人心中渐渐滋生了。

青春年华的陆游与唐婉都擅长诗词，他们常借诗词倾诉衷肠，花前月下，二人吟诗作对，互相唱和，丽影成双，宛如一双翩跹于花丛中的彩蝶，眉目中洋溢着幸福和谐。两家父母和众亲朋好友，也都认为他们是天造地设的一对，于是陆家就以一只精美无比的家传凤钗做信物，订下了唐家这门亲上加亲的姻亲。成年后，一夜洞房花烛，唐婉便成了陆家的媳妇。从此，陆游、唐婉更是鱼水欢谐、情爱弥深，沉醉于两个人的天地中，不知今夕何夕，把什么科举课业、功名利禄甚至家人至亲都暂时抛置于九霄云外。陆游此时已经荫补登仕郎，但这只是进仕为官的第一步，紧接着还要赴临安参加"锁厅试"以及礼部会试。新婚燕尔的陆游流连于温柔乡里，根本无暇顾及应试功课。陆游的母亲唐氏是一位威严而专横的女性。她一心盼望儿子陆游金榜题名，登科进官，以便光耀门庭。目睹眼下的状况，她大为不满，几次以姑姑的身份、更以婆婆的立场对唐婉大加训斥，责令她以丈夫的科举前途为重，淡薄儿女之情。但陆、唐二人情意缠绵，无以复顾，情况始终未见显著的改善。陆母因之对儿媳大起反感，认为唐婉实在是陆家的扫帚星，将把儿子的前程耽误殆尽。于是陆母来到郊外无量庵，请庵中尼姑妙因为儿、媳卜算命运。妙因一番掐算后，煞有介事地说："唐婉与陆游八字不合，先是予以误导，终必性命难保。"陆母闻言，吓得魂飞魄散，急匆匆赶回家，叫来陆游，强令他道："速修一纸休书，将唐婉休弃，否则老身与之同尽。"这一句，无疑晴天忽起惊雷，震得陆游不知所以。待陆母将唐婉的种种不是历数一遍，陆游心中悲如刀绞，素来孝顺的他，面对霸道的母亲，除了暗自饮泣，别无他法。

迫于母命难违，陆游只得答应把唐婉送归娘家。这种情形在今天看来似乎不合常理，两个人的感情岂容他人干涉。但在崇尚孝道的中国古代社会，母命就是圣旨，为人子的不得不从。就这样，一双情意深切的鸳鸯，行将被无由的孝道、世俗功名和虚玄的命运八字活活拆散。陆游与唐婉难舍难分，不忍就此一去，相聚无缘，于是悄悄另筑别院安置唐婉，陆游一有机会就前去与唐婉鸳梦重续、燕好如初。无奈纸总包不住火，精明的陆母很快就察觉了此事。严令二人断绝来往，并为陆游另娶一位温顺本分的王氏女为妻，彻底切断了陆、唐之间的悠悠情丝。

　　无奈之下,陆游只得收拾起满腔的幽怨,在母亲的督教下,重理科举课业,埋头苦读了三年,在二十七岁那年只身离开了故乡山阴,前往临安参加"锁厅试"。在临安,陆游以他扎实的经学功底和才气横溢的文思博得了考官陆阜的赏识,被荐为魁首。同科试获取第二名的恰好是当朝宰相秦桧的孙子秦埙。秦桧深感脸上无光,于是在第二年春天的礼部会试时,硬是借故将陆游的试卷剔除,使得陆游的仕途在一开始就遭受到风雨。

　　礼部会试失利,陆游回到家乡,家乡风景依旧,人面已新。睹物思人,心中倍感凄凉。为了排遣愁绪,陆游时时独自徜徉在青山绿水之间,或者闲坐野寺探幽访古;或者出入酒肆把酒吟诗;或者浪迹街市狂歌高哭。就这样过着悠游放荡的生活。在一个繁花竞妍的春日晌午,陆游随意漫步到禹迹寺的沈园。沈园是一个布局典雅的园林花园,园内花木扶疏,石山耸翠,曲径通幽,是当地人游春赏花的一个好去处。在园林深处的幽径迎面款步走来一位锦衣女子,低首信步的陆游猛一抬头,竟是阔别数年的前妻唐婉。在一刹那间,时光与目光都凝固了,两人的目光胶着在一起,都感觉恍惚迷茫,不知是梦是真,眼帘中饱含的不知是情、是怨、是思、是怜。此时的唐婉,已由家人做主嫁给了同郡士人赵士程,赵家系皇家后裔、门庭显赫,赵士程是个宽厚重情的读书人,他对曾经遭受情感挫折的唐婉,表现出诚挚的同情与谅解。唐婉饱受创伤的心灵已渐渐平复,并且开始萌生新的感情苗芽。这时与陆游的不期而遇,无疑将唐婉已经封闭的心灵重新打开,里面积蓄已久的旧日柔情、千般委屈一下子奔泻而出,柔弱的唐婉对这种感觉几乎无力承受。而陆游,几年来虽然借苦读和诗酒强抑着对唐婉的思念,但在这一刻,那埋在内心深处的旧日情思也不由得涌出。四目相对,千般心事、万般情怀,却不知从何说起。这次唐婉是与夫君赵士程相偕游赏沈园的,那边赵士程正等她进食。在好一阵恍惚之后,已为他人之妻的唐婉终于提起沉重的脚步,留下深深的一瞥之后走远了,只留下了陆游在花丛中怔怔发呆。

　　和风吹拂,吹醒了沉在旧梦中的陆游,他不由得循着唐婉的身影追寻而去,来到池塘边柳丛下,遥见唐婉与赵士程正在池中水榭上进食。隐隐看见唐婉低首蹙眉,有心无心地伸出玉手红袖,与赵士程浅斟慢饮。这一似曾相识的场景,看得陆游的心都碎了。昨日情梦,今日痴怨尽绕心头,感慨万端,于是提笔在粉壁上题了一阕《钗头凤·红酥手》,这就是本文的第一首词。

　　随后,秦桧病死。朝中重新召用陆游,陆游奉命出任宁德县立簿,远远离开了故乡山阴。第二年春天,抱着一种莫名的憧憬,唐婉再一次来到沈园,徘徊在曲径回廊之间,忽然瞥见陆游的题词。反复吟诵,想起往日二人诗词唱和的情景,不由得泪流满面,心潮起伏,不知不觉中和了一阕词,题在陆游的词后,这就是本文的第二首《钗头凤·世情薄》。

　　唐婉是一个极重情意的女子,与陆游的爱情本是十分完美的结合,却毁于世俗的风雨中。赵士程虽然重新给了她感情的抚慰,但毕竟曾经沧海难为水,与陆游那份刻骨铭心的情缘始终留在她情感世界的最深处。自从看到了陆游的题词,她的心再也难以平静。追忆似水的往昔、叹惜无奈的世事,感情的烈火煎熬着她,使她日臻憔悴,悒郁成疾,在秋意萧瑟的时节化作一片落叶悄悄随风逝去。只留下一阕多情的《钗头凤》,令后人为之叹息。

　　此时的陆游,仕途正春风得意。他的文才颇受新登基的宋孝宗的称赏,被赐进士出身。以后仕途通畅,一直做到宝华阁侍制。这期间,他除了尽心为政外,还写下了大量反映忧国忧民思想的诗词。到七十五岁时,他上书告老,蒙赐金紫绶还乡了。陆游浪迹天涯数十年,企图借此忘却他与唐婉的凄婉往事,然而离家越远,唐婉的影子就越萦绕在他的心头。此番倦游归来,唐婉早已香消玉殒,自己也已至垂暮之年,然而对旧事、对沈园依然怀着深切的眷恋。常常在沈园幽径上踽踽独行,追忆着深印在脑海中那惊鸿一瞥的一幕,这时他写下了《沈园二首》诗:

其一:梦断香消四十年,沈园柳老不飞绵;此身行作稽山土,犹吊遗踪一泫然。

其二:城上斜阳画角哀,沈园无复旧池台;伤心桥下春波绿,曾是惊鸿照影来。

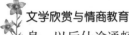

爱情,是词的永恒题材。陆游和唐婉的爱情故事已经过了千年,但至今读起来仍凄美得令人窒息。无论古今中外,美好而深刻的爱情,往往以悲剧结尾。正因为陆游和唐婉的爱情是一出人间悲剧,才令他们写出了这两首千古绝唱《钗头凤》,让后人永世传唱。

是的,陆游无疑是深情的,在唐婉逝去的四十年中,每每想起她,总是泪湿青衫。在歌颂和赞叹他们坚贞爱情的同时,我们是否能有所感悟呢? 爱情是我们每一个人一生的期盼和向往,相敬如宾、举案齐眉是多少恋人与夫妻的美好追求。抓住眼前的幸福,珍惜眼前的人,幸福永远不等人,错过了,便永远不再。

且行且珍惜!

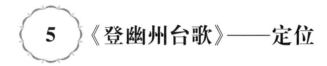

5 《登幽州台歌》——定位

登幽州台歌

陈子昂

前不见古人，
后不见来者。
念天地之悠悠，
独怆然而涕下！

译 文

往前不见古代招贤的圣君，向后不见后世求才的明君。
只有那苍茫天地悠悠无限，止不住满怀悲伤热泪纷纷。

作品赏析

这首诗写于万岁通天元年（696）。由于契丹反叛，武则天命建安王武攸宜率军讨伐，陈子昂随军参谋。武攸宜出身亲贵，不晓军事，使前军陷没，陈子昂进献奇计，却未被采纳。他不忍见危不救，几天后再次进谏，结果激怒了武攸宜，被贬为军曹。他满怀悲愤地登上蓟北楼，写下了这首震惊千古的《登幽州台歌》。

"前不见古人，后不见来者。"这里的古人是指古代那些能够礼贤下士的贤明君主。《蓟丘览古赠卢居士藏用》与《登幽州台歌》是同时之作，其内容可资参证。《蓟丘览古》七首，对战国时代燕昭王礼遇乐毅、郭隗，燕太子丹礼遇田光等历史事迹，表示无限钦慕。但是，像燕昭王那样前代的贤君既不复可见，后来的贤明之主也来不及见到，自己真是生不逢时；当登台远眺时，只见茫茫宇宙，天长地久，不禁感到孤单寂寞，悲从中来，怆然流泪。因此以"山河依旧，人物不同"来抒发自己"生不逢辰"的哀叹。这里免不了有对时世的感伤，但也有诗人对诗坛污浊的憎恶。诗人看不见前古贤人，古人也没来得及看见诗人；诗人看不见未来英杰，未来英杰同样看不见诗人，诗人所能看见以及能看见诗人的，只有眼前这个时代。

这首诗以慷慨悲凉的调子，表现了诗人失意的境遇和寂寞苦闷的情怀。这种悲哀常常为旧社会许多怀才不遇的人士所共有,因而获得广泛的共鸣。

这首诗没有对幽州台做一字描写,而只是登台的感慨,却成为千古名篇。诗篇风格明朗刚健,是具有"汉魏风骨"的唐代诗歌的先驱之作,对扫除齐梁浮艳纤弱的形式主义诗风具有拓疆开路之功。在艺术上,其意境雄浑,视野开阔,使得诗人的自我形象更加鲜亮感人。全诗语言奔放,富有感染力,虽然只有短短四句,却在人们面前展现了一幅境界雄浑、浩瀚空旷的艺术画面。诗的前三句粗笔勾勒,以浩茫宽广的宇宙天地和沧桑易变的古今人事作为深邃、壮美的背景加以衬托。第四句饱蘸感情,凌空一笔,使诗人慷慨悲壮的自我形象站到了画面的主位上,画面顿时神韵飞动,光彩照人。

从结构脉络上说,前两句是俯仰古今,写出时间的绵长;第三句登楼眺望,写空间的辽阔无限;第四句写诗人孤单悲苦的心绪。这样前后相互映照,格外动人。

在用辞造语方面,此诗深受《楚辞》特别是其中《远游》篇的影响。《远游》有云:"惟天地之无穷兮,哀人生之长勤。往者余弗及兮,来者吾不闻。"此诗语句即从此化出,然而意境却更苍茫遒劲。

同时,在句式方面,采取了长短参差的楚辞体句法。上两句每句五字,三个停顿,其式为"前/不见/古人,后/不见/来者";后两句每句六字,四个停顿,其式为"念/天地/之/悠悠,独/怆然/而/涕下"。前两句音节比较急促,传达了诗人生不逢时、抑郁不平之气;后两句各增加了一个虚字("之"和"而"),多了一个停顿,音节就比较舒徐流畅,表现了他无可奈何、曼声长叹的情景。全篇前后句法长短不齐,音节抑扬变化,互相配合,增强了艺术感染力。

《登幽州台歌》这首短诗,深刻地表现了诗人怀才不遇、寂寞无聊的情绪。语言苍劲奔放,富有感染力,成为历来传诵的名篇。念这首诗,读者深刻地感受到一种苍凉悲壮的气氛,面前仿佛出现了一幅北方原野苍茫广阔的图景,而在这个图景面前,兀立着一位胸怀大志却因报国无门而感到孤独悲伤的诗人形象,因而深深为之激动。

陈子昂是一个具有政治见识和政治才能的文人。他直言敢谏,对武后朝的不少弊政,常常提出批评意见,不为武则天采纳,并曾一度因"逆党"株连而下狱。他的政治抱负不能实现,反而受到打击,这使他心情非常苦闷。

诗人孤独于幽州台上,放眼山河,思绪万千。在这蓟北幽州台上,他或许想到了大破齐军的燕国上将军乐毅,或许想到了北征乌桓临石观海的三国枭雄曹操,而他在武攸宜帐下,竟无用武之地,英雄已远而前途渺茫,那份旷世的孤独,自然就凝成了震撼千古的力作名句。一般把"古人""来者"解释为像燕昭王一样礼贤下士、任用贤才的君主。从诗的整体意思来看,将其解释为"英雄"(包括被燕昭王及被重用的乐毅等人)似更为确切。

情商感悟

"道可以济天下,而命不通于天下;才可以致尧舜,而运不合于尧舜。"时间无穷,人生有限,壮志难酬。这是大多数失意英雄的感慨。人活在这个世上,有很多欲望和要求,当欲望和要求得到满足时,人就会得到快乐;当欲望和要求得不到满足时,人就会感到痛苦。其实,我们无论遇到什么不顺心的事情,都应该用平静的心去对待,不要埋怨,不要仇恨,不要忧郁,总会有雨过天晴的时候。

脚步不能到达的地方,眼光可以到达;眼光不能到达的地方,心境可以到达。

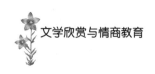

6 《月圆》——怀亲

月 圆

杜 甫

孤月当楼满,寒江动夜扉。
委波金不定,照席绮逾依。
未缺空山静,高悬列宿稀。
故园松桂发,万里共清辉。

译 文

独悬天空的一轮圆月,正对屋舍,月光照射在秋夜滚滚的江面之上,又反射到屋门之上闪动。绵延曲折起伏的水波在不停地跳动着金光,华丽的绮席在月光的照射下显得更加老旧。

秋天的深夜里高悬着的一轮明月,照耀着幽深人少的山林。夜空中月光皎洁,群星稀廖。想到遥远的家乡的松树当茂,桂花正香,在这明净的夜晚,唯愿同远隔万里天涯的亲人们共同沐浴在这美好的月光之中。

作品赏析

杜甫(712—770),字子美,诗中尝自称少陵野老,世称杜少陵。其先代由原籍襄阳(今属湖北)迁居巩县(今河南巩义)。杜审言之孙。开元后期,举进士不第。漫游各地。大宝三年(公元744年),在洛阳与李白相识。后寓居长安近十年,未能有所施展,生活贫困,逐渐接近人民,对当时生活状况有较深的认识。及安禄山军临长安,曾被困城中半年,后逃至凤翔,谒见肃宗,官左拾遗。长安收复后,随肃宗还京,不久出为华州司功参军。旋弃官居秦州,未几,又移家成都,筑草堂于浣花溪上,世称"浣花草堂"。一度在剑南节度使严武幕中任参谋,武表为检校工部员外郎,故世称杜工部。晚年举家出蜀,病死湘江途中。其诗大胆地揭露当时的社会矛盾,对穷苦人民寄予深切同情,内容深刻。许多优秀作品,显示了唐代由盛转衰的历史过程,被称为"诗史"。在艺术上,善于运用各种诗歌形式,尤长于律诗;风格多样,而以沉郁为主;语言精练,具有高度的表现。继承《诗经》以来注重反映社会现实的优良文学传统，成为古代诗歌艺术的又一高峰，对后世影响巨大。杜甫是唐代最伟大的现实主义诗人，宋以后被尊为"诗圣"，与李白并称"李杜"。存诗1400多首，有《杜工部集》。

《月圆》这首诗是杜甫在大历元年(766)秋天月圆之夜，寓居夔州时写的。

首联从天上月、江上波到门上月光的闪动，视角不断转换，写出了一个活脱脱的生动传神的月亮。颔联诗人从江楼上俯视长江上的月色，又从写江上的月光转到写屋内的月光。颈联诗人的视线从室内转到了室外，接着诗人又仰望星空。尾联诗人由眼前的月亮想象到千里之外的家乡和亲人，联想到与他们远隔万里共沐月光。这是诗人的美好的愿望和真情的祝愿，也是自己长期滞留异乡，久久难归的无可奈何的告慰。

全诗一直在写月，角度不断变换，意境开阔，但清冷寂寥，抒发了作者面对明月时孤独和对远方亲人真切的思念。全诗意境宏大、清冷寂静，从天上写到地上，从江上写到屋里，从眼前写到山林，从身边写到万里之外。但无论怎么写月亮，写月光，都始终摆脱不了一种孤独与寂寞的感觉，作者远在他乡，根本无法与亲人团聚，只能借月亮遥遥地寄托一种对亲人的思念之情，既然无法团聚，才会有万里共清辉的愿望。

情商感悟

月能照己，亦能照着家乡，所谓相隔万里，共此明月。因此大家对秋月有更多的寄托，人在旅途或身在异乡，抬头仰望夜空那一轮明月，"此时相望不相闻，愿逐月华流照君。"睹物思人、情随境迁，自然生发出思乡念旧、亲人团聚的情绪。

人们总是喜欢以"花好、月圆、长寿"等来寄托幸福美好的愿望。而渴望团圆幸福美满的生活，又恰恰是中国民俗中极富民族特色和人性魅力的精粹所在，是中华民族凝聚力和思想智慧的组成部分。从这个意义上说，没有这个渴望团圆的习俗，也不会有今天的文化发展和社会和谐，更不会有今天中国各民族的大团结大融合。

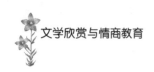
7 《残春旅舍》——气节

残春旅舍

韩 偓

旅舍残春宿雨晴,恍然心地忆咸京。

树头蜂抱花须落,池面鱼吹柳絮行。

禅伏诗魔归净域,酒冲愁阵出奇兵。

两梁免被尘埃污,拂拭朝簪待眼明。

旅舍中春残夜雨刚刚晴,恍然间心里忆起长安城。树枝中蜂拥蝶舞花将落,水面上风起柳絮飘飘行。借写感情因悟禅语止,用酒冲愁阵如同出奇兵。保存好官帽不要遭污损,擦拭净朝簪等待唐复兴。

作品赏析

韩偓(约842—923),唐代诗人,字致尧,京兆万年(今陕西西安)人,这首诗是作者流徙闽地时所作。

这是一首七言律诗,是诗人寓居闽地时而作,当时唐朝已亡,旨在抒发对唐王朝的深刻的怀念之情。开笔处写出了一个春残红飞,夜雨刚晴的景象,再加上诗人他乡为客,居于旅馆之中,温暖和煦之中,恍惚之间忆起京城长安。一提起长安,自然想起自己被昭宗信任,做翰林学士时的得意情形,又自然地想到被朱全忠排挤,落魄异乡的凄惨处境,这难言的种种味道,一时涌上心头。"忆咸京"三字,成为全篇枢纽,领起以下三联。颔联承接"忆咸京"三字,首先抒写对皇都美好春光的回忆:树头蜂抱花须落,池面鱼吹柳絮行。仰望绿暗红稀的树梢,蜜蜂抱着花须随花飞落;俯观柳絮飘坠的池水,鱼儿吞吐着像是吹着柳絮游玩。飞花、落絮本是残春景物,而蜜蜂鱼儿却平添了无穷兴趣与几分生机,故没有半点伤春伤别的落寞,更不见晚唐衰飒的诗风。因为诗人是带着曾经沐浴皇恩的深情在回忆这皇都的风物。正由于此,在诗人笔下,即使是摇落的秋天,这长安的晨昏与草木也总带着几分温暖与芳菲。五、六句"禅伏诗魔归净域,酒冲愁阵出奇兵",具体写诗人客居馆舍中的寂寞。诗人心中有无限的悲苦,说不尽的怨恨,客中无聊,只好用诗来抒写自己的心境,用诗来表达悲愤的情怀。然而,几番的思考终未写成。诗人只好以"禅伏诗魔归净域"来为自己解嘲,这恰恰表现了诗人那种"剪不断,理还乱"的心绪,有这样的心绪必不能写出诗来。诗未写成,悲忧郁愤越积越深,真如同一重重愁阵一样,横亘胸中。只好用酒来冲荡这重重愁阵。然而,借酒浇愁愁更愁。酒,只能使人得到一时的陶醉,醒来之后,将是更大的悲伤。这更大的悲伤便使诗人产生了信心和希望:"两梁免被尘埃污,拂拭朝簪待眼明。"诗人这时清醒地认识到:诗也好,酒也好,都不能解心中的烦闷。于是他拿起往日在朝时的官帽,轻轻地擦拭着朝簪,暗下决心,要好好地保存这顶珍贵的朝帽,千万不能让它被尘埃污染。一定要耐心地等待,一直等到大唐复兴,戴上朝帽,穿上朝服来参与朝政。言外之意是绝不做异姓之臣,宁肯终生潦倒,也不改变自己的气节,表达了诗人兢兢业业,力求尽职,无负朝冠的心情。

闻一多说:作者"深知唐王朝避免不了灭亡的命运,而自己又无所作为,故所作之诗多缅怀往事,情调悲凉"。这首诗没有直抒悲凉之思,但他深深眷顾的往日温馨,实已成为今日悲凉的衬托。

全诗感情起伏动荡,由悲忧到镇定,从中看出诗人的气节。全诗由旅舍、残春总起,三、四句承残春,五、六句承旅舍,七、八句收束来照应全篇,结构严谨,脉络清晰。

情商感悟

在命运的颠沛中,很容易看出一个人的气节。这是一种坚持正义,在敌人或压力面前不屈服的品质。"朝闻道,夕死可矣",揭示的是气节的源泉;"鞠躬尽瘁,死而后已",说的是气节的拓展;"英雄生死路,却似壮游时",表现的是气节的升华。经过世代培育、弘扬、传承的气节和信念,是数千年来支撑中华民族生生不息、弱而复强、衰而复兴的灵魂和脊梁。

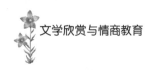

8 《送子由使契丹》——爱国

送子由使契丹

苏　轼

云海相望寄此身，那因远适更沾巾。
不辞驿骑凌风雪，要使天骄识凤麟。
沙漠回看清禁月，湖山应梦武林春。
单于若问君家世，莫道中朝第一人。

译文

我寄身此地和你隔着云海遥遥相望，何必因为你要远行又泪湿衣巾。你不辞劳苦充当信使去冒风雪，为的是要让异族认识朝廷杰出的精英。你将在沙漠留恋地回望京都夜月，梦魂定会越过湖山见到杭城春景。辽国国主若是问起你的家世，可别说朝中第一等人物只在苏家门庭。

作品赏析

苏轼此诗，谆谆嘱咐，劝勉有加，壮爱国之行色，见兄弟之亲情。首联点题，写兄弟宦游四海，天各一方，已是常事，这次也不会因远别而悲伤落泪。苏轼兄弟情谊颇深，苏辙23岁前与兄住在一起，未曾一日分离。23岁进入仕途，从此宦游四方，会少离多。尽管如此，他们仍息息相关。苏轼一生屡遭贬谪，苏辙受累不怨。在"乌台诗案"中，苏辙宁肯舍弃官帽以营救其兄，感人至深。故《宋史·苏辙传》说："辙与兄进退出处，无不相同，患难之中，友爱弥笃，无少怨尤，近古罕见。"苏辙此去，虽为远别，但暂作分离，一向乐观旷达的苏轼自然不作儿女之态。

领联劝勉。上句勉励苏辙不辞辛苦，其中的"驿骑"原指驿站快马，此代使臣；"凌风雪"写出了路途的艰辛。下句鼓励兄弟不辱使命，汉朝时匈奴自称天骄，以后用以代异族。凤是传说中的祥瑞之鸟，麟是传说中的仁德之兽，此以之代辙。既指子由之美德，更见国家之仁惠。这句是说，要让辽主认识你这仁德之国派出的使臣。既要不辱使命，又要不失大国风范。

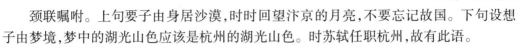

颈联嘱咐。上句要子由身居沙漠,时时回望汴京的月亮,不要忘记故国。下句设想子由梦境,梦中的湖光山色应该是杭州的湖光山色。时苏轼任职杭州,故有此语。

尾联望归。这里用李揆指子由,这不仅因为苏轼兄弟在当时的名位与声望,举世皆有所闻,而且以此告诫子由,出使北蕃,决不可追求盛名,要以国家利益为重,实乃警精含蓄之语。

这首诗以送别为题,写出苏轼对子由出使辽国的复杂心理,一再劝勉,谆谆嘱咐,殷殷盼归。语言平实,自然流畅,属对工稳,用事精警。写寻常之题材,寄兄弟之亲情,明国家之大义,实乃苏诗中抒写爱国情怀之佳作。

情商感悟

每个人来到这个世界,都要在社会中生存,都要获取生存发展的物质条件,都要寻求慰藉心灵的精神家园,这一切首先得之于祖国。没有国哪有家,没有家哪有我——这看似平常的话语,道出了最深刻的爱国理由:国家是小家的寄托,更是个人的寄托;国家是物质利益的寄托,更是精神家园的寄托。失去祖国母亲的保护,个人就是无家可归的流浪儿。爱国是每个人都应当自觉履行的责任和义务。履行爱国的责任和义务,是对祖国母亲的报答。

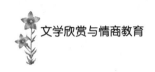
9 《虞美人》——壮志难酬

虞美人

黄 机

十年不作湖湘客，
亭堠催行色。
浅山荒草记当时，
筱竹篱边羸马向人嘶。
书生万字平戎策，
苦泪风前滴。
莫辞衫袖障征尘，
自古英雄之楚又之秦。

译 文

十多年未来过湖湘了，风尘仆仆，行色匆匆，经过了一站又一站的亭堠，如今又到此地。眼前景象比"当时"更加凄凉，只见衰草浅山，荒芜耕田，还有细竹篱笆边嘶鸣的瘦马。

尽管自己满腹平戎之策，却求施展而不能，壮志难酬，心情怅惘，悲愤难平，悲苦的眼泪啊，只有和风向天抛洒！但是不要因为个人的悲戚影响征途，依旧要满怀信心地奔走呼号，自古以来哪个贤人志士不经历一番奔楚赴秦、困顿受挫的历程啊！

作品赏析

黄机是一位关心国家兴亡、怀揣济世匡国大志的热血男子，曾长期怀着"万字平戎策"，颠沛流离，奔走呼号于大江南北，希望得到当权者的重用，虽屡受挫折，却始终没有放弃自己的执着追求。他这种壮志难酬的遭遇和愤懑，造就了他词的苍凉悲壮，慷慨生哀的明显特色。在他《木兰花慢·次岳总干韵》中的"长年为客，楚尾吴头"之句，和本词中的"之楚又之秦"都是词人长期奔波的真实记录。在其《乳燕飞/贺新郎·次徐斯远韵寄稼轩》中写道："有心事，笺天天许。绣帽轻裘真男子，正何须、纸上分今古。未办得，赋归去。"表达了他壮志未酬,如何能像陶潜那样隐居避世呢?他向往着自己能绣帽轻裘地去奔赴沙场平戎杀敌,做一个真正的男子汉!他还在其《六州歌头·次岳总干韵》中大声疾呼:"偏安久,大义谁明?"希望岳总干能平戎虏,复中原。

这首《虞美人》就是写的这种历程和心迹。

上片写漂泊湖湘,心情惨淡,草木有情,满目悲戚。旧地重游,心事悠悠:"十年不作湖湘客。亭堠催行色。浅山荒草记当时,筱竹篱边羸马向人嘶。"十多年未来过湖湘了。风尘仆仆,行色匆匆,经过了一站又一站的亭侯,如今又到此地。眼前景象比"当时"更加凄凉,只见衰草浅山,荒芜耕田,还有细竹篱笆边嘶鸣的瘦马。

下片抒写壮志难酬的怅惘和愤懑。壮志难酬,心情怅惘,衷肠热血,执着追求:"书生万字平戎策。苦泪风前滴。莫辞衫袖障征尘。自古英雄之楚又之秦。"尽管自己胸怀凌云壮志,满腹平戎之策,却求施展而不能,壮志难酬,心情怅惘,痛心疾首,悲愤难平,悲苦的眼泪啊,只有和风向天抛洒!但是厄于困境中的自己,仍不甘心、不绝望,依旧要满怀信心地奔走呼号,相信终会有知遇之时。历史上的英雄圣贤,不都是先受厄运而后施展抱负吗?哪个贤人志士不经历一番奔楚赴秦、困顿受挫的历程啊!结语心长语凝,义无反顾,一片衷肠热血,表现出作者执着追求的决心和意志。

情商感悟

每个人都希望成功,做着自己喜欢的或擅长的事,得到别人的认同和掌声,志得意满,春风得意。现实是,成功有很多因素,无论是事业成功还是婚姻幸福,非个人所能完全决定。除了个人性格、能力、学历之外,还有时势、家境、机遇、运气等,所有因素综合到一起,才会出现我们想要的心想事成。所以无论处境如何,我们都要面临选择,或安于现状,或奋起直追。

那就请暂时放下理想的高大上,且从小事做起,每一天的改变都是通向成功的阶梯。心若在,梦就在。

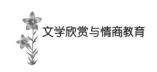
10 《邺都引》——怀古

邺都引

张 说

君不见魏武草创争天禄,群雄睚眦相驰逐。
昼携壮士破坚阵,夜接词人赋华屋。
都邑缭绕西山阳,桑榆汗漫漳河曲。
城郭为墟人代改,但见西园明月在。
邺旁高冢多贵臣,蛾眉曼睩共灰尘。
试上铜台歌舞处,惟有秋风愁杀人。

译 文

难道你看不到曹操为了帝位创业艰难吗？各路英雄豪杰双目怒睁争夺天下。
白天带着意气豪壮的部下驰骋沙场,夜晚礼贤下士赋诗讴歌。
邺都城池委曲环绕,农桑林木沿漳河星罗棋布。
城郭凄凉冷落魏武的时代已成为历史的陈迹,明月依旧,却照不见曹操在西园。
曹魏时代的"贵臣"已入"高冢"作古,众多姬妾、歌伎化为尘土。
铜雀台一览歌舞升平的胜迹,只留下秋风凭吊英雄。

作品赏析

张说(667—730),唐代文学家。字道济,一字说之,洛阳人。永昌元年(公元689年),举贤良方正,授太子校书郎。因不肯依附张易之兄弟,忤旨,被流放钦州。唐中宗复位,召回,进同中书门下平章事,任兵部侍郎。景云二年(公元711年)任宰相,监修国史。玄宗时封燕国公,任中书令。因与姚崇不和,贬为相州刺史,再贬岳州刺史。开元九年(公元721年),复为宰相。翌年出任朔方军节度大使,官至右丞相兼中书令。张说掌文学之任共三十年。文笔雄健,才思敏捷,朝廷重要文诰,多出其手,与许国公苏颋并称"燕许大手笔"。尤其擅长于碑文、墓志的写作,其诗除应制奉和之作外,有不少佳作传世。有《张燕公集》。

这首诗歌激情奔涌,慷慨悲壮,但诗情又紧扣缅怀魏武的题旨,做到诗情恣肆而有节制,思想内蕴而易外传。

　　诗分两层:前六句为第一层,主要是缅怀和描述曹操生前的非凡业绩,以寄托自己的凌云壮志。"君不见魏武草创争天禄,群雄睚眦相驰逐"二句,为曹操生前的壮举铺叙了广阔的时代场景。"草创"二字表明了魏武创业的艰难、不易;一个"争"字,生动地表现出曹操人定胜天的朴素唯物主义思想。古代迷信思想认为人的遭遇、地位都由天帝赐予,而曹操不信天命,偏偏要奋起与"群雄睚眦相驰逐",争夺帝位,这一"争"就将他的顽强奋斗准确地展现在读者面前了。"昼携壮士破坚阵,夜接词人赋华屋"二句,以极其洗练的语言,概述了曹操一生的文武事业。"昼"句勾勒了曹操驰骋沙场的形象,一个"携"字描摹出了他一马当先、勇冠三军的英武气概;一个"破"字,又表现出了其无坚不摧的进攻气势,展示了"魏武挥鞭"气吞万里如虎的骁将风姿。"夜"句则为读者刻画了曹操极具儒将风度的形象侧面。这里,一个"接"字,表现了魏武礼贤下士的品格。曹操在东汉末建安时期,力倡"建安风骨",并带领其子曹丕、曹植及建安七子,以诗歌的形式努力表现社会的动乱和人民流离失所的痛苦,表达了要求国家统一的愿望,情调慷慨,语言刚健。他所建的"西园"——铜爵园,就是其父子常与文士夜间在此宴会赋诗的地方。"夜接词人赋华屋"一句,就形象地展示了当年曹操开创建安文学黄金时代的历史画面。"都邑缭绕西山阳,桑榆汗漫漳河曲"二句,主要描写曹操在生产、建设方面的功绩。邺都城池委曲环绕,表明魏国建筑雄伟,后方坚固;农桑林木沿漳河层层密布、"汗漫"无边,说明其农、林生产的发达。在汉末群雄逐鹿的战乱中能辟一农桑昌盛地域实在不易,由此更能显示出曹操治理国家的雄才大略。在历史上,曹操是蒙垢最多的人物之一。一些持正统观念的史家往往将他打入挟天子以令诸侯的"奸贼"另册。作为曾二度为相的张说,能够如此高度地评价曹操的历史功绩,是独具胆识、难能可贵的;同时,这一层也表露出诗人追慕魏武,希望在政治上有所建树的感情,让读者从对曹操的业绩的追述中体味出诗人的理想追求。诗的后六句为第二层,主要叙述魏武身后的历史变迁,流露出诗人哀叹时光易逝、英雄业绩无继的感慨。"城郭为墟人代改,但见西园明月在"二句,是通过曹魏时代的城郭建筑今已凋敝颓败揭示邺都环境的今昔变迁。"城郭"一词有承接上文"都邑"、引起下文转折的作用,它是邺都外观上最易显示变化的景物。"城郭"和"西园"沦为废墟,标志着魏武的时代已成为历史的陈迹,明月依旧,却照不见曹操在西园"夜接词人赋华屋",更衬托出今日邺都的凄凉冷落。"邺旁高冢多贵臣,蛾眉曼睩共灰尘"二句,是从邺都人事变迁的角度来表现其今昔变化的巨大。曹魏时代的"贵臣"已入"高冢"作古,说明其政权的支柱已不复存在;魏武的众多姬妾、歌伎化为尘土,可见供其役使的社会基础也土崩瓦解。"贵臣"、美女纷纷进入坟墓,它像一面镜子一样,真实地折射出历史变迁的轨迹,流露出了诗人对曹操文韬武略、宏图大业付之东流的惋惜之情。结尾"试上铜台歌舞处,惟有秋风愁杀人"二句,为正面抒怀。"试上"二字表现了诗人欲上而又犹豫的心理——人事变迁,今非昔比,诗人要登上曹操所建铜雀台一览胜迹,但又怕"铜台"因为"人代改"而"为墟",引发自己更多的惆怅。等到登上"铜台",果然见出邺都的一切繁华都成为历史,只留下秋风凭吊英雄。"愁杀人"三字是饱蘸感情的点睛之笔,深沉而强烈地表现出诗人悲壮的凭吊心情,将一腔不泯的雄心遥寄千载,表现出诗人被贬、壮志难酬的内心苦痛和不平之情。诗人紧扣曹操创业的始终线索展开诗情,迭出画面,因此这首诗的感情较之同类作品就更显得慷慨悲壮、深沉含蓄,像羯鼓筝琶一样,摇人心旌,撼人心魄。

诗歌的结构艺术也颇有独到之处。这首诗是借凭吊古迹抒发胸臆的怀古之作,诗歌画面围绕魏武生前、身后诸事展开。开始写魏武生前草创大业,继而写他的文韬武略、治国有方,把他一生的伟绩很简洁地概括于"昼携壮士破坚阵,夜接词人赋华屋。都邑缭绕西山阳,桑榆汗漫漳河曲"四句诗中。"城郭为墟人代改"以下四句着重突出魏武身后的历史变迁。曹操能够在群雄逐鹿的乱世中辟一邺都繁华之地,而他身后的人们却无法维持邺都的繁荣,可见魏武确实高人一筹,后世多不可与之相提并论。结尾写铜台秋风,很容易使人想起曹操临终"遗令",这样,诗的一起一结就是曹操的一始一终,诗的主体则是曹操的生平业绩、身后境遇,从而展示出诗人结构谋篇的高超才华。

这首诗在语言和韵律方面也很有特色,诗歌气势恢宏,语言雄健畅朗,一洗梁陈绮丽之风;用韵活泼,全诗十二句,四次换韵,跌宕有致,富于流动多变的音乐美。正如林庚、冯沅君先生所说:"《邺都引》慷慨悲壮,开盛唐七古的先河,与初唐诗风迥异。"

情商感悟

历史是"昨天"的人与事,"今天"的人和事"明天"就成了历史。

历史不能重来,我们从历史长河中,总结国内历史,反思世界历史中的中国从辉煌到衰败,再到重新崛起的历史经验教训,对国家和我们自己都是一种思考。有些历史已经让我们的前辈付出过沉重的代价,重复这种历史只会让我们付出更加惨痛的代价。品读历史朝代的兴衰和更替,吸收其他国家和各民族的历史教训和经验,坚持"改革开放""科教兴国"的战略方针,才能使自己的国家和民族更好更快地发展。

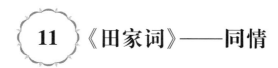

田家词

元　稹

牛咤咤，田确确。旱块敲牛蹄趵趵，种得官仓珠颗谷。
六十年来兵簇簇，月月食粮车辚辚。一日官军收海服，驱牛驾车食牛肉。
归来收得牛两角，重铸矧肺锄犁作斤劚，姑舂妇担去输官，输官不足归卖屋。
愿官早胜仇早覆，农死有儿牛有犊。誓不遣官军粮不足。

译　文

　　天久不雨，土地坚硬，牛拉着沉重的犁耙，喘着粗气一步一步地爬行着。牛蹄碰击着坚硬的土块，发出"趵趵"的声音。

　　驾牛的农民还嫌牛走得太慢，不断地挥动着鞭子，发出"咤咤"的声音，驱使着，吆喝着。然而农民终年劳累，用血和汗水换来的珍珠般的果实，却尽进了官仓，自己一无所得。因为六十年来，战争不断，年年月月、日日餐餐，官兵们吃的粮食全由农民供给，并由农民驾驶的大车不停地运往前线。

　　自从官军征伐藩镇的战争开始以来，朝廷就把农民连人带牛和车以及农具一并征用了。农民驱牛驾车千里迢迢地把粮食运到前线后，结果连牛也被官兵宰杀吃掉了，农民只收得两只牛角而返。

　　但是战争还在没完没了地打下去，新的军需又在等待着他们。农民只得重铸犁锄，重做斤劚，重新开始一年的辛勤耕作，收获之后，运到官仓，终年辛勤劳动所获还交不够，甚至回来连房屋也被迫卖掉买粮纳税。

　　但愿官军早日胜利，以报藩镇叛乱的仇恨，我们不要紧，累死了还有下一代，牛被杀了还有小牛犊，不会让官军的军粮缺少的。

作品赏析

　　元稹(779—831)，字微之，别字威明，唐洛阳人(今河南洛阳)。父元宽，母郑氏。为北魏宗室鲜卑族拓跋部后裔，是北魏昭成帝拓拔什翼犍之十四世孙。早年和白居易共同提倡"新乐府"运动。世人常把他和白居易并称"元白"。

唐朝自安史之乱起,战祸连年不断,繁重的军事开支压得劳动人民伸不直腰、喘不过气来。元稹自幼家贫,并亲眼看到战争给人民尤其是农民带来的巨大苦难。他在参加制科考试时所写的《才识兼茂明于体用策》中,就鲜明地提出了"息兵革"的主张,认为天下要长治久安,非从"息兵革"入手不可。元稹元和五年(810)被贬斥为江陵士曹参军,元和九年(814)再出为通州(今四川达县)司马。他在通州司马任上,仍以置人民于衽席为己任,白居易在诗中称道他:"其心如肺石,动必达穷民。东川八十家,冤愤一言伸。"元和十二年(817),他得到刘猛、李余写的古题乐府诗数十首,读后十分感动,于是和作了十九首,把他在江陵、通州的所见所闻一一写进这组古题乐府诗里,《田家词》就是其中的一首,再一次生动形象地表达了他"息兵革"的政治主张。

"牛咤咤,田确确,旱块敲牛蹄趵趵,种得官仓珠颗谷。六十年来兵簇簇,月月食粮车辘辘。"天久不雨,土地坚硬,牛拉着沉重的犁耙喘着粗气一步一步地爬行着。牛蹄碰击着坚硬的土块,发出"趵趵"的声音。驾牛的农民还嫌牛走得太慢,不断地挥动着鞭子,发出"咤咤"的声音,驱使着,吆喝着。"咤咤",农民的叱牛声。"趵趵",牛蹄声。"确确",土块坚硬的样子。诗的开篇,作者就用两个短句、三组叠字,状形写声,把农民耕地时的那种艰苦、忙碌、急促的情状绘声绘色地突现在读者的眼前。然而"种得官仓珠颗谷",农民终年劳累,用血和汗水换来的珍珠般的果实,尽进了官仓,自己却一无所得。为什么?"六十年来兵簇簇,月月食粮车辘辘"。因为六十年来,战争不断,年年月月、日日餐餐,官兵们吃的粮食全由农民供给,并由农民驾着辘辘的大车不停地运往前线。自天宝十四年(755)安史之乱算起,到元和十二年(817),已超过六十年。这六十年间,战争频繁,到贞元、元和间,安史之乱虽已平定,但中央与藩镇之间的战争从未间断。元和十二年,征讨淮西吴元济的战斗正在激烈地进行着,所以说"六十年来兵簇簇"。"簇簇",丛集的样子,以兵器的丛集象征战事的频繁。"辘辘",车轮声。"月月""辘辘",象征着农民军输的繁重和急迫。

"一日官军收海服,驱牛驾车食牛肉。归来收得牛两角,重铸楼犁作斤劚。姑舂妇担去输官,输官不足归卖屋。"古代把京城附近方千里之地叫"京畿",自京畿之外每五百里称作一服,把由近及远的控制区域分别称为"侯服""甸服"等九服。这里的"海服",泛指临近海边的藩镇割据地区。中唐时期,河北、山东割据反叛的藩镇均在东部沿海一带,正在进行的对淮西吴元济的征讨也在东方,故曰"收海服"。

这一段的意思是说,自从官军征伐藩镇的战争开始以来,朝廷就把农民连人带牛和车以及农具一并征用了。

农民驱牛驾车千里迢迢地把粮食运到前线后,结果连牛也被官兵宰杀吃掉了,车被当柴烧了,农民只收得两只牛角而返。但是战争还在没完没了地打下去,新的军需又在等待着他们。农民只得重铸犁锄,重作斤劚,重新开始一年的辛勤耕作,收获之后,"姑舂妇担",运到官仓,终年辛勤劳动所获还交不够,甚至回来连房屋也被迫卖掉买粮纳税。深重的灾难就这样年复一年,周而复始地压在农民的头上,没有尽时。这是对罪恶战争的血泪控诉,是田家痛苦心声的真实描绘。"斤劚",泛指农具。

"愿官早胜仇早覆,农死有儿牛有犊。誓不遣官军粮不足。"这三句表面上是说,但愿官军早日胜利,以报藩镇叛乱的仇恨,我们不要紧,累死了还有下一代,牛被杀了还有小牛犊,不会让官军的军粮缺少的。实际上是农民极端的愤激之词,背后的意思是说,我们这一代被压榨、折磨死了,下一代还要继续受压榨、折磨;老牛被杀了,小牛还会面临同样的命运,战争一天不停止,农民的沉重灾难就会永无止境地继续下去,愤激之意出以忠厚之辞,耐人寻味。

全诗就在田家的这种沉重而痛苦的呻吟中结束了,而农民的深重灾难却延续整个封建社会,意义极为深远。

这首诗在艺术上很有特色。它自始至终儿乎完全用农民自述的口吻、白描的手法叙事,在貌似平和顺从的话语里,表现了农民痛苦的心声,蕴含着农民的血泪控诉,因而具有更大的真实性和感人肺腑的力量。再加上短句的安排,叠字的选用,急促重浊的入声字的韵脚,不仅加强了诗的形象性和音乐性,声情和文情更加契合,深化主题,强化了感情,渲染了气氛,而且使这首古题乐府的特色更加鲜明。这正是元稹"颇近讴谣"的代表作。

情商感悟

同情心,首先是指对某事(如另一人的感情)的觉察与同情感,同时也指这种感情的表露。这是同情心的基本含义和初级层面,人人都应该具有不同程度的同情心。

但同情心又是一种才能,往往指培养与他人感情共鸣的一种才能,而这种感情不一定是悲伤。这是同情心的引申含义和高级层面。

同情心是人类所独具的人与人之间的相通感。休谟在他的名著《人性论》中对同情进行了全面的考察,在他看来,"一切人的心灵在其感觉和作用方面都是类似的。凡能激发一个人的任何感情,也总是别人在某种程度内所能感受到的。正像若干条弦线均匀地拉紧在一处以后,一条弦线的运动就传达到其余的弦线上去;同样,一切感情也都是由一个人迅速传到另一个人,而在每个人心中产生相应的活动。当我看到任何情绪的时候,我的心灵也立刻被传递到其结果上,并且被这样的情绪所激动"。从这些言论中,我们可以得出一个结论:同情是一种相通感。培养同情心,就是在培养自己与别人的共情能力,在一个人的情商中不能没有同情心,没有同情心会让人变得自私自利。培养青少年的同情心需要让他们有更多的体验和经历,他们具有了相同的心理感受,才更容易共情,才会有同情心。

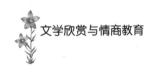

12 《将进酒》——激励

将进酒

李　白

君不见,黄河之水天上来,奔流到海不复回。
君不见,高堂明镜悲白发,朝如青丝暮成雪。
人生得意须尽欢,莫使金樽空对月。
天生我材必有用,千金散尽还复来。
烹羊宰牛且为乐,会须一饮三百杯。
岑夫子,丹丘生,将进酒,杯莫停。
与君歌一曲,请君为我倾耳听。
钟鼓馔玉不足贵,但愿长醉不复醒。
古来圣贤皆寂寞,惟有饮者留其名。
陈王昔时宴平乐,斗酒十千恣欢谑。
主人何为言少钱,径须沽取对君酌。
五花马,千金裘,呼儿将出换美酒,与尔同销万古愁。

译 文

　　你难道看不见那黄河之水从天上奔腾而来,波涛翻滚直奔东海,从不再往回流吗。你难道看不见那高堂悬镜中自己的白发,早晨还是满头的黑发,怎么才到傍晚就变成了雪白一片呢。(所以)人生得意之时就应当纵情欢乐,不要让这金杯无酒空对明月。每个人的出生都一定有自己的价值和意义,黄金千两(就算)一挥而尽,它也还是能够再得来。我们烹羊宰牛姑且作乐,(今天)一次性痛快地饮三百杯也不为多!岑夫子,丹丘生啊!快喝酒吧!不要停下来。让我来为你们高歌一曲,请你们为我倾耳细听:整天吃山珍海味的豪华生活有何珍贵,只希望醉生梦死而不愿清醒。自古以来圣贤无不是冷落寂寞的,只有那会喝酒的人才能够留传美名。陈王曹植当年宴设平乐观的事迹你可知道,斗酒万千也豪饮,让宾主尽情欢乐。主人啊,你为何说钱不多?只管买酒来让我们一起痛饮。那些什么名贵的五花良马,昂贵的千金狐裘,把你的小儿喊出来,都让他拿去换美酒来吧,让我们一起来消除这无穷无尽的万古长愁!

作品赏析

在这首诗里,李白"借题发挥,借酒浇愁",抒发自己的愤激情绪。这首诗非常形象地表现了李白桀骜不驯的性格:一方面对自己充满自信,孤高自傲;另一方面在政治前途出现波折后,又流露出纵情享乐之情。全诗气势豪迈,感情奔放,语言流畅,具有很强的感染力。

李白咏酒的诗篇极能表现他的个性,这类诗属长安放还以后所作,思想内容更为深沉,艺术表现更为成熟。《将进酒》即其代表作。

《将进酒》原是汉乐府短箫铙歌的曲调,题目意译即"劝酒歌",故古词有"将进酒,乘大白"云。作者这首"填之以申己意"(萧士赟《分类补注李太白诗》)的名篇,约作于天宝十一年(公元752年),他当时与友人岑勋在嵩山另一好友元丹丘的颍阳山居为客,三人尝登高饮宴(《酬岑勋见寻就元丹丘对酒相待以诗见招》:"不以千里遥,命驾来相招。中逢元丹丘,登岭宴碧霄。对酒忽思我,长啸临清飙。")。人生快事莫若置酒会友,作者又正值"抱用世之才而不遇合"(萧士赟)之际,于是满腔不合时宜借酒兴诗情,来了一次淋漓尽致的抒发。

诗篇发端就是两组排比长句,如挟天风海雨向读者迎面扑来。"君不见黄河之水天上来,奔流到海不复回",颍阳去黄河不远,登高纵目,故借以起兴。黄河源远流长,落差极大,如从天而降,一泻千里,东走大海。如此壮阔景象,绝对不是肉眼可以看到的,作者是幻想的,"自道所得",言语带有夸张。上句写大河之来,势不可挡;下句写大河之去,势不可回。一涨一消,形成舒卷往复的咏叹味,是短促的单句(如"黄河落天走东海")所没有的。紧接着,"君不见高堂明镜悲白发,朝如青丝暮成雪",恰似一波未平,一波又起。如果说前二句为空间范畴的夸张,这二句则是时间范畴的夸张。悲叹人生短促,而不直言自伤老大,却说"高堂明镜悲白发",一种搔首顾影、徒呼奈何的情态宛如画出。将人生由青春至衰老的全过程说成"朝""暮"之事,把本来短暂的人生说得更短暂,与前两句把本来壮浪的河水说得更壮浪,是"反向"的夸张。于是,开篇的这组排比长句既有比喻——以河水一去不返喻人生易逝,又有反衬作用——以黄河的伟大永恒衬托出生命的渺小脆弱。这个开端可谓悲感已极,却不堕纤弱,可说是巨人式的感伤,具有惊心动魄的艺术力量,同时也是由长句排比开篇的气势感造成的。这种开篇的手法作者常用,如"弃我去者,昨日之日不可留;乱我心者,今日之日多烦忧"(《宣城谢朓楼饯别校书叔云》),沈德潜说:"此种格调,太白从心化出。"可见其颇具创造性。此诗两作"君不见"的呼告(一般乐府诗只于篇首或篇末偶一用之),又使诗句感情色彩大大增强。诗有所谓大开大阖者,此可谓大开。

"夫天地者,万物之逆旅也;光阴者,百代之过客也"(《春夜宴从弟桃李园序》),悲感虽然不免,但悲观却非李白性情之所属。在他看来,只要"人生得意"便无所遗憾,当纵情欢乐。五、六两句便是一个逆转,由"悲"而翻作"欢""乐"。从此直到"杯莫停",诗情渐趋狂放。"人生达命岂暇愁,且饮美酒登高楼"(《梁园吟》),行乐不可无酒,这就入题。但句中未直写杯中之物,而用"金樽""对月"的形象语言出之,不但生动,更将饮酒诗意化了;未直写应该痛饮狂欢,而以"莫使""空"的双重否定句式代替直陈,语气更为强调。"人生得意须尽欢",这似乎是宣扬及时行乐的思想,然而只不过是现象而已。诗人"得意"过没有?"凤凰初下紫泥诏,谒帝称觞登御筵"(《玉壶吟》)——似乎得意过。然而那不过是一场幻影,"弹剑作歌奏苦声,曳裾王门不称情"——又似乎并没有得意,有的是失望与愤慨。但并不就此消沉。诗人于是用乐观自信的口吻肯定人生,肯定自我"天生我材必有用",这是一个令人击节赞叹的句子。"有用"而"必",非常自信,简直像是人的价值宣言,而这个人——"我"——是须大写的。于此,从貌似消极的现象中露出了深藏其内的一种怀才不遇,而又渴望入世的积极的本质内容来。正是"长风破浪会有时",应为这样的未来痛饮高歌,破费又算得了什么——"千金散尽还复来!"这又是一个高度自信的惊人之句,能驱使金钱而不为金钱所使,真足令一切凡夫俗子咋舌。诗如其人,像诗人"曩者游维扬,不逾一年,散金三十余万"(《上安州裴长史书》),是何等豪举。故此句深蕴在骨子里的豪情,绝非装腔作势者可得也。与此气派相当,作者描绘了一场盛筵,那绝不是"菜要一碟乎,两碟乎?酒要一壶乎,两壶乎?"而是整头整头地"烹羊宰牛",不喝上"三百杯"决不甘休。多痛快的筵宴,又是多么豪壮的诗句!至此,狂放之情达到高潮,诗的旋律加快。诗人那眼花耳热的醉态跃然纸上,恍然使人如闻其高声劝酒:"岑夫子,丹丘生,将进酒,杯莫停!"几个短句忽然加入,不但使诗歌节奏富于变化,而且写来逼肖席上声口。既是生逢知己,又是酒逢对手,不但"忘形到尔汝",诗人甚而忘却是在写诗,笔下之诗似乎还原为生活,他还要"与君歌一曲,请君为我倾耳听"。以下八句就是诗中之歌了。这奇之又奇,纯系神来之笔。

"钟鼓馔玉"意即富贵生活(富贵人家吃饭时鸣钟列鼎,食物精美如玉),可诗人以为"不足贵",并放言"但愿长醉不复醒"。诗情至此,便分明由狂放转而为愤激。这里不仅是酒后吐狂言,而且是酒后吐真言了。以"我"天生有用之才,本当位至卿相,飞黄腾达,然而"大道如青天,我独不得出"(《行路难》)。说富贵"不足贵",乃出于愤慨。以下"古来圣贤皆寂寞"二句亦属愤语。诗人曾喟叹"自言管葛竟谁许",所以说古人"寂寞",也表现出自己的"寂寞",因此才愿长醉不醒了。这里,诗人已是用古人酒杯,浇自己块垒了。说到"唯有饮者留其名",便举出"陈王"曹植做代表,并化用其《名都篇》"归来宴平乐,美酒斗十千"之句。古来酒徒历历,而偏举"陈王",这与李白一向自命不凡分不开,他心目中树为榜样的是谢安之类的高级人物,而这类人物中,"陈王"与酒联系较多。这样写便有气派,与前文极度自信的口吻一贯。再者,"陈王"曹植于丕、睿两朝备受猜忌,有志难展,亦激起诗人的同情。一提"古来圣贤",二提"陈王"曹植,满纸不平之气。此诗开始似只涉人生感慨,而不染政治色彩,其实全篇饱含一种深广的忧愤和对自我的信念。诗情所以悲而不伤,悲而能壮,即根源于此。

刚露一点深衷,又回到说酒了,而且看起来酒兴更高。以下诗情再入狂放,而且愈来愈狂。"主人何为言少钱",既照应"千金散尽"句,又故作跌宕,引出最后一番豪言壮语:即便千金散尽,也当不惜将出名贵宝物——"五花马"(毛色为五花纹的良马)、"千金裘"来换取美酒,图个一醉方休。这结尾之妙,不仅在于"呼儿""与尔",口气甚大;而且具有一种作者一时可能觉察不到的将宾做主的任诞情态。须知诗人不过是被友招饮的客人,此刻他却高踞一席,颐指气使,提议典裘当马,几令人不知谁是"主人",浪漫色彩极浓。

快人快语,非不拘形迹的豪迈知交断不能如此。诗情至此狂放至极,令人嗟叹咏歌,直欲"手之舞之,足之蹈之"。情犹未已,诗已告终,突然又迸出一句"与尔同销万古愁",与开篇之"悲"关合,而"万古愁"的含义更其深沉。这"白云从空,随风变灭"的结尾,显见诗人奔涌跌宕的感情激流。通观全篇,真是大起大落,非如椽巨笔不办。

《将进酒》篇幅不算长,却五音繁会,气象不凡。它笔酣墨饱,情极悲愤而作狂放,语极豪纵而又沉着。诗篇具有震动古今的气势与力量,这诚然与夸张手法不无关系,比如诗中屡用巨额数目字("千金""三百杯""斗酒十千""千金裘""万古愁"等)表现豪迈诗情,同时,又不给人空洞浮夸感,其根源就在于它那充实深厚的内在感情,那潜在酒话底下如波涛汹涌的郁怒情绪。此外,全篇大起大落,诗情忽擒忽张,由悲转乐、转狂放、转愤激,再转狂放,最后结束于"万古愁",回应篇首,如大河奔流,有气势,亦有曲折,纵横捭阖,力能扛鼎。其歌中有歌的包孕?写法,又有鬼斧神工、"绝去笔墨畦径"之妙,既非镌刻能学,又非率尔可到。通篇以七言为主,而以三、五、十言句"破"之,极参差错综之致;诗句以散行为主,又以短小的对仗语点染(如"岑夫子,丹丘生""五花马,千金裘"),节奏疾徐尽变,奔放而不流易。《唐诗别裁》谓"读李诗者于雄快之中,得其深远宕逸之神,才是谪仙人面目",此篇足以当之。

情商感悟

激励就是激发、鼓励人的动机和行为的过程和方法。自我激励就是自我激发、鼓励自身的动机和行为的过程和方法,是自己鼓励自己。自我激励是伴随着感性和理性、情感和意志、心理和生理的复杂过程。

你懂得能够激发自己的原则,你就懂得能够激发他人的原则。反之,你懂得激发他人的原则,你就懂得激发自己的原则。

激励就是一种希望,是预期获得所想要的东西的欲望加上可以得到它的信心。每一个结果都有已知的起因。你的每个行动都是已知起因、你的动机、你的结果。希望会激发你,激发我们每一个人。

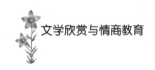
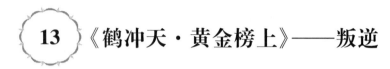

鹤冲天

柳　永

　　黄金榜上,偶失龙头望。明代暂遗贤,如何向。未遂风云便,争不恣游狂荡。何须论得丧?才子词人,自是白衣卿相。

　　烟花巷陌,依约丹青屏障。幸有意中人,堪寻访。且恁偎红倚翠,风流事,平生畅。青春都一饷。忍把浮名,换了浅斟低唱!

译　文

　　在金字题名的榜上,我只不过是偶然失去取得状元的机会。即使在政治清明的时代,君王也会一时错失贤能之才,我今后该怎么办呢?既然没有得到好的机遇,为什么不随心所欲地游乐呢!何必为功名患得患失?做一个风流才子为歌姬谱写辞章,即使身着白衣,也不亚于公卿将相。

　　在歌姬居住的街巷里,有摆放着丹青画屏的绣房。幸运的是那里住着我的意中人,值得我细细地追求寻访。与她们依偎,享受这风流的生活,才是我平生最大的欢乐。青春不过是片刻时光,我宁愿把功名,换成手中浅浅的一杯酒和耳畔低回婉转的歌唱。

作品赏析

　　这首词是柳永早期的作品,是他初次参与进士科考落第之后,抒发牢骚感慨之作,它表现了作者的思想性格,也关系作者的生活道路,是一篇重要的作品。南宋人吴曾的《能改斋漫录》卷十六里有一则记载,与这首词的关系最为直接,略云:(宋)仁宗留意儒雅,而柳永好为淫冶讴歌之曲,传播四方,尝有《鹤冲天》词云:"忍把浮名,换了浅斟低唱。"及皇帝临轩放榜,特落之,曰:"且去浅斟低唱,何要浮名!"其写作背景大致是:初考进士落第,填《鹤冲天》词以抒不平,为仁宗闻知;后再次应试,本已中式,于临发榜时,仁宗故意将其黜落,并说了那番话,于是柳永便自称"奉旨填词柳三变"而长期地流连于坊曲之间,在花柳丛中寻找生活的方向、精神的寄托。

　　这首词反映了柳永的反叛性格,也带来了他人生路上一大波折。据传说,柳永善作俗词,而宋仁宗颇好雅词。有一次,宋仁宗临轩放榜时想起柳永这首词中那句"忍把浮名,换了浅斟低唱",就说道"且去浅斟低唱,何要浮名",就这样黜落了他。从此,柳永便自称"奉旨填词柳三变"而长期地流连于坊曲之间、花柳丛中寻找生活的方向、精神的寄托。

"黄金榜上,偶失龙头望",考科举求功名,他并不满足于登进士第,而是把夺取殿试头名状元作为目标。落榜只认为"偶然","见遗"只说是"暂",由此可见柳永狂傲自负的性格。他自称"明代遗贤"是讽刺仁宗朝号称清明盛世,却不能做到"野无遗贤"。但既然已落第,下一步该怎么办呢?"风云际会",施展抱负是封建时代士子的奋斗目标,既然"未遂风云便",理想落空了,于是他就转向了另一个极端,"争不恣狂荡",表示要无拘无束地过那种为一般封建士人所不齿的流连坊曲的狂荡生活。"偎红倚翠""浅斟低唱",是对"狂荡"的具体说明。柳永这样写,是恃才负气的表现,也是表示抗争的一种方式。科举落第,使他产生了一种逆反心理,只有以极端对极端才能求得平衡。所以,他故意要造成惊世骇俗的效果以保持自己心理上的优势。柳永的"狂荡"之中仍然有着严肃的一面,狂荡以傲世,严肃以自律,这才是"才子词人""白衣卿相"的真面目。柳永把他内心深处的矛盾想法抒写出来,说明落第这件事情给他带来了多么深重的苦恼和多么繁杂的困扰,也说明他为了摆脱这种苦恼和困扰曾经进行了多么痛苦的挣扎。写到最后,柳永得出结论:"青春都一饷。忍把浮名,换了浅斟低唱!"谓青春短暂,怎忍虚掷,为"浮名"而牺牲赏心乐事。所以,只要快乐就行,"浮名"算不了什么。

这首词是柳永进士科考落第之后的一纸"牢骚言",在宋元时代有着重大的意义和反响。它正面鼓吹文人士者与统治者分离,而与歌妓等下层人民接近,有一定的思想进步性。

情商感悟

青春期不可回避的一个敏感词:叛逆!
叛逆不是一件坏事,而是一种成长和进步!
是每一个人成长过程中的必经阶段!
是生理成熟、思维能力提高的表现!
是从依赖过渡到独立,从稚嫩走向成熟的过程!
叛逆对每一个人未来的发展都很重要!

逆反心理是处于"心理断乳期"的青少年强烈要求别人把他们当作成人看待而形成的心理。他们的自我意识获得空前发展,但往往自我控制能力还比较差。青少年随着身心的成长发育,逐渐从依赖父母的心理状态中独立出来,开始自己判断和解决所面临的新问题,是学习独立思考的过程,也是世界观开始形成的重要时期。

既然不可避免,那我们应该怎样正确面对与安全度过呢?

叛逆是不良情绪的发泄途径。脑发育的不均衡使得青春期孩子容易产生情绪问题,从而做出冲动的事情。在面对成长的压力自我怀疑、困惑与迷茫时,应该正确积极面对,在家长、老师与朋友的帮助下解开心结,疏导不良情绪、保持心理健康!

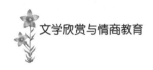

14 《满江红·登黄鹤楼有感》——壮志

满江红·登黄鹤楼有感

岳 飞

遥望中原，荒烟外、许多城郭。
想当年，花遮柳护，凤楼龙阁。
万岁山前珠翠绕，蓬壶殿里笙歌作。
到而今、铁骑满郊畿，风尘恶。

兵安在？膏锋锷。民安在？填沟壑。
叹江山如故，千村寥落。
何日请缨提锐旅，一鞭直渡清河洛。
却归来、再续汉阳游，骑黄鹤。

译 文

登楼远望中原，只见在一片荒烟笼罩下，仿佛有许多城郭。想当年啊！花多得遮住视线，柳多得掩护着城墙，楼阁都是雕龙砌凤。万岁山前、蓬壶殿里，宫女成群，歌舞不断，一派富庶升平气象。如今，胡虏铁骑却践踏包围着京师郊外，战乱频仍，风尘漫漫，形势如此险恶。

士兵在哪里？他们血染沙场，鲜血滋润了兵刃。百姓在哪里？他们在战乱中丧生，尸首填满了溪谷。悲叹大好河山依如往昔，却田园荒芜，万户萧疏。何时能有杀敌报国的机会，率领精锐部队出兵北伐，挥鞭渡过长江，扫清横行"郊畿"的胡虏，收复中原。然后归来，重游黄鹤楼，以续今日之游兴。

作品赏析

这首词创作时代较《满江红·怒发冲冠》略早，写于南宋绍兴四年（1134）作者出兵收复襄阳六州驻节鄂州（今湖北武昌）时。

这首词采用散文化写法，可分四段，层次分明。

从篇首到"蓬壶殿里笙歌作"为第一段。写在黄鹤楼之上遥望北方失地,引起对故国往昔"繁华"的回忆。"想当年"三字点目。"花遮柳护"四句极其简洁地写出北宋汴京宫苑之风月繁荣。万岁山亦名艮岳。据《宋史·地理志·京城》记载,徽宗政和七年(1117年)始筑,积土为假山,山周十余里,堂馆池亭极多,建制精巧(蓬壶是其中一堂名),四方花竹奇石,悉聚于此,专供皇室游玩。"珠翠绕""笙歌作",极写歌舞升平的壮观景象。

第二段以"到而今"三字提起(回应"想当年"),直到下片"千村寥落"句止。写北方遍布铁蹄的占领区,生活在水深火热中的人们的惨痛情景。与上段歌舞升平的景象强烈对比。"铁蹄满郊畿,风尘恶"二句,花柳楼阁、珠歌翠舞一扫而空,惊心动魄。过片处是两组自成问答的短句:"兵安在?膏锋锷。""民安在,填沟壑。"战士浴血奋战,却伤于锋刃,百姓饥寒交迫,无辜被戮,却死无葬身之地。作者恨不得立即统兵北上解民于水火之中。"叹江山如故,千村寥落",这远非"风景不殊,正自有山河之异"的新亭悲泣,而言下正有王导"当共勠力王室,克复神州"之猛志。所以紧接二句就写到作者心中夙愿——率领劲旅,直渡黄河,肃清金人,复我河山。这两句引用《汉书》终军请缨典故,浑成无迹。"何日"云云,正见出一种迫不及待的心情。

最后三句,作者乐观地想象胜利后的欢乐。眼前他虽然登黄鹤楼,作"汉阳游",但心情是无法宁静的。或许他会暗诵"昔人已乘黄鹤去"的名篇而无限感慨。不过,待到得胜归来,"再续汉阳游"时,一切都会改变,那种快乐,唯恐只有骑鹤的神仙才可体会呢!词的末句"骑黄鹤"三字兼顾现实,深扣题面。

在南北宋之交,词起了一次风格化的变化,明快豪放取代了婉约深曲,这种艺术上的转变根源却在于内容,在于爱国主义成为词的时代性主题。当时写作豪放词的作家,多是主战派人士,包括若干抗金将领,其中也有岳飞,这种现象有其必然性。这首《满江红》即以文法入词,从"想当年""到而今""何日"说到"待归来",严格遵循时间顺序,结构层次分明,语言洗练明快,已具豪放词的一般特点。

情商感悟

"路漫漫其修远兮,吾将上下而求索。"蜗居温室的雏鸡永远不能领略蓝天的清澈与纯净,只有志存高远的雄鹰才能振翅翱翔,鹰击长空。

作为一名学生,从小就要立志读好书,做好人,回报社会,回报父母,要一直在行动中不断实践着自己的理想。作为一名青少年,应充满朝气与活力,壮志在胸怀,不畏艰难险阻,脚踏实地学好专业,掌握一技之长才能立足于社会!

前途是光明的,道路是曲折的。在人生的道路上,一方面要有"会当凌绝顶,一览众山小"的气魄,不怕困难、敢于攀登、俯视一切的雄心壮志;另一方面,也要有"岁寒,然后知松柏之后凋也"的毅力,经受得住挫折的心理承受能力,保持一种积极乐观的情绪状态,提高战胜困难、克服弱点、适应社会生活的能力。

"想"要凌云壮志,"干"要脚踏实地!

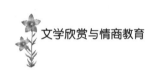

15 《短歌行》——胸襟

短歌行

曹　操

对酒当歌,人生几何! 譬如朝露,去日苦多。
慨当以慷,忧思难忘。何以解忧? 唯有杜康。
青青子衿,悠悠我心。但为君故,沉吟至今。
呦呦鹿鸣,食野之苹。我有嘉宾,鼓瑟吹笙。
明明如月,何时可掇? 忧从中来,不可断绝。
越陌度阡,枉用相存。契阔谈䜩,心念旧恩。
月明星稀,乌鹊南飞。绕树三匝,何枝可依?
山不厌高,海不厌深。周公吐哺,天下归心。

一边喝酒一边高歌,人生短促日月如梭。好比晨露转瞬即逝,失去的时日实在太多!
席上歌声激昂慷慨,忧郁长久填满心窝。靠什么来排解忧闷? 唯有狂饮方可解脱。

那穿着青领(周代学士的服装)的学子哟,你们令我朝夕思慕。只是因为您的缘故,让我沉痛吟诵至今。

阳光下鹿群呦呦欢鸣,悠然自得啃食在绿坡。一旦四方贤才光临舍下,我将奏瑟吹笙宴请嘉宾。

当空悬挂的皓月哟,什么时候才可以拾到;我久蓄于怀的忧愤哟,突然喷涌而出汇成长河。

远方宾客踏着田间小路,一个个屈驾前来探望我。彼此久别重逢谈心宴饮,争着将往日的情谊诉说。

月光明亮星光稀疏,一群寻巢乌鹊向南飞去。绕树飞了三周却没敛翅,哪里才有它们栖身之所?

高山不辞土石才见巍峨,大海不弃涓流才见壮阔。我愿如周公一般礼贤下士,愿天下的英杰真心归顺于我。

作品赏析

《短歌行》是汉乐府的旧题,属于《相和歌辞·平调曲》。这就是说它本来是一个乐曲的名称。已经失传。乐府里收集的同名作品有 24 首,最早的是曹操的这首。这种乐曲的唱法,现在当然是不知道了。乐府《相和歌·平调曲》中除了《短歌行》还有《长歌行》,唐代吴兢《乐府古题要解》引证古诗"长歌正激烈",魏文帝曹丕《燕歌行》"短歌微吟不能长"和晋代傅玄《艳歌行》"咄来长歌续短歌"等句,认为"长歌""短歌"是指"歌声有长短"。现在也就只能根据这一点点材料来理解《短歌行》的音乐特点。《短歌行》这个乐曲,原来当然也有相应的歌辞,就是"乐府古辞",但这古辞已经失传了。现在所能见到的最早的《短歌行》就是曹操所作的拟乐府《短歌行》。所谓"拟乐府"就是运用乐府旧曲来补作新词,曹操传世的《短歌行》共有两首,这里要介绍的是其中的第一首。

这首《短歌行》的主题非常明确,就是作者希望有大量人才来为自己所用。曹操在其政治活动中,为了扩大他在庶族地主中的统治基础,打击反动的世袭豪强势力,曾大力强调"唯才是举",为此而先后发布了《求贤令》《举士令》《求逸才令》等;而《短歌行》实际上就是一曲"求贤歌",又正因为运用了诗歌的形式,含有丰富的抒情成分,所以就能起到独特的感染作用,有力地宣传了他所坚持的主张,配合了他所颁发的政令。

《短歌行》原来有"六解"(即六个乐段),按照诗意分为四节来读。

"对酒当歌,人生几何?譬如朝露,去日苦多。慨当以慷,忧思难忘。何以解忧,唯有杜康。"

在这八句中,作者强调他非常发愁,愁得不得了。那么愁的是什么呢?原来他是苦于得不到众多的"贤才"来同他合作,一道抓紧时间建功立业。试想连曹操这样位高权重的人居然在那里为"求贤"而发愁,那该有多大的宣传作用。假如庶族地主中真有"贤才"的话,看了这些话就不能不大受感动和鼓舞。他们正苦于找不到出路呢,没有想到曹操却在那里渴求人才,于是那真正有才或自以为有才的许许多多人,就很有可能跃跃欲试,向他"归心"了。这八句,猛一看很像是《古诗十九首》中的消极调子,而其实大不相同。这里讲"人生几何",不是叫人"及时行乐",而是要及时地建功立业。又从表面上看,曹操是在抒个人之情,发愁时间过得太快,恐怕来不及有所作为。实际上却是在巧妙地感染广大"贤才",提醒他们人生就像"朝露"那样易于消失,岁月流逝已经很多,应该赶紧拿定主意,到他这里来施展抱负。所以一经分析便不难看出,诗中浓郁的抒情气氛包含了相当强烈的政治目的。这样积极的目的而故意要用低沉的调子来发端,这固然表明曹操真有他的愁思,所以才说得真切;但另一方面也正因为通过这样的调子更能打开处于下层、多历艰难又急于寻找出路的人士的心扉。所以说用意和遣词既是真切的,也是巧妙的。在这八句诗中,主要的情感特征就是一个"愁"字,"愁"到需要用酒来消解("杜康"相传是最早造酒的人,这里就用他的名字来作为酒的代称)。"愁"这种感情本身是无法评价的,能够评价的只是这种情感的客观内容,也就是为什么而"愁"。由于自私、颓废甚至反动的缘故而愁,那么这愁就是一种消极的感情;反之,为着某种有进步意义的目的而愁,那就成为一种积极的情感。放到具体的历史背景中看,曹操在这里所表达的愁绪就是属于后者,应该得到恰当的历史评价。清人陈沆在《诗比兴笺》中说:"此诗即汉高祖《大风歌》思猛士之旨也。'人生几何'发端,盖传所谓古之王者知寿命之不长,故并建圣哲,以贻后嗣。"这可以说基本上懂得了曹操发愁的含意;不过所谓"并建圣哲,以贻后嗣"还未免说得迂远。曹操当时考虑的是要在他自己这一生中结束战乱,统一全中国。与汉高祖唱《大风歌》是既有相通之处,也有不同之处的。

"青青子衿,悠悠我心。但为君故,沉吟至今。呦呦鹿鸣,食野之苹。我有嘉宾,鼓瑟吹笙。"

这八句情味更加缠绵深长了。"青青"二句原来是《诗经·郑风·子衿》中的话,原诗是写一个姑娘在思念她的爱人,其中第一章的四句是:"青青子衿,悠悠我心。纵我不往,子宁不嗣音?"(你那青青的衣领啊,深深萦回在我的心灵。虽然我不能去找你,你为什么不主动给我音信呢?)曹操在这里引用这首诗,还说自己一直低低地吟诵它,这实在是太巧妙了。他说"青青子衿,悠悠我心",固然是直接比喻了对"贤才"的思念;但更重要的是他所省掉的两句话:"纵我不往,子宁不嗣音?"曹操由于事实上不可能一个一个地去找那些"贤才",所以他便用这种含蓄的方法来提醒他们:"就算我没有去找你们,你们为什么不主动来投奔我呢?"由这一层含而不露的意思可以看出,他那"求才"的用心实在是太周到了,的确具有感人的力量。而这感人力量正体现了文艺创作的政治性与艺术性的结合。他这种深细婉转的用心,在《求贤令》之类的文件中当然无法尽情表达;而《短歌行》作为一首诗,就能抒发政治文件所不能抒发的感情,起到政治文件所不能起的作用。紧接着他又引用《诗经·小雅·鹿鸣》中的四句,描写宾主欢宴的情景,只要你们到"我"这里来,"我"是一定会待以"嘉宾"之礼的,我们是能够欢快融洽地相处并合作的。这八句仍然没有明确地说出"求才"二字,因为曹操所写的是诗,所以用了典故来做比喻,这就是"婉而多讽"的表现方法。同时,"但为君故"这个"君"字,在曹操的诗中也具有典型意义。本来在《诗经》中,这"君"只是指一个具体的人;而在这里则具有了广泛的意义:在当时凡是读到曹操此诗的"贤士",都可以自认为他就是曹操为之沉吟《子衿》一诗的思念对象。正因为这样,此诗流传开去,才会起到巨大的社会作用。

"明明如月,何时可掇?忧从中来,不可断绝。越陌度阡,枉用相存。契阔谈䜩,心念旧恩。"

这八句是对以上十六句的强调和照应。以上十六句主要讲了两个意思,即为求贤而愁,又表示要待贤以礼。倘若借用音乐来做比,这可以说是全诗中的两个"主题旋律",而"明明如月"八句就是这两个"主题旋律"的复现和变奏。前四句又在讲忧愁,是照应第一个八句;后四句讲"贤才"到来,是照应第二个八句。表面看来,意思上是与前十六句重复的,但实际上由于"主题旋律"的复现和变奏,因此使全诗更有抑扬低昂、反复咏叹之致,增强了抒情的色彩。再从表达诗的文学主题来看,这八句也不是简单重复,而是含有深意的。那就是说"贤才"已经来了不少,我们也合作得很融洽;然而"我"并不满足,"我"仍在为求贤而发愁,希望有更多的"贤才"到来。天上的明月常在运行,不会停止("掇"通"辍","晋乐所奏"的《短歌行》正作"辍",即停止的意思;高中课本中"掇"的解释为:拾取,采取。何时可掇:什么时候可以摘取呢?);同样,"我"的求贤之思也是不会断绝的。说这种话又是用心周到的表现,因为曹操不断在延揽人才,那么后来者会不会顾虑"人满为患"呢？所以曹操在这里进一步表示,他的求贤之心就像明月常行那样不会终止,人们也就不必要有什么顾虑,早来晚来都一样会受到优待。关于这一点作者在下文还要有更加明确的表示,这里不过是承上启下,起到过渡与衬垫的作用。

"月明星稀,乌鹊南飞,绕树三匝,何枝可依？山不厌高,海不厌深,周公吐哺,天下归心。"

"月明"四句既是准确而形象的写景笔墨,同时也有比喻的深意。清人沈德潜在《古诗源》中说:"月明星稀四句,喻客子无所依托。"这说明他看出了这四句是比喻,但光说"客子"未免空泛;实际上这是指那些犹豫不定的人才,他们在三国鼎立的局面下一时无所适从。所以曹操以乌鹊绕树、"何枝可依"的情景来启发他们,不要三心二意,要善于择枝而栖,赶紧到自己这一边来。这四句诗生动刻画了那些犹豫彷徨者的处境与心情,然而作者不仅丝毫未加指责,反而在浓郁的诗意中透露着对这一些人的关心和同情。这恰恰说明曹操很会做思想工作,完全是以通情达理的姿态来吸引和争取人才。而像这样一种情味,也是充分发挥了诗歌所特有的感染作用。最后四句画龙点睛,明明白白地披肝沥胆,希望人才都来归"我",确切地点明了此诗的主题。"周公吐哺"的典故出于《韩诗外传》,据说周公自言:"吾文王之子,武王之弟,成王之叔父也;又相天下,吾于天下亦不轻矣。然一沐三握发,一饭三吐哺,犹恐失天下之士。"周公为了接待天下之士,有时洗一次头,吃一顿饭,都曾中断数次,这种传说当然是太夸张了。不过这个典故用在这里却突出地表现了作者求贤若渴的心情。"山不厌高,海不厌深"二句也是通过比喻极有说服力地表现了人才越多越好,绝不会有"人满之患"。借用了《管子·形解》中陈沆说:"鸟则择木,木岂能择鸟？天下三分,士不北走,则南驰耳。分奔蜀吴,栖皇未定,若非吐哺折节,何以来之？山不厌土,故能成其高;海不厌水,故能成其深;王者不厌士,故天下归心。"(亦见《诗比兴笺》)这些话是很有助于说明此诗的背景、主题以及最后各句之意的。

总起来说,《短歌行》正像曹操的其他诗作如《蒿里行》《对酒》《苦寒行》等一样,是政治性很强的诗作,主要是为曹操当时所实行的政治路线和政治策略服务的;然而它那政治内容和意义却完全熔铸在浓郁的抒情意境之中,全诗充分发挥了诗歌创作的特长,准确而巧妙地运用了比兴手法,来达到寓理于情、以情感人的目的。在曹操的时代,他就已经能够按照抒情诗的特殊规律来取得预期的社会效果,这一创作经验显然是值得借鉴的。同时因为曹操在当时强调"唯才是举"有一定的进步意义,所以他对"求贤"这一主题所做的高度艺术化的表现,也应得到历史的肯定。

情商感悟

胸襟的大小会让你看见不一样的世界,会让你寻找到生活中别人看不见的风景。胸襟的宽窄,决定命运的格局,你能包容多少,就能拥有多少。

胸襟宽广的人,凡事看得开、想得透、拿得起、放得下,学会隐忍性情,懂得克制欲望,退却时理智,谦让时大度,你的天地才会壮阔辽远;唯有万事先修德,养性必制怒,删除繁枝末节,除却杂念私心,多些随缘自适,少些攀比计较,人生方可行云流水。

胸襟博大的人,懂得善待,善待天地,那是生活空间。善待父母,那是生命来源。善待家人,那是今生最亲。善待恩人,那是困苦救星。善待冤家,那是还债主人。善待陌生人,那是未来的因缘。善待动物,那是人类的朋友。善待植物,那是生命的美景。善待一切,它们都因世间的大美而存在。

胸襟开阔的人,懂得忍耐,生活的滋味叫忍耐。忍耐是一种博大胸襟的包容,是退一步海阔天空的恬淡。忍耐是幸福之门的一把钥匙,走出黑暗的一盏明灯。忍耐,使生活充实,使生命丰盈。忍耐寂寞的黑夜,光明就到了;忍耐寒冷的冬天,春天就来了。忍耐生活的波折,生命之花便得以绚丽开放。练就波澜不惊的忍耐,才会有人生的丰收。

如何才有宽阔的胸怀和博大的胸襟呢?高调低调,看胸襟;大事小事,看担当;顺境逆境,看把握;是得是舍,看欲望;成败得失,看坚持;淡然释然,看心情;是非曲直,看度量。心小,小事则大;心大,大事则小。大其心,容天下之事;虚其心,赏天下之美;潜其心,究天下之理;定其心,应天下之变。

人只有博大的胸襟,才不会那么骄傲,不会认为自己样样出众。承认其他人的长处,得到他人的帮助,这便是古人所说的"有容乃大"的道理。凡事都留个余地,因为人不是神,不免有错处,可以原谅人的地方,就原谅人。花开一春,人活一世,简单的事反复做,重要的事用心做,谁都可以创造奇迹。

愿你有宽阔胸怀和博大的胸襟,做一个有正能量的人,你的心界,决定你的境界。

16 《正气歌》——正气

正气歌

文天祥

　　余囚北庭，坐一土室。室广八尺，深可四寻。单扉低小，白间短窄，污下而幽暗。当此夏日，诸气萃然：雨潦四集，浮动床几，时则为水气；涂泥半朝，蒸沤历澜，时则为土气；乍晴暴热，风道四塞，时则为日气；檐阴薪爨，助长炎虐，时则为火气；仓腐寄顿，陈陈逼人，时则为米气；骈肩杂遝，腥臊汗垢，时则为人气；或圊溷、或毁尸、或腐鼠，恶气杂出，时则为秽气。叠是数气，当之者鲜不为厉。而予以孱弱，俯仰其间，於兹二年矣，幸而无恙，是殆有养致然尔。然亦安知所养何哉？孟子曰："吾善养吾浩然之气。"彼气有七，吾气有一，以一敌七，吾何患焉！况浩然者，乃天地之正气也，作正气歌一首。

　　天地有正气，杂然赋流形。下则为河岳，上则为日星。
　　于人曰浩然，沛乎塞苍冥。皇路当清夷，含和吐明庭。
　　时穷节乃见，一一垂丹青。在齐太史简，在晋董狐笔。
　　在秦张良椎，在汉苏武节。为严将军头，为嵇侍中血。
　　为张睢阳齿，为颜常山舌。或为辽东帽，清操厉冰雪。
　　或为出师表，鬼神泣壮烈。或为渡江楫，慷慨吞胡羯。
　　或为击贼笏，逆竖头破裂。是气所磅礴，凛烈万古存。
　　当其贯日月，生死安足论。地维赖以立，天柱赖以尊。
　　三纲实系命，道义为之根。嗟予遘阳九，隶也实不力。
　　楚囚缨其冠，传车送穷北。鼎镬甘如饴，求之不可得。
　　阴房阗鬼火，春院闭天黑。牛骥同一皂，鸡栖凤凰食。
　　一朝蒙雾露，分作沟中瘠。如此再寒暑，百沴自辟易。
　　哀哉沮洳场，为我安乐国。岂有他缪巧，阴阳不能贼。
　　顾此耿耿存，仰视浮云白。悠悠我心悲，苍天曷有极。
　　哲人日已远，典刑在夙昔。风檐展书读，古道照颜色。

译　文

　　我被囚禁在北国的都城，住在一间土屋内。土屋有八尺宽，大约四寻深。有一道单扇门又低又小，一扇白木窗子又短又窄，地方又脏又矮，又湿又暗。碰到这夏天，各种气味都汇聚在一起：雨水从四面流进来，甚至漂起床、几，这时屋子里都是水气；屋里的污泥因很少照到阳光，蒸熏恶臭，这时屋子里都是土气；突然天晴暴热，四处的风道又被堵塞，这时屋子里都是日气；有人在屋檐下烧柴火做饭，助长了炎热的肆虐，这时屋子里都是火气；仓库里储藏了很多腐烂的粮食，阵阵霉味逼人，这时屋子里都是霉烂的米气；关在这里的人多，拥挤杂乱，到处散发着腥臊汗臭，这时屋子里都是人气；又是粪便，又是腐尸，又是死鼠，各种各样的恶臭一起散发，这时屋子里都是秽气。这么多的气味加在一起，成了瘟疫，很少有人不染病的。可是我以虚弱的身子在这样坏的环境中生活，到如今已经两年了，却没有什么病。这大概是因为有修养才会这样吧。然而怎么知道这修养是什么呢？孟子说："我善于培养我心中的浩然之气。"它有七种气，我有一种气，用我的一种气可以敌过那七种气，我担忧什么呢！况且博大刚正的，是天地之间的凛然正气。（因此）写成这首《正气歌》。

　　天地之间有一股堂堂正气，它赋予万物而变化为各种体形。

　　在下面就表现为山川河岳，在上面就表现为日月辰星。

　　在人间被称为浩然之气，它充满了天地和寰宇。

　　国运清明太平的时候，它呈现为祥和的气氛和开明的朝廷。

　　时运艰危的时刻义士就会出现，他们的光辉形象一一垂于丹青。

　　在齐国有舍命记史的太史简，在晋国有坚持正义的董狐笔。

　　在秦朝有为民除暴的张良椎，在汉朝有赤胆忠心的苏武节。

　　它还表现为宁死不降的严将军的头，表现为拼死抵抗的嵇侍中的血。

　　表现为张睢阳誓师杀敌而咬碎的齿，表现为颜常山仗义骂贼而被割的舌。

　　有时又表现为避乱辽东喜欢戴白帽的管宁，他那高洁的品格胜过了冰雪。

　　有时又表现为写出《出师表》的诸葛亮，他那死而后已的忠心让鬼神感泣。

　　有时表现为祖逖渡江北伐时的楫，激昂慷慨发誓要吞灭胡羯。

　　有时表现为段秀实痛击奸人的笏，逆贼的头颅顿时破裂。

　　这种浩然之气充塞于宇宙乾坤，正义凛然不可侵犯而万古长存。

　　当这种正气直冲霄汉贯通日月之时，活着或死去根本用不着去谈论！

　　大地靠着它才得以挺立，天柱靠着它才得以支撑。

　　三纲靠着它才能维持生命，道义靠着它才有了根本。

　　可叹的是我遭遇了国难的时刻，实在是无力去安国杀贼。

　　穿着朝服却成了阶下囚，被人用驿车送到了穷北。

　　如受鼎镬之刑对我来说就像喝糖水，为国捐躯那是求之不得。

　　牢房内闪着点点鬼火一片静谧，春院里的门直到天黑都始终紧闭。

　　老牛和骏马被关在一起共用一槽，凤凰住在鸡窝里像鸡一样饮食起居。

一旦受了风寒染上了疾病,那沟壑定会是我的葬身之地,

如果能这样再经历两个寒暑,各种各样的疾病就自当退避。

可叹的是如此阴暗低湿的处所,竟成了我安身立命的乐土住地。

这其中难道有什么奥秘,一切寒暑冷暖都不能伤害我的身体。

因为我胸中一颗丹心永远存在,功名富贵对于我如同天边的浮云。

我心中的忧痛深广无边,请问苍天何时才会有终极。

先贤们一个个已离我远去,他们的榜样已经铭记在我的心里。

屋檐下我沐着清风展开书来读,古人的光辉将照耀我坚定地走下去。

作品赏析

《正气歌》为南宋名臣、民族英雄文天祥所作。宋末帝赵昺祥兴元年(1278),文天祥在广东海丰兵败被俘。次年被押解至元大都(今北京)。文天祥在狱中三年,受尽各种威逼利诱,但始终坚贞不屈。1281 年夏,在湿热、腐臭的牢房中,文天祥写下了与《过零丁洋》一样名垂千古的《正气歌》。

该诗慷慨激昂,充分表现了文天祥的坚贞不屈的爱国情操。1283 年 1 月 9 日,在拒绝了元世祖最后一次利诱之后,文天祥在刑场向南拜祭,从容就义。其绝命辞写道:"孔曰成仁,孟曰取义,唯其义尽,所以仁至。读圣贤书,所学何事,而今而后,庶几无愧。"

抗元英雄文天祥的《正气歌》系写作于元大都(北京),鲜为人知的文天祥祠在北京市东城区府学胡同,是抗元英雄文天祥曾被元朝统治者关押三年的地方。文天祥祠现有前后两进院落,前院东墙上嵌有诗碑,镌刻着文天祥当年在这里写作的著名诗篇《正气歌》;后殿庭中,有一株向南方倾斜近 45 度角的古老枣树,就是相传代表文天祥"不指南方不肯休"不屈精神的"指南树"。

臣心一片磁针石,不指南方不肯休。1271 年,忽必烈建立大元帝国。1274 年,忽必烈派丞相伯颜率军 20 万再次侵宋。南宋虽然有兵 70 余万,但主幼臣奸,一触即溃。文天祥捐出家产,筹饷募集民兵 5 万进京勤王,反被奸臣阻挠,解除兵权。

1276 年阴历正月十八日,伯颜元军进抵距临安只有 30 里的皋亭山,右丞相陈宜中畏敌逃遁。正月十九日,时任临安知府的文天祥临危受命,被朝廷授为右丞相,前往皋亭山议降。掌权的太皇太后谢氏授意如能谈成,可以让小皇帝向忽必烈称侄子,实在不行,称孙子也答应。正月二十日,文天祥面见伯颜,说自己只议和,不议降,并要求元军先撤兵,后谈判。伯颜大怒,扣押了文天祥。正月二十一日,谢氏率南宋君臣举国投降。

1276 年阴历二月初九日,誓死不降的文天祥被元军押解出发前往大都(今北京)。中途在镇江停留时,文天祥与同伴共 12 人于二月二十九日夜设计逃脱,历尽艰险经仪征、扬州、通州(今南通)乘船回归南宋故土。在长江口绕道先北后南迁回航行时,文天祥在船上写下了赤诚感人的诗篇《扬子江》:"几日随风北海游,回从扬子大江头。臣心一片磁针石,不指南方不肯休。"

人生自古谁无死,留取丹心照汗青。经过两个多月的奔波,文天祥终于回到浙江温州。此后,不肯降元的官员们拥立已经降元的南宋恭帝的幼弟为帝,建立了苟延残喘的

小朝廷。南宋故土一度只靠文天祥率军独撑残局,终于寡不敌众,于1279年阴历十二月二十日在广东海丰的五坡岭兵败,再次被俘。

元军押着文天祥,走海路经珠江口外的零丁洋,去进攻南宋小朝廷最后的基地崖山(今广东省新会县海域)。文天祥在敌船中写下了《过零丁洋》,千古名句"人生自古谁无死,留取丹心照汗青"即出自此诗。

天地有正气,杂然赋流形。1279年阴历十月初一日,文天祥被押送抵达大都,安置在馆驿。元世祖忽必烈很赞赏文天祥的才干,他派已降的南宋恭帝及多批降臣前来劝诱,文天祥不为所动,严词拒绝,后于十月初五日被关进兵马司牢房(在今府学胡同)。

文天祥在被关押三年期间,书写了几百篇诗词文章,以抒发爱国之情。1281年夏季,在暑气、腐气、秽气等七气的熏蒸中,文天祥慷慨挥毫,在牢中写就了千古流传、掷地有声的铿锵之作《正气歌》:"天地有正气,杂然赋流形。下则为河岳,上则为日星。于人曰浩然,沛乎塞苍冥……"

唯有一腔忠烈气,碧空常共暮云愁。1283年初,元朝侦知有人联络数千人,要起兵反元,营救文天祥。1月8日,元世祖忽必烈亲自提审,做最后的劝降,并许诺授予丞相官职。文天祥告诉忽必烈:"一死之外,无可为者。"

1283年1月9日,文天祥在大都柴市(今北京交道口南大街)慷慨就义,终年48岁。文天祥在刑场写下了绝笔诗:

> 昔年单舸走维扬,万死逃生辅宋皇。
> 天地不容兴社稷,邦家无主失忠良。
> 神归嵩岳风雷变,气哇烟云草树荒。
> 南望九原何处是,尘沙黯黪路茫茫。
> 衣冠七载混毡裘,憔悴形容似楚囚。
> 龙驭两宫崖岭月,鲸鲵万灶海门秋。
> 天荒地老英雄丧,国破家亡事业休。
> 惟有一腔忠烈气,碧空常共暮云愁。

情商感悟

孟子曰:"吾善养浩然之气。"孟子所说的这个"浩然正气",包括壮气、豪气、逸气、清气,就是我们现在所说的顽强的意志和乐观积极的人生态度。

临渊不惧,临危不惊;宁死不屈,宁抛头颅,洒热血,不失节操;国难当头能愤然而起,危急时刻敢舍身成仁。"富贵不能淫,贫贱不能移,威武不能屈。"此是壮气。

临风把酒,横槊赋诗;壮心不已,志在千里;天生我材必有用,千金散尽还复来。孟子云:"如欲平治天下,当今社会舍我其谁?"此是豪气。

不以物喜,不以己悲。即使在人生最低谷的时刻,也能沐江山之风月驾凌波之扁舟,举杯邀月,游目驰怀;不求与日月相始终,只见今世之乐趣无穷。此是逸气。

与自然天地相应合,春虫秋蝉,声声入耳,夏雨冬雪,皆可濯心扉,万物尽观皆自得,四时佳兴与人同;见花放水流,能知其乐趣,听禽鸣天籁,可恶其天真。此是清气。

这壮气、豪气、逸气、清气,合在一起,便是君子所有的正气,也是具有不竭生命力的浩然正气。

从孟子的成才之路看来,他靠的是自己的独立、自立、自强的意志品质,在贫困的家境中,最后成为与孔子齐名的大学者。从古人的经历,我们知道,意志品质在人的成长过程中是起着重要的作用的,所以我们要培养自己的意志品质,养浩然之正气,俯仰天地,无愧于心。

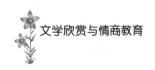

17 《行路难》——勇气

行路难

李 白

金樽清酒斗十千,玉盘珍羞直万钱。
停杯投箸不能食,拔剑四顾心茫然。
欲渡黄河冰塞川,将登太行雪满山。
闲来垂钓碧溪上,忽复乘舟梦日边。
行路难! 行路难! 多歧路,今安在?
长风破浪会有时,直挂云帆济沧海。

译 文

金杯中的美酒一斗价十千,玉盘里的菜肴珍贵值万钱。
但心情愁烦使得我放下杯筷,不愿进餐。拔出宝剑环顾四周,心里一片茫然。
想渡过黄河,坚冰堵塞大川;想登太行山,大雪遍布高山。
遥想当年,姜太公碧溪垂钓,得遇重才的文王,伊尹乘舟梦日,爱聘在商汤身边。
人生的道路何等艰难! 何等艰难! 歧路纷杂,真正的大道究竟在哪边?
乘风破浪的时机定会到来,到那时,将扬起征帆远渡碧海青天。

作品赏析

本首诗前四句写朋友出于对李白的深厚友情,出于对这样一位天才被弃置的惋惜,不惜金钱,设下盛宴为之饯行。"嗜酒见天真"的李白,要是在平时,因为这美酒佳肴,再加上朋友的一片盛情,肯定是会"一饮三百杯"的。然而,这一次他端起酒杯,却又把酒杯推开了;拿起筷子,却又把筷子放下了。他离开座席,拔出宝剑,举目四顾,心绪茫然。停、投、拔、顾四个连续的动作,形象地显示了内心的苦闷抑郁,感情的激荡变化。

接着两句紧承"心茫然",正面写"行路难"。诗人用"冰塞川""雪满山"象征人生道路上的艰难险阻,具有比兴的意味。一个怀有伟大政治抱负的人物,在受诏入京、有幸接近皇帝的时候,皇帝却不能任用,被"赐金还山",变相撵出了长安,这不正像遇到冰塞黄河、雪拥太行吗！但是，李白并不是那种软弱的性格，从"拔剑四顾"开始，就表示着不甘消沉，而要继续追求。"闲来垂钓碧溪上，忽复乘舟梦日边。"诗人在心境茫然之中，忽然想到两位开始在政治上并不顺利，而最后终于大有作为的人物：一位是姜尚，八十岁在磻溪钓鱼，得遇文王；一位是伊尹，在受汤聘前曾梦见自己乘舟绕日月而过。想到这两位历史人物的经历，诗人又增强了信心。

"行路难，行路难，多歧路，今安在？"姜尚、伊尹的遇合，固然增加了对未来的信心，但当他的思路回到眼前现实中来的时候，又再一次感到人生道路的艰难。离筵上瞻望前程，只觉前路崎岖，歧途甚多，要走的路，究竟在哪里呢？这时感情在尖锐复杂的矛盾中再一次回旋。但是倔强而又自信的李白，决不愿在离筵上表现自己的气馁。他那种积极入世的强烈要求，终于使他再次摆脱了歧路彷徨的苦闷，唱出了充满信心与展望的强音："长风破浪会有时，直挂云帆济沧海！"此句诗表达了他准备冲破一切阻力，去施展自己的抱负的豪迈气概和乐观精神。给遇到挫折，遭遇困难，受到打击而感到前路茫然的人们一种信心、一种勇气、一股力量。他相信尽管前路障碍重重，但仍将会有一天要像刘宋时宗悫所说的那样，乘长风破万里浪，挂上云帆，横渡沧海，到达理想的彼岸。

这首诗一共十二句，八十四个字，在七言歌行中只能算是短篇，但它跳荡纵横，具有长篇的气势格局。其重要的原因之一，就在于它百步九折地揭示了诗人感情的激荡起伏、复杂变化。诗的一开头，"金樽清酒""玉盘珍羞"，让人感觉似乎是一个欢乐的宴会，但紧接着"停杯投箸""拔剑四顾"两个细节，就显示了感情波涛的强烈冲击。中间四句，刚刚慨叹"冰塞川""雪满山"，又恍然神游千载之上，仿佛看到了姜尚、伊尹由微贱而忽然得到君主重用。诗人心理上的失望与希望、抑郁与追求，急遽变化交替。"行路难，行路难，多歧路，今安在？"四句节奏短促、跳跃，完全是急切不安状态下的内心独白，逼真地传达出进退失据而又要继续探索追求的复杂心理。结尾二句，经过前面的反复回旋以后，境界顿开，唱出了高昂乐观的调子，相信自己的理想抱负总有实现的一天。通过这样层层叠叠的感情起伏变化，既充分显示了黑暗污浊的政治现实对诗人的宏大理想抱负的阻遏，反映了由此而引起的诗人内心的强烈苦闷、愤郁和不平，同时又突出表现了诗人的倔强、自信和他对理想的执着追求，展示了诗人力图从苦闷中挣脱出来的强大精神力量。

"行路难"是乐府古题，多咏叹世路艰难及贫困孤苦的处境。李白这组《行路难》诗主要抒发了怀才不遇的情怀，这里选的是第一首，在悲愤中不乏豪迈气概，在失意中仍怀有希望。

这首诗在题材、表现手法上都受到《拟行路难》的影响，但却青出于蓝而胜于蓝。两人的诗，都在一定程度上反映了封建统治者对人才的压抑，而由于时代和诗人精神气质方面的原因，李诗却揭示得更加深刻强烈，同时还表现了一种积极的追求、乐观的自信和坚持理想的品格。因而，和鲍作相比，李诗的思想境界就显得更高。

情商感悟

人生是对理想的追求，理想是人生的指示灯，失去了这灯的作用，就会失去生活的勇气，因此只有坚持远大的人生理想，才不会在生活的海洋中迷失方向。有位哲人说过，梦

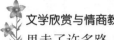

里走了许多路,醒来还是在床上。他告诉我们一个道理,不能躺在梦幻式的理想生活中,更需要大胆努力地去做,在理想中躺着等待新的开始,不仅遥遥无期,甚至连已经拥有的也会失去。

　　要有勇气,就要敢于决断,克服犹豫不定的习性。很多人之所以一事无成,最大的毛病就是缺乏敢于决断的勇气,总是左顾右盼、思前想后,从而错失成功的最佳时机。成大事者在看到事情的成功可能性到来时,敢于做出重大决断,因此取得先机。突破困境,才能够从不利中攫取成功的资本。人生总要面临各种困境的挑战,甚至可以说困境就是"鬼门关"。一般人会在困境面前浑身发抖,而成大事者则有勇气把困境变成成功的跳板。只有坚定信心,鼓足勇气,迎接未来的挑战,才能够开拓出人生的美好境界。

18 《涉江》——坚贞不渝

涉 江

屈 原

余幼好此奇服兮,年既老而不衰。

带长铗之陆离兮,冠切云之崔嵬。

被明月兮佩宝璐。

世溷浊而莫余知兮,吾方高驰而不顾。

驾青虬兮骖白螭,吾与重华游兮瑶之圃。

登昆仑兮食玉英,

与天地兮同寿,与日月兮齐光。

哀南夷之莫吾知兮,旦余济乎江湘。

乘鄂渚而反顾兮,欸秋冬之绪风。

步余马兮山皋,邸余车兮方林。

乘舲船余上沅兮,齐吴榜以击汰。

船容与而不进兮,淹回水而疑滞。

朝发枉陼兮,夕宿辰阳。

苟余心其端直兮,虽僻远之何伤。

入溆浦余儃徊兮,迷不知吾所如。

深林杳以冥冥兮,猿狖之所居。

山峻高以蔽日兮,下幽晦以多雨。

霰雪纷其无垠兮,云霏霏而承宇。

哀吾生之无乐兮,幽独处乎山中。

吾不能变心而从俗兮,固将愁苦而终穷。

接舆髡首兮,桑扈臝行。

忠不必用兮,贤不必以。

伍子逢殃兮,比干菹醢。

与前世而皆然兮,吾又何怨乎今之人?

余将董道而不豫兮,固将重昏而终身!

乱曰:鸾鸟凤凰,日以远兮。

燕雀乌鹊,巢堂坛兮。

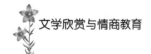

露申辛夷，死林薄兮。
腥臊并御，芳不得薄兮。
阴阳易位，时不当兮。
怀信侘傺，忽乎吾将行兮！

译 文

我自幼就喜欢这奇伟的服饰啊，年纪老了爱好仍然没有减退。腰间挂着长长的宝剑啊，头上戴着高高的切云帽。身上披挂着珍珠佩戴着美玉。世道混浊没有人了解我啊，我却高视阔步，置之不理。坐上驾着青龙两边配有白龙的车子，我要同重华一道去游仙宫。登上昆仑山啊吃那玉的精英，我要与天地啊同寿，我要和日月啊同样光明。可悲啊，楚国没人了解我，明早我就要渡过长江和湘水了。

在鄂渚登岸，回头遥望国都，对着秋冬的寒风叹息。让我的马慢慢地走上山冈，让我的车来到方林。坐着船沿着沅水向上游前进啊！船夫们一齐摇桨划船。船缓慢地不肯行进啊，老是停留在回旋的水流里。

清早我从枉渚起程啊，晚上才歇宿在辰阳。只要我的心正直啊，就是被放逐到偏僻遥远的地方，又有什么妨碍呢？

进入溆浦我又迟疑起来啊，心里迷惑着不知我该去何处。树林幽深而阴暗啊，这是猴子居住的地方。山岭高大遮住了太阳啊，山下阴沉沉的并且多雨。雪花纷纷飘落一望无际啊，浓云密布好像压着屋檐。可叹我的生活毫无愉快啊，寂寞孤独地住在山里。我不能改变志向，去顺从世俗啊，当然难免愁苦终身不得志。

接舆剪去头发啊，桑扈裸体走路。忠臣不一定被任用啊，贤者不一定被推荐。伍子胥遭到灾祸啊，比干被剁成肉泥。与前世相比都是这样啊，我又何必埋怨当今的人呢！我要遵守正道毫不犹豫啊，当然难免终身处在黑暗之中。

尾声：鸾鸟、凤凰，一天天远去啊；燕雀、乌鹊在厅堂和庭院里做窝啊。露申、辛夷，死在草木丛生的地方啊；腥的臭的都用上了，芳香的却不能接近啊。黑夜白昼变了位置，我生得不是时候啊。我满怀着忠信而不得志，只好飘然远行了。

作品赏析

《涉江》写于屈原晚年，被流放在江南的时候。从所反映的内容看，时间当紧接在《哀郢》一诗之后。《哀郢》诗中讲到"方仲春而东迁"，讲到"南渡"。而这首诗讲到"秋冬绪风"，讲到"旦济江湘"，从季节和地点上是衔接的。

《涉江》这首诗着重记述了诗人被放逐江南的历程和心情。从诗中，我们可以具体了解到诗人这次被放逐的地区和所行的路线。他渡过长江，经过鄂渚（今湖北武昌市），来到洞庭湖地区；然后又上沅水（在湖南西部）经枉陼（今湖南常德市南）、辰阳（今湖南辰溪县西），入溆浦（今湖南西部有溆浦县）。这是有关诗人晚年流放经历的一项重要史料，它出于诗人自己的记叙,当然是可靠的。又从诗人在诗中的具体描写中,可以看到诗人这次所达到的流放地区,是十分僻远、荒凉的,处境是十分凄苦的。但诗中洋溢着的情绪,却是不屈服的。

诗歌一开始,就写他被放逐的原因和绝不屈从于流俗的坚贞态度:诗人写自己之所以不被国人了解,而遭受弃逐的苦难,不是由于别的,而是因为"幼好奇服""年老不衰"。诗人用"长铗陆离""高冠崔嵬""被明月""佩宝璐"等奇特服饰,来比喻自己不同流俗和光明高尚的志向。但正是由于诗人的高尚理想和志向与黑暗的现实相矛盾,才为浊世所不容,以致被放逐。但诗人表示自己"高驰而不顾",绝不妥协。朱熹说:"登昆仑,言所致之高,食玉英,言所养之洁。"(《楚辞集注》)屈原坚持改革,希望楚国强盛的想法,始终没有减弱,绝不因为遭受打击,遇到流放而灰心。但他心中感到莫名的孤独,自己的高行洁志不为世人所理解,这使人太伤感了,因此决定渡江而去。

在叙述放逐经历时,他却又写出了十分复杂矛盾的心情。他登上鄂渚,回头遥望故乡,对着秋冬的寒风叹息;来到水边高地,他步马缓行,不忍骤然离去;渡沅水时,他徘徊在回流中停留不前。他的心情是如此迟疑,几乎是时时回首,步步生哀,表现了诗人依恋故都、牵怀国事的情怀。在这种情况下,诗人觉得只有自己一颗"端直"的心,犹堪自慰,说"苟余心其端直兮,虽僻远其何伤?"(苟:假如。端直:正直。)假如我的心是正直的,虽然被放逐到荒芜辟远的地方又有什么伤心呢?

这段诗人写出他在被放逐之地的恶劣环境。溆浦在辰阳的万山之中,这里森林杳冥,是猿狖所居,而不是人所宜去的地方。"山峻高"四句写深山之中云气弥漫,天地相连,更进一步描绘沅西之地山高林深,极少人烟的景象,这是对流放之地的环境的形容夸张,也是对自己所处政治环境的隐喻。他的脚步行程和他的人生命运似乎都到了山穷水尽的地步,但诗人是如何想的呢? 他说:"吾不能变心而从俗兮,固将愁苦而终穷!"他觉得这是他早有思想准备的事;为了坚持理想,也是他心甘情愿的事。他是这样自觉地透悟地承受着加在他身上的一切非人所能承受的折磨和苦难。

接舆被发佯狂,是坚决不与统治者合作的表示,桑扈不衣冠而处,也是一种玩世不恭,不与统治者合作的表示。伍员、比干是想拯救国家、改变现实的,但又不免遭杀身之祸。所以结论是"忠不必用兮,贤不必以。""与前世而皆然兮"四句说自己知道,所有贤士均是如此,自己又何怨于当世之人! 表示自己仍将正道直行,毫不犹豫,而这样势必遭遇重重黑暗,必须准备在黑暗中奋斗终生。

结尾:批判楚国政治黑暗,邪佞之臣执掌权柄,贤能之人却遭到迫害。"鸾鸟凤凰"四句比喻贤士远离,小人窃位。"露申辛夷"四句,用香木竟死于丛林之中,"腥臊"比喻奸邪之人陆续进用,忠诚之士却被拒之于门外。

"阴阳易位"四句点出了社会上是非都颠倒了,诗人一方面胸怀坚定的信念,另一方面感到失意彷徨,龌龊的环境难以久留,他将要离开这里远去。

这首诗所表现出来的诗人艰苦卓绝、矢志不渝、坚持理想的精神,是如此动人心弦,感人肺腑。全诗写景抒情有机结合,比喻象征运用娴熟,体现了诗人高超的艺术水平。

情商感悟

坚贞不渝的意思是决不改变、坚守节操。很多人喜欢用它形容爱情的坚持与忠诚,其实坚贞不渝也用来形容为祖国、为民族、为理想而献身的信念,视死如归,绝不改变。

有的同学说:"我是爱国的,但我现在年龄还小,无法以实际行动表达爱国之情。"

其实,青少年要对祖国的前途和命运有正确的认识,自觉把个人理想和祖国的命运联系在一起;牢记时代赋予青年的崇高使命,那就是努力使自己成为祖国需要的人才。

人人都将拥有青春,有人将有,那是希望;有人曾有,那是怀念。而我们正拥有,那就是财富。不浪费这宝贵的财富,坚守理想和信念,投身于实现坚贞不渝的爱国信念的行动中。

积极投身社会实践,投身建设中国特色社会主义的伟大实践,是青少年实现报国之志,成长为真正的爱国者的必由之路。把爱国思想转化为爱国行动,这是成为一个真诚爱国者的重要标志。

为了自己坚贞不渝的理想与信念,要做到:抵制诱惑,无惧危机,不怕阴谋,即使道路崎岖困难重重,也坚贞不渝、无畏无惧,便能攻坚破难、无所不能。

19 《凤求凰》——直白

凤求凰

司马相如

其一：
有一美人兮，见之不忘。
一日不见兮，思之如狂。
凤飞翱翔兮，四海求凰。
无奈佳人兮，不在东墙。
将琴代语兮，聊写衷肠。
何日见许兮，慰我彷徨。
愿言配德兮，携手相将。
不得於飞兮，使我沦亡。

其二：
凤兮凤兮归故乡，遨游四海求其凰。
时未遇兮无所将，何悟今兮升斯堂！
有艳淑女在闺房，室迩人遐毒我肠。
何缘交颈为鸳鸯，胡颉颃兮共翱翔！
凰兮凰兮从我栖，得托孳尾永为妃。
交情通意心和谐，中夜相从知者谁？
双翼俱起翻高飞，无感我思使余悲。

译文

其一：
有位俊秀的女子啊，我见了她的容貌，就此难以忘怀。
一日不见她，心中牵念得像是要发狂一般。
我就像那在空中回旋高飞的凤鸟，在天下各处寻觅着凰鸟。
可惜那美人啊不在东墙邻近。
我以琴声替代心中情语，姑且描写我内心的情意。

何时能允诺婚事,慰藉我往返徘徊的相思之情?

希望我的德行可以与你相配,携手同在一起。

无法与你比翼偕飞、百年好合,这样的伤情结果,令我沦陷于情愁而欲丧亡。

其二:

凤鸟啊凤鸟,回到了家乡,行踪无定,游览天下只为寻求心中的凰鸟。

未遇凰鸟时啊,不知所往,怎能悟解今日登门后心中所感?

有位美丽而娴雅贞静的女子在她的居室,居处虽近,这美丽女子却离我很远,思念之情,正残虐着我的心肠。

如何能够得此良缘,结为夫妇,做那恩爱的交颈鸳鸯,但愿我这凤鸟,能与你这凰鸟一同双飞,天际翔游!

凰鸟啊凰鸟,愿你与我起居相依,形影不离,哺育生子,永远做我的配偶。

情投意合,两心和睦谐顺。半夜里与我互相追随,又有谁会知晓?

展开双翼远走高飞,徒然为你感念相思而使我悲伤。

作品赏析

卓文君,一个美丽聪明,精诗文,善弹琴的女子。可叹的是十七岁年纪轻轻,便在娘家守寡。某日席间,只因司马相如一曲《凤求凰》,多情而又大胆的表白,让久慕司马相如之才的卓文君,一听倾心,一见钟情。可是他们之间的爱恋受到了父亲的强烈阻挠。卓文君凭着自己对爱情的憧憬,对追求幸福的坚定,以及非凡的勇气,毅然在漆黑之夜,逃出卓府,与深爱的人私奔。当垆卖酒为生。生活艰难,但两人感情日深。这也是一直流传至今的爱情故事里最浪漫的夜奔之佳话。

自古至今,大多数男人总是令人失望。司马相如自然也不例外。当他在事业上略显锋芒,终于被举荐做官后,久居京城,赏尽风尘美女,加上官场得意,竟然产生了弃妻纳妾之意。曾经患难与共,情深意笃的日子此刻早已忘却。哪里还记得千里之外还有一位日夜倍思丈夫的妻子呢。文君独守空房,日复一日年复一年地过着寂寞的生活。一首《白头吟》,"……闻君有二意,故来相决绝。愿得一人心,终老不相负。……"表达了她对爱情的执着和向往以及一个女子独特的坚定和坚韧。也为她的故事增添了几分美丽的哀伤。

终于某日,司马相如给妻子送出了一封十三字的信:一二三四五六七八九十百千万。聪明的卓文君读后,泪流满面。一行数字中唯独少了一个"亿",无亿岂不是表示夫君对自己"无意"的暗示?她,心凉如水。怀着十分悲痛的心情,回了一封《怨郎诗》。

其诗曰:一朝别后,二地相悬。只说是三四月,又谁知五六年。七弦琴无心弹,八行书无可传。九连环从中折断,十里长亭望眼欲穿。百思想,千系念,万般无奈把郎怨。

万语千言说不完,百无聊赖十倚栏杆。重九登高看孤雁,八月中秋月圆人不圆。七月半,秉烛烧香问苍天,六月三伏天,人人摇扇我心寒。五月石榴花红似火,偏遇阵阵冷雨浇花端。四月枇杷未黄,我欲对镜心意乱。急匆匆,三月桃花随水转飘零零,二月风筝线儿断。噫,郎呀郎,巴不得下一世,你为女来我做男。

（此段疑为不是卓文君所作，"百无聊赖"一段在卓文君死后数百年才出现，且当时转世这一说法并未流入中原）

司马相如看完妻子的信，不禁惊叹妻子之才华横溢。遥想昔日夫妻恩爱之情，羞愧万分，从此不再提纳妾之事。这首诗也便成了卓文君一生的代表作数字诗。细细品读，其爱恨交织之情跃然纸上。

卓文君用自己的智慧挽回了丈夫的背弃。她用心经营着自己的爱情和婚姻，终于苦尽甘来。他们之间最终没有背弃最初的爱恋和最后的坚守。这也使得他们的故事千转百回，成为世俗之上的爱情佳话。

这首《凤求凰》表达了司马相如对卓文君的无限倾慕和热烈追求。相如自喻为凤，比文君为凰，在本诗的特定背景中具有特殊的含义。全诗言浅意深，音节流畅明亮，感情热烈奔放而又深挚缠绵，融合了楚辞骚体的旖旎绵邈和汉代民歌的清新明快于一炉，为后人所不能逾越。后来的人根据二人的爱情故事，谱成了经久不衰的琴谱"凤求凰"，千年以来吟唱不已。

第一首表达相如对文君的无限倾慕和热烈追求。相如自喻为凤，比文君为凰，在本诗的特定背景中有多重含义。其一，凤凰是传说中的神鸟，雄曰凤，雌曰凰。古人称麟、凤、龟、龙为天地间"四灵"（《礼记·礼运》），凤凰则为鸟中之王。《大戴礼·易本名》云："有羽之虫三百六十而凤凰为之长。"长卿自幼慕蔺相如之为人才改名"相如"，又在当时文坛上已负盛名；文君亦才貌超绝非等闲女流。故此处比为凤凰，正有浩气凌云、自命非凡之意。"遨游四海"更加强了一层寓意，既紧扣凤凰"出于东方君子之国，翱翔四海之外，过昆仑，饮砥柱，羽弱水，莫（暮）宿风穴"（郭璞注《尔雅》引天老云）的神话传说，又隐喻相如的宦游经历：此前他曾游京师，被景帝任为武骑常侍，因景帝不好辞赋，相如志不获展，因借病辞官客游天梁。梁孝王广纳文士，相如在其门下"与诸生游士居数岁"。后因梁王卒，这才反"归故乡"。足见其"良禽择木而栖"。其二，古人常以"凤凰于飞""鸾凤和鸣"喻夫妻和谐美好。如《左传·庄公廿二年》："初，懿氏卜妻敬仲。其妻占之曰：吉，是谓凤凰于飞，和鸣锵锵。"此处则以凤求凰喻相如向文君求爱，而"遨游四海"，则意味着佳偶之难得。其三，凤凰又与音乐相关。如《尚书·益稷》："箫韶九成，凤凰来仪。"又《列仙传》载：秦穆公女弄玉与其夫萧史吹箫，凤凰皆来止其屋，穆公为作凤台，后弄玉夫妇皆乘凤而去。故李贺尝以"昆山玉碎凤凰叫"（《李凭箜篌引》）比音乐之美。文君雅好音乐，相如以琴声"求其凰"，正喻以琴心求知音之意，使人想起俞伯牙与钟子期"高山流水"的音乐交流，从而发出芸芸人海，知音难觅之叹。

第二首写得更为大胆炽烈，暗约文君半夜幽会，并一起私奔。"孳尾"，指鸟兽雌雄交媾。《尚书·尧典》："厥民析，鸟兽孳尾。"《传》云："乳化曰孳，交接曰尾。""妃"，配偶。《说文》："妃，匹也。""交情通意"，交流沟通情意，即情投意合。"中夜"，即半夜。前两句呼唤文君前来幽媾结合，三、四句暗示彼此情投意合连夜私奔，不会有人知道；五、六句表明远走高飞，叮咛对方不要使"我"失望，徒然为你感念相思而悲伤。盖相如既已事前买通文君婢女暗通殷勤，对文君寡居心理状态和爱情理想亦早有了解，而今复以琴心挑之，故敢大胆无忌如此。

这两首琴歌之所以赢得后人津津乐道，首先在于"凤求凰"表现了强烈的反封建思想。相如文君大胆冲破了封建礼教的罗网和封建家长制的樊篱，什么"不待父母之命，媒妁之言，钻穴隙相窥，逾墙相从，则父母国人皆贱之"(《孟子·滕文公下》)，什么"妇人有三从之义，无专用之道"(《仪礼·丧服》)，什么"夫有再娶之义，妇无二适之文"(班昭《女诫》)，什么"男女……无币不相见"(《礼记·坊记》)，"门当户对"等神圣礼法，统统被相如文君的大胆私奔行动踩在脚下，成为后代男女青年争取婚姻自主、恋爱自由的一面旗帜。试看榜样的力量在后代文学中的影响吧：《西厢记》中张生亦隔墙弹唱《凤求凰》，说"昔日司马相如得此曲成事，我虽不及相如，愿小姐有文君之意"；《墙头马上》中李千金在公公面前更以文君私奔相如为自己私奔辩护；《玉簪记》中潘必正亦以琴心挑动陈妙常私下结合；《琴心记》更是直接把相如文君故事搬上舞台……足见《凤求凰》反封建之影响深远。

其次，在艺术上，这两首琴歌，以"凤求凰"为通体比兴，不仅包含了热烈的求偶，而且也象征着男女主人公理想的非凡，旨趣的高尚，知音的默契等丰富的意蕴。全诗言浅意深，音节流亮，感情热烈奔放而又深挚缠绵，融楚辞骚体的旖旎绵邈和汉代民歌的清新明快于一炉。即使是后人伪托之作，亦并不因此而减弱其艺术价值。

情商感悟

直白的意思是形容干脆爽快，直截了当。

今天所说的直白，不是古人发明的成语"口无遮拦"，讲话不经大脑过滤，直接一股脑儿给别人扣在脑门子上，惹得东家嫌弃、西家憎恶的无脑人。而是说，在善意和原则的前提下，有些事，有些场合，越是直白的话语，越能收到良好的效果。讲话直白，可快速厘清利益关系；讲话直白，可减少矛盾争执；讲话直白，可将复杂问题简单化。

直白没有什么不好，相反，直白的话语可让人与人之间少一些猜测、少一些误解，少一些内耗、少一些无谓的等待。情人节，说一句"我爱你"就够了；电话里对父母说一句"想你们了"，胜过其他任何动人的话语；拥着孩子说一句"我爱宝贝"就行了。

直白的语言放在职场里同样适用，领导火急火燎等待你的方案，你却含糊其辞，到底做还是不做？你和别人有意合作，他却不给你明晰的答复，你等得起吗？

中国人最崇尚圆形的人格，可未必能够事事圆得恰到好处，椭圆又显得有些模棱两可，模糊不清。方是原则，是底线，也是界限，是谁也不能削平的棱角，是自我利益的最后一道保护墙，该直白时就直白，这才是真正的高情商。

20 《察今》——变通

察 今

吕氏春秋

上胡不法先王之法？非不贤也，为其不可得而法。先王之法，经乎上世而来者也，人或益之，人或损之，胡可得而法？虽人弗损益，犹若不可得而法。

凡先王之法，有要于时也。时不与法俱在，法虽今而在，犹若不可法。故释先王之成法，而法其所以为法。先王之所以为法者，何也？先王之所以为法者，人也，而己亦人也。故察己则可以知人，察今则可以知古。古今一也，人与我同耳。有道之士，贵以近知远，以今知古，以所见知所不见。故审堂下之阴，而知日月之行，阴阳之变；见瓶水之冰，而知天下之寒，鱼鳖之藏也。尝一脟肉，而知一镬之味，一鼎之调。

荆人欲袭宋，使人先表澭水。澭水暴益，荆人弗知，循表而夜涉，溺死者千有余人，军惊而坏都舍。向其先表之时可导也，今水已变而益多矣，荆人尚犹循表而导之，此其所以败也。今世之主法先王之法也，有似于此。其时已与先王之法亏矣，而曰此先王之法也，而法之以为治，岂不悲哉！

故治国无法则乱，守法而弗变则悖，悖乱不可以持国。世易时移，变法宜矣。譬之若良医，病万变，药亦万变。病变而药不变，向之寿民，今为殇子矣。故凡举事必循法以动，变法者因时而化。是故有天下七十一圣，其法皆不同；非务相反也，时势异也。故曰：良剑期乎断，不期乎镆铘；良马期乎千里，不期乎骥骜。夫成功名者，此先王之千里也。

楚人有涉江者，其剑自舟中坠于水，遽契其舟，曰："是吾剑之所从坠。"舟止，从其所契者入水求之。舟已行矣，而剑不行，求剑若此，不亦惑乎？以故法为其国与此同。时已徙矣，而法不徙。以此为治，岂不难哉！

有过于江上者，见人方引婴儿而欲投之江中，婴儿啼。人问其故。曰："此其父善游。"其父虽善游，其子岂遽善游哉？以此任物，亦必悖矣。荆国之为政，有似于此。

译 文

国君为什么不取法古代帝王的法令制度呢？不是它不好，而是因为后人无从取法它。先王的法令制度，是经历了漫长的古代流传下来的，人们有的增补它，有的删减它，怎么能够取法它呢？即使人们没有增减它，也还是无从取法它的。

凡是先王的法令制度,是适应当时的需要的。(过去的)时代不能与法令制度(的条文)一同存在下来。(古代的)法令制度即使现在还保存下来,还是不能取法它。因此要抛弃先王现成的法令制度,而取他制定法令制度的根据。先王制定法令制度的根据是什么呢?那就是从人出发,自己本来也是人,所以明察自己就可以推知别人,明察现在就可推知古代。古代和现在是一样的,别人和自己也是相同的。明白事理的人,可贵的地方就在于他能够根据近的推知远的,根据现在的推知古代的,根据看到的推知未见到的。所以观察房屋下面的光影,就知道太阳、月亮的运行,早晚和寒暑季节的变化;看到瓶子里水结的冰,就知道天下已经寒冷,鱼鳖已经潜伏了。尝一块肉,就知道一锅里的味道,全鼎中调味的好坏。

楚国人要去偷袭宋国,派人先在澭水里设立标记。澭水突然上涨,楚国人不知道,还是顺着(原来的)标记在夜间渡水,(结果被)淹死的有一千多人,士兵惊骇的声音如同大房屋倒塌一样。以前他们设立标记的时候,是可以(根据标记)渡水的,现在水位已经变化,水涨了很多,(可是)楚国人还是照着原来的标记渡水,这是他们为什么惨败的原因。现在的国君取法先王的法令制度,就有些像这种情况。时代已经与先王的法令制度不相适应了,但还在说这是先王的法令制度,因而取法它。用这种方法来治理国家,难道不可悲吗!

所以说治理国家没有法令制度就会混乱,死守古老的法令制度而不改变就会行不通,混乱和不合时宜都不能治理好国家。社会不同了,时代改变了,改变法令制度是应该的。比如好的医生,病症千变万化,下药也要千变万化。病症变了而药不变,本来可以长寿的人,现在也变成短命鬼了。所以做事情一定要根据法令制度来进行,修订法令制度要随时代(的变化)而变化。如果懂得这个道理,那就没有错误的事了。

不敢议论法令制度的人是平民,能够以死守卫法令制度的人是官吏,随着时代的变化而改变法令制度的人是贤明的君主。因此,统治过天下的七十一位帝王,他们的法令制度都各不相同;不是一定要有所不同,而是时代形势不一样了。所以说:好剑只要求它能斩断东西,不要求它一定是镆铘;好马只要求它一天能跑千里,不要求它一定是骥骜。完成功名,这才是古代帝王追求的目标啊。

楚国有个渡江的人,他的宝剑从船上掉到水里,就急忙用刀在船上刻个记号,说:"这里是宝剑掉下去的地方。"船停了,他就从刻着记号的地方下水去打捞宝剑。船已经走了,但剑没有动,这样寻找宝剑,不也是很糊涂吗?用旧的法令制度治理他的国家,正和这个(故事)相同。时代已经变了,而法令制度不变,用这种方法治理国家,岂不太难了吗!

有个从江边上走过的人,看见一个人正在拉着个婴儿想把他投到江里去,婴儿啼哭起来。旁人问他为什么这么做。(他)说:"这孩子的父亲很会游泳。"孩子的父亲尽管很会游泳,那孩子难道就一定也很会游泳吗?用这种方法处理事情,也必然是荒谬的。楚国人治理国家,就有点像这种情况。

作品赏析

《察今》是一篇以立论为主的政论散文。作者紧紧围绕"察今"这个中心论点有议论有例证地组织文章,告诉人们要明察现实社会的实际情况,因时而治法。全文共六个自然段,可分为两部分,前三个自然段为第一部分,后三个自然段为第二部分。

第一部分旨在说明制定法令制度应该明察当今的社会实际情况,不能拘泥于古人成法。

在第一自然段中,作者并没有直接点出"察今"的论题,而是从反面立论,提出了先王之法不可得而法的主张。文章开篇就用一个设问句——"上胡不法先王之法?"提出问题,然后直说"先王之法""不可得而法"。为什么呢?因为从古到今,有人增补,有人删减。接着用一个反问句作结——"胡可得而法?"一个设问和一个反问,不仅一下子抓住了读者,而且使读者相信先王之法不可得而法是确切不移的。但是作者并没有停留在这一步。损益之后的先王之法不可效法,没有损益的先王之法是不是就可以效法呢?结论是"虽人弗损益,犹若不可得而法"。这里"虽"当"即使"讲,是一个假设性的关联词语,作者先假设"弗损益"这个事实,做出一个让步,然后得出结论,"犹若不可得而法"。这样就使读者思考,先王之法不可得而法并不决定于是否损益,那又是因为什么呢?自然地引出下文。文章语言凝练流畅,感情充沛,笔锋犀利,气势磅礴雄浑。全文围绕中心论点,采取正反结合,反复论证和类比推理的方法,博设比喻,广引寓言,借以辅助议论,说明事理,不仅使抽象的道理说得具体形象,深入浅出,趣味横生,耐人寻味,而且增强了说理的雄辩性。这种形象与说理相结合的写法,使文章增色不少。

作者紧承第一自然段,在第二自然段说明了先王之法不可法的道理,提出了"察今"的中心论点。

文章首先指出,先王的法令制度是切合于当时的实际情况的。社会是发展变化的,当时的情况不可能随着法令制度一同传下来,所以用以治世的先王的成法在当今就不可效法。然后得出结论——"故释先王之成法,而法其所以为法"。接着作者又用一个设问句:先王为法的根据是什么呢?回答说:先王制定法令制度,是以人为根据的(实际上,阶级社会中法令制度是为了维护统治阶级的利益的),而当今制定法令制度的也是人。紧接着得出结论:审察自己就可以推知别人,审察当今就可以推知古代,从流传下来的先王之法和推知的古代社会情况也就自然地知道了古人为法的道理。因为古今为法治国的道理是一样的,人与我同是制定法令制度的人,所以要使法能适应时代的需要。这就提出了"察今"的中心论点。然后作者又指出明晓事理、懂得事物发展规律的人是能够"以近知远,以今知古,以所见知所不见"。再用日常生活中三件推理正确的事实做例证,说明人们是能够察己知人、察今知古的。

总观第一部分:从反面立论,提出先王之法不可得而法——虽可得,犹若不可法——释先王之成法,而法其所以为法——提出"察今"的主张——用故事证明察今的重要。

察今就是明察当今时代的实际情况,以便吸取前人立法的经验改变先王之法,使之为当今时代服务。作者在第二部分就说明了时代在变化,与之相适应的法令制度就应该改变的道理。第四自然段紧承上文,说明立法必须顺应时变。作者开始就辩证地说明立法和变化的重要性——无法则乱,弗变则悖;时代变化了,变法就是应该的事。再用大家熟知的医病一事做比喻,以病情比时代,以药物比法令;药以治病,法以治世;病变则药变,世变则法变。然后照应本段开头得出结论——凡举事必循法以动,变法者因时而化。接着作者又举出传说中古代许多君主"其法皆不同"的事实,说明时势不同法就不同是古已有之的事情,所以察今而变法正是"法先王之所以为法"。最后又以良剑求断、良马求千里作比,说明古代圣贤对于先王之法的态度是希望能使法合乎时以成功名,而不是故意追求先王的成法。立法的目的就是治国。这就回应了前文"古今一也,人与我同耳",用古已有之的事实充实了自己变法的根据,说明察今变法的目的,告诉人们办事要从实际出发,讲究效果,而不能只图求古。

不变法又有什么害处呢?作者在第五、第六两个自然段中又讲了两个故事,说明不变法就会失败,从反面证明变法的重要。

总观第二部分:说明变法的重要——用喻证法从正面证明变法的重要——用例证法说明变法是古已有之的事,证明变法重要——用两个故事从反面证明变法的重要。

情商感悟

我们学习《察今》应该从"时"与"法"的关系中看到这样的道理:人的主观认识是客观事物的反映,而正确的认识是对客观事物的正确反映;客观事物是不断变化的,人们的主观认识也应该随之变化。在人际关系和工作中,掌握变化,学会变通,它可以使你在危急关头化险为夷,在职场中如鱼得水,在人际交往中处于不败之地,让你拥有成功的人生。读懂变通的道理,方能在激烈的社会竞争中拨云见日,独占鳌头;在漫长的人生道路上身心愉悦,和谐幸福。

不会变通的人不管是在生活上还是在工作中都会有很大的局限性,有可能几年、十几年、几十年都是一个老样子。由此可以看出,变通能力非常重要,尤其处于当今这种多元化的时代,我们想要跟上时代的脚步,就一定要有多元化的思维,而想要具备这种思维,则必须努力提升自己的变通能力。

任何事物都不是一成不变的,在成功的道路上没有现成的金科玉律,你可以按照自己的思路出牌,而不必拘泥于所谓的规则。凭你的智慧去探知事物的变化,靠你自己丰富的想象力以变应变,你就能把命运掌握在自己的手里了。社会环境在变化,作为万物之灵的人,也应审时度势,以变应变。变通才能通达,通达才有转机,有转机才能找到打开成功之门的金钥匙。

如何提升自己的变通能力呢?不妨从以下几个方面入手:要善于打破常规;要善于借用外力;要善于开发自己的潜能;有勇气面对各种变化;有勇气改变自己的思维定式;一定要让自己每个阶段都有成长。

21 《留侯论》——忍耐

留侯论

苏 轼

古之所谓豪杰之士者,必有过人之节。人情有所不能忍者,匹夫见辱,拔剑而起,挺身而斗,此不足为勇也。天下有大勇者,卒然临之而不惊,无故加之而不怒。此其所挟持者甚大,而其志甚远也。

夫子房受书于圯上之老人也,其事甚怪;然亦安知其非秦之世,有隐君子者出而试之。观其所以微见其意者,皆圣贤相与警戒之义;而世不察,以为鬼物,亦已过矣。且其意不在书。

当韩之亡,秦之方盛也,以刀锯鼎镬待天下之士。其平居无罪夷灭者,不可胜数。虽有贲、育,无所复施。夫持法太急者,其锋不可犯,而其末可乘。子房不忍忿忿之心,以匹夫之力而逞于一击之间;当此之时,子房之不死者,其间不能容发,盖亦已危矣。

千金之子,不死于盗贼,何者?其身之可爱,而盗贼之不足以死也。子房以盖世之才,不为伊尹、太公之谋,而特出于荆轲、聂政之计,以侥幸于不死,此圯上老人所为深惜者也。是故倨傲鲜腆而深折之。彼其能有所忍也,然后可以就大事,故曰:"孺子可教也。"

楚庄王伐郑,郑伯肉袒牵羊以迎。庄王曰:"其君能下人,必能信用其民矣。"遂舍之。勾践之困于会稽,而归臣妾于吴者,三年而不倦。且夫有报人之志,而不能下人者,是匹夫之刚也。夫老人者,以为子房才有余,而忧其度量之不足,故深折其少年刚锐之气,使之忍小忿而就大谋。何则?非有生平之素,卒然相遇于草野之间,而命以仆妾之役,油然而不怪者,此固秦皇之所不能惊,而项籍之所不能怒也。

观夫高祖之所以胜,而项籍之所以败者,在能忍与不能忍之间而已矣。项籍唯不能忍,是以百战百胜而轻用其锋;高祖忍之,养其全锋而待其弊,此子房教之也。当淮阴破齐而欲自王,高祖发怒,见于词色。由此观之,犹有刚强不忍之气,非子房其谁全之?

太史公疑子房以为魁梧奇伟,而其状貌乃如妇人女子,不称其志气。呜呼!此其所以为子房欤!

古时候被人称作豪杰的志士，一定具有胜人的节操，(有)一般人的常情所无法忍受的度量。有勇无谋的人被侮辱，一定会拔起剑，挺身上前搏斗，这不足以被称为勇士。天下真正具有豪杰气概的人，遇到突发的情形毫不惊慌，当无故受到别人侮辱时，也不愤怒。这是因为他们胸怀极大的抱负，志向非常高远。

张良被桥上老人授给兵书这件事，确实很古怪。但是，又怎么知道那不是秦代的一位隐居君子出来考验张良呢？看那老人用以微微显露出自己用意的方式，都具有圣贤相互提醒告诫的意义。一般人不明白，把那老人当作神仙，也太荒谬了。再说，桥上老人的真正用意并不在于授给张良兵书(而在于使张良能有所忍，以就大事)。

在韩国已灭亡时，秦国正很强盛，秦王嬴政用刀锯、油锅对付天下的志士，那种住在家里平白无故被抓去杀头灭族的人，数也数不清。就是有孟贲、夏育那样的勇士，没有再施展本领的机会了。凡是执法过分严厉的君王，他的刀锋是不好硬碰的，其形势也未出现可乘之机(连上句意思是：在锋芒之势上，是没有可乘之机的)。张良压不住他对秦王愤怒的情感，以他个人的力量，在一次狙击中求得一时的痛快，在那时他没有被捕被杀，那间隙连一根头发也容纳不下，也太危险了！

富贵人家的子弟，是不肯死在盗贼手里的。为什么呢？因为他们的生命宝贵，死在盗贼手里太不值得。张良有超过世上一切人的才能，不去做伊尹、姜尚那样深谋远虑之事，反而只学荆轲、聂政行刺的下策，侥幸没有死掉，这必定是桥上老人为他深深感到惋惜的地方。所以那老人故意态度傲慢无理、言语粗恶地深深羞辱他，他如果能忍受得住，方才可以凭借这点而成就大功业，所以到最后，老人说："这个年轻的人可以教育了。"

楚庄王攻打郑国，郑襄公脱去上衣裸露身体、牵了羊来迎接。庄王说："国君能够对人谦让，委屈自己，一定能得到自己老百姓的信任和效力。"就此放弃对郑国的进攻。越王勾践在会稽陷于困境，他到吴国去做奴仆，三年都不敢懈怠。再说，有向人报仇的心愿，却不能做人下人的，是普通人的刚强而已。那老人，认为张良才智有余，而担心他的度量不够，因此深深挫折他年轻人刚强锐利的脾气，使他能忍得住小怨愤去成就远大的谋略。为什么这样说呢？老人和张良并没有平生的老交情，突然在郊野相遇，却拿奴仆的低贱之事来让张良做，张良觉得很自然而不觉得怪异。那么，这样的人是秦始皇也不能使他惊恐，项羽也不能使他发怒的。

看那汉高祖之所以成功，项羽之所以失败，原因就在于一个能忍耐、一个不能忍耐罢了。项羽不能忍耐，因此战争中百战百胜，随随便便使用他的刀锋(不懂得珍惜和保存自己的实力)。汉高祖能忍耐，保养那完整的刀锋(把自己的精锐实力保养得很好，等待对方的衰敝)，这是张良教他的。当淮阴侯韩信攻破齐国要自立为王时，高祖为此发怒了，语气脸色都显露出来，由此可看出，他还有刚强不能忍耐的气度，不是张良，谁能成全他？

司马迁本来猜想张良的形貌一定是魁梧奇伟的，谁料到他的长相竟然像妇人女子，与他的志气和度量不相称。啊！这就是张良之所以成为张良吧(言外之意：正因为张良有能忍之大度，所以，尽管他状貌如妇人，却能成就大业，远比外表魁梧的人奇伟万倍)！

作品赏析

该文系宋仁宗嘉祐六年(1061年),作者为答御试策而写的策论。根据《史记·留侯世家》所记张良圯下受书及辅佐刘邦统一天下的事例,论证了"忍小忿而就大谋""养其全锋而待其敝"的策略的重要性。文笔纵横捭阖,极尽曲折变化之妙,行文雄辩而富有气势,体现了苏轼史论汪洋恣肆的风格。

"孺子可教"的典故即源于张良圯上受兵书之事。这个故事具有一定的神话色彩,以司马迁的才华慧识,以神怪入史且于篇末加以评注,常令后人对太史公秉笔直录产生怀疑。其实,苏轼早在宋代就有一篇《留侯论》,对此做了合乎情理的解释和发挥。

苏轼在文中独辟蹊径,化腐朽为神奇。依苏轼之意,圯上老人并非司马迁之所谓鬼物,而是秦代有远见卓识的隐君子,他的出现其意也不在授书,而是有意试一试张良的隐忍度。张良曾在博浪沙行刺秦皇。事败之后隐姓埋名逃至下邳,圯上老人对此深为惋惜,特意用傲慢无礼的态度狠狠地挫折他。结果他能够忍耐,说明他还是有可能成就大事的,所以圯上老人称他"孺子可教矣"。经苏轼这么解释,此事就具有了可信性。相比之下,司马迁对这段轶闻也是十分厚爱的,但他没有破除其封建迷信的神秘色彩。苏轼之高明,终于使这段佳话点石成金。

这篇散文是苏轼早年所作,字里行间洋溢着作者的博闻才识和独具匠心。文章能开能合,气势俊逸奔放,虽只有短短七百字,但言简意赅,分析透彻,鞭辟入里,显示了青年苏轼杰出的文学才华,千百年来成为立论文章的典范。

诗有诗眼,文也有文眼,尤其是立论文章,这篇文章开宗明义即亮出了"文眼":"天下有大勇者,卒然临之而不惊,无故加之而不怒,此其所挟持者甚大,而其志甚远也。"这句话凝结了青年苏轼对世事人生波折的经验,有意无意之中为以后的奋斗者撰写了座右铭。苏轼当年,屡遭贬谪,正是以忍为大德,才造就一个词、文、诗、书、画多方面的全才;也正由于此,才为宋代文坛开创了独具一格的豪放派。因此可以说,作者明写留侯之忍,实际上是以古喻今,告诫自己不能锋芒太露,面对复杂人生只有以忍才能成就大业。

苏轼这篇论文还给读者一个启示:好的素材还要善于运用,即使是文学大家也不能等闲视之,也需要有一个深入分析反复提炼的过程。

情商感悟

忍耐是迈向成功之路的措施和手段,是一个成功者必备的素质。学会忍耐,我们就看到了成功的曙光;学会忍耐,我们就理解了奋斗的意义。一个人的可贵之处在于"宠辱不惊"的品质培养,"得意忘形"者往往奉行"今朝有酒今朝醉"的人生哲学,他们看重的是权力和地位,一旦得势就会"小人得志便张狂"。这样的人,只能使自己的理想和抱负毁灭在自我陶醉中,只能为自己留下千古遗恨,只能被历史所淘汰。

人们经常注意到这样一种现象,森林中一棵大树旁总有一株或几株小树长在大树底下,因为没有足够的阳光和养分,生长缓慢,但它们没有因为环境恶劣而停止生长或慢慢

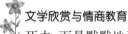

死去,而是默默地忍耐着,等待时机。如果有一棵老树因为自然灾害死亡或者被伐去,这些小树就会抓住时机,迅速成长,用自己的生命占据那一片空间,最终成为栋梁之材。

成功的过程,离不开忍耐和坚持,想成就一番事业的年轻人,除了要具备诸多的优秀的品格和杰出的素质外,尤其要学会忍耐。

22 《与朱元思书》——审美

与朱元思书

吴 均

风烟俱净,天山共色。从流飘荡,任意东西。自富阳至桐庐一百许里,奇山异水,天下独绝。

水皆缥碧,千丈见底。游鱼细石,直视无碍。急湍甚箭,猛浪若奔。

夹岸高山,皆生寒树,负势竞上,互相轩邈,争高直指,千百成峰。泉水激石,泠泠作响;好鸟相鸣,嘤嘤成韵。蝉则千转不穷,猿则百叫无绝。

鸢飞戾天者,望峰息心;经纶世务者,窥谷忘反。横柯上蔽,在昼犹昏;疏条交映,有时见日。

译文

风和烟都散尽了,天和山是一样的颜色。(我的小船)随着江流漂荡,时而偏东,时而偏西。从富阳到桐庐一百来里的水路,奇异的山水,独一无二。

江水都是青白色,千丈深的地方都能看得清楚。游动的鱼儿和细碎的沙石,也可以看得清清楚楚,毫无障碍。湍急的水流比箭还快,迅猛的浪涛像飞奔的骏马。

江两岸的高山上,全都生长着使人看了有寒意的树;山峦凭借着(高峻的)地势,争着向上,仿佛都在相互争着往高处和远处伸展,笔直地向上,直插云天,形成了无数的山峰。(山间的)泉水冲击着岩石,发出泠泠的响声;美丽的百鸟互相和鸣,鸣声嘤嘤,和谐动听。蝉儿和猿猴也长时间地叫个不断。极力追求名利的人,看到(这些雄奇的)高峰,(就会)平息热衷于功名利禄的心;治理政务的人,看到(这些幽美的)山谷,(就会)流连忘返。横斜的树枝在上面遮蔽着,即使是在白天也像黄昏时那样昏暗;稀疏的枝条交相掩映,有时还可以(从枝叶的空隙中)见到阳光。

作品赏析

吴均(469—520),字叔庠(xiáng),吴兴故鄣(今浙江安吉)人。南朝梁时期的文学家。好学有俊才,其诗文深受沈约的称赞。其诗清新,且多为反映社会现实之作。其文工于写景,诗文自成一家,常描写山水景物,称为"吴均体",开创一代诗风。

和六字句,并于文章后半部分大量运用对偶句,如"泉水激石,泠泠作响;好鸟相鸣,嘤嘤成韵""蝉则千转不穷,猿则百叫无绝"。这就取得了句式整齐、音韵和谐、对比立意、相映成趣的表达效果,读来朗朗上口,节奏感极强。

但文章又有异于当时一般的骈文,它在一定程度上打破了骈文形式上的束缚,体现了可贵的突破与创新。其一,在四字句、六字句中运用了"鸢飞戾天者,望峰息心;经纶世务者,窥谷忘反"这样的五字与四字交替运用的句式,这就避免了骈文刻板划一的弊病,使语言显得活泼洒脱;其二,文章前半部分几乎没有对偶,无异于一般散文(尤其是第一节),后半部分则基本上都是工整的对偶句,这样骈散结合、疏密相间的安排,使语言灵活多变,更具韵律美;其三,文章没有像一般骈文那样堆砌典故,甚至故意用冷字僻字,而是写景状物,力求准确传神,这使文章语言显得清新自然,生动流畅,在当时以绮丽浮靡为主流的骈文中显得卓尔不群,超凡脱俗。

《与朱元思书》篇幅虽短,但很讲究章法。

文章首段以"奇山异水,天下独绝"八字总领全篇,二、三两段分承"异水"和"奇山"两方面,环绕"独绝"二字展开生发和描摹,结构上纲举目张,脉络分明。写景顺序先"水"后"山",由近及远,逐层展开,符合"从流飘荡"的观景习惯,条理清楚。

写景重点上,全文详写"山"略写"水";写"水"的部分,详写静态略写动态;写"山"的部分,详写动态略写静态。这样既突出景物主要特征,又显得详略适宜,轻重有度。

读《与朱元思书》,如读一首好诗,因为它不仅有词采隽永、音节和谐的诗一般的语言,更洋溢着清新淡雅的诗情;读《与朱元思书》,如赏一幅山水写意,因为它有特色鲜明的景物,更有明朗洒脱的画意。总之,该文情景兼美,辞章俱佳,能给人以美的享受、心灵的愉悦。

情商感悟

审美是人应该具备的情商之一,人类活动的目的就是对美的追求。审美就是通过传授美的知识,通过反复的审美实践活动提高人们的审美能力。它实际上就是世界观、人生观教育,是一个人如何看待这个世界、如何看待人生的立生之本。审美能够促进完美人性的发展。审美对于人的精神自由来说,对于人的人性的圆满来说,都是绝对必需的,没有审美活动,人就不能实现精神的自由,人就不能获得人性的圆满,人就不是真正意义上的人。审美活动给了人精神的享受、精神的满足、精神的愉悦。使人回到万物一体的精神家园,从而感到自己是一个真正的人。

尽管说审美教育不是语文教学的全部任务,但至少在以写景抒情诗文单元中应该成为首要任务、核心任务。在当前课程改革的背景下,广泛地利用教材资源和课堂内外、校园内外的各种教学资源对学生进行审美教育,以培养学生良好的语文素养,是一项新的任务。审美可以促进学生德、智、体的发展。它可以提高学生思想境界,完善学生道德情操;它可以丰富学生知识,发展学生智力;它可以增进人们的身心健康,提高体育运动的质量;它可以培养学生热爱劳动、热爱劳动人民,并进行创造性劳动的品质。

23 《触龙说赵太后》——沟通

触龙说赵太后

刘　向

赵太后新用事，秦急攻之。赵氏求救于齐，齐曰："必以长安君为质，兵乃出。"太后不肯，大臣强谏。太后明谓左右："有复言令长安君为质者，老妇必唾其面。"

左师触龙言愿见太后，太后盛气而揖之。入而徐趋，至而自谢，曰："老臣病足，曾不能疾走，不得见久矣。窃自恕，而恐太后玉体之有所郄也，故愿望见。"太后曰："老妇恃辇而行。"曰："日食饮得无衰乎？"曰："恃鬻耳。"曰："老臣今者殊不欲食，乃自强步，日三四里，少益耆食，和于身。"太后曰："老妇不能。"太后之色少解。

左师公曰："老臣贱息舒祺，最少，不肖；而臣衰，窃爱怜之。愿令得补黑衣之数，以卫王宫。没死以闻。"太后曰："敬诺。年几何矣？"对曰："十五岁矣。虽少，愿及未填沟壑而托之。"太后曰："丈夫亦爱怜其少子乎？"对曰："甚于妇人。"太后笑曰："妇人异甚。"对曰："老臣窃以为媪之爱燕后贤于长安君。"曰："君过矣！不若长安君之甚。"左师公曰："父母之爱子，则为之计深远。媪之送燕后也，持其踵，为之泣，念悲其远也，亦哀之矣。已行，非弗思也，祭祀必祝之，祝曰：'必勿使反。'岂非计久长，有子孙相继为王也哉？"太后曰："然。"

左师公曰："今三世以前，至于赵之为赵，赵王之子孙侯者，其继有在者乎？"曰："无有。"曰："微独赵，诸侯有在者乎？"曰："老妇不闻也。""此其近者祸及身，远者及其子孙。岂人主之子孙则必不善哉？位尊而无功，奉厚而无劳，而挟重器多也。今媪尊长安君之位，而封之以膏腴之地，多予之重器，而不及今令有功于国，一旦山陵崩，长安君何以自托于赵？老臣以媪为长安君计短也，故以为其爱不若燕后。"太后曰："诺，恣君之所使之。"

于是为长安君约车百乘，质于齐，齐兵乃出。

子义闻之曰："人主之子也、骨肉之亲也，犹不能恃无功之尊、无劳之奉，已守金玉之重也，而况人臣乎。"

译　文

赵太后刚刚执政，秦国就加紧进攻赵国。赵太后向齐国求救。齐国说："一定要用长安君来做人质，援兵才能派出。"赵太后不答应，大臣们极力劝谏。太后明白地告诉身边的近臣说:"有再说让长安君去做人质的人,我一定朝他脸上吐唾沫!"

左师触龙希望去见太后。太后气势汹汹地等着他。触龙缓慢地小步快跑,到了太后面前向太后道歉说:"我的脚有毛病,连快跑都不能,很久没来看您了。私下里自己原谅自己。又总担心太后的贵体有什么不舒适,所以想来看望您。"太后说:"我全靠坐车走动。"触龙问:"您每天的饮食该不会减少吧?"太后说:"吃点稀粥罢了。"触龙说:"我现在特别不想吃东西,自己却勉强走走,每天走上三四里,就慢慢地稍微增加点食欲,身上也比较舒适了。"太后说:"我做不到。"太后的怒色稍微消解了些。

左师说:"我的儿子舒祺,年龄最小,不成才;而我又老了,私下疼爱他,希望能让他替补上黑衣卫士的空额,来保卫王宫。我冒着死罪禀告太后。"太后说:"可以。年龄多大了?"触龙说:"十五岁了。虽然还小,希望趁我还没入土就托付给您。"太后说:"你们男人也疼爱小儿子吗?"触龙说:"比妇女还厉害。"太后笑着说:"妇女更厉害。"触龙回答说:"我私下认为,您疼爱燕后就超过了疼爱长安君。"太后说:"你错了!不像疼爱长安君那样厉害。"左师公说:"父母疼爱子女,就得为他们考虑长远些。您送燕后出嫁的时候,拉着她的脚后跟为她哭泣,这是惦念并伤心她嫁到远方,也够可怜的了。她出嫁以后,您也并不是不想念她,可您祭祀时,一定为她祝告说:'千万不要被赶回来啊。'难道这不是为她做长远打算,希望她生育子孙,一代一代地做国君吗?"太后说:"是这样。"

左师公说:"从这一辈往上推到三代以前,甚至到赵国建立的时候,赵国君主的子孙被封侯的,他们的子孙还有能继承爵位的吗?"赵太后说:"没有。"触龙说:"不光是赵国,其他诸侯国君的被封侯的子孙的后继人有还在的吗?"赵太后说:"我没听说过。"左师公说:"他们当中祸患来得早的就会降临到自己头上,祸患来得晚的就降临到子孙头上。难道国君的子孙就一定不好吗?这是因为他们地位尊贵而没有功勋,俸禄丰厚而没有功劳,占有的象征国家权力的珍宝太多了啊!现在您把长安君的地位提得很高,又封给他肥沃的土地,给他很多珍宝,而不趁现在这个时机让他为国立功,一旦您去世之后,长安君凭什么在赵国站住脚呢?我觉得您为长安君打算得太短了,因此我认为您疼爱他比不上疼爱燕后。"太后说:"好吧,任凭您指派他吧。"

于是就替长安君准备了一百辆车子,送他到齐国去做人质,齐国的救兵才出动。

作品赏析

开口说话,看似简单,实则不容易,会说不会说大不一样。古人云:"一言可以兴邦,一言也可以误国。"苏秦凭三寸不烂之舌而身挂六国相印,诸葛亮靠经天纬地之言而强于百万之师,烛之武因势利导而存郑于危难,触龙循循善诱而救赵于水火。言语得失,小则牵系做人难易,大则连及国家兴亡,非常重要。这篇文章从以下几个方面向我们诠释了沟通的重要性。

(一)察言观色,避其锋芒

赵太后刚刚执政,秦国就急攻赵国,危急关头,赵国不得不求救于齐,而齐国却提出救援条件——让长安到齐国做人质。溺爱孩子、缺乏政治远见的赵太后不肯答应这个条件,于是大臣竭力劝阻,惹得太后暴怒,"有复言令长安君为质者,老妇必唾其面"。面对此情此景,深谙说话艺术的左师触龙并没有像别的朝臣那样一味地犯颜直谏,批逆龙鳞,而是察言观色,相机行事。他知道,赵太后刚刚执政,缺乏政治经验,目光短浅,加之女性特有的溺爱孩子的心理,盛怒之下,任何谈及人质的问题都会让太后难以接受,使得结果适得其反。所以触龙避其锋芒,对让长安君到齐国做人质的事只字不提,而是转移话题。先问太后饮食住行,接着请托儿子舒祺,继之论及疼爱子女的事情,最后大谈王位继承问题。不知不觉中,太后怒气全消,幡然悔悟,明白了怎样才是疼爱孩子的道理,高兴地安排长安君到齐国做人质。

(二)关心问候,缓和气氛

面对怒气冲冲、盛气凌人的赵太后,首要的问题是让她能够心平气和,平心静气,给人以劝说的契机,从而引起她谈话的兴趣,一步步进入正题。触龙拜见太后并不难,但见到太后谈什么却很关键。话不投机,三言两语也许就会被拒之千里之外。因此,触龙反复揣摩太后的心理,选择了老年人都共同关心的饮食起居话题,先从自己脚有毛病(也许是假的)、不能快走谈起,以己推人,关心起太后的身体情况,自然而然,合乎情理。别人发自内心的真诚的问候,老年人同病相怜的真实的感受,让赵太后冰冷的内心有了一丝的感动,她无法拒绝触龙提出的问题,于是"色少解",和触龙交谈了起来。紧张的气氛得到缓和,谈话有了良好的开端。

(三)大话家常,拉近距离

触龙和太后接上了话,此时还不能步入正题,因为谈话才刚刚开始,太后也只是"色少解",此时如果谈及人质问题,太后马上会翻脸不认人,必定会唾触龙满面。但谁都知道,触龙晋见太后不可能只是为了问寒问暖,谈话还要继续。怎样才能让谈话既显得合情合理,又自然会引到人质问题上呢?触龙于是想到了人性中最合乎人之常情的一面——请求安排孩子。自己虽然脚有毛病,太后虽然怒气冲冲,但为了孩子将来能有一个好的归宿,进宫求见太后,这是非常自然的。因此,触龙和太后谈起了孩子,拉起了家常,无形之中拉近了两人之间的距离,使得谈话得以继续,事情向着触龙预先设计好的方向发展。

(四)投其所好,请君入瓮

应当说,触龙问候起居、关心孩子,都切中了赵太后的心理,但最能打动赵太后的恐怕不是这些,而是触龙的一句话,"老臣窃以为媪之爱燕后贤于长安君"。孩子是娘的心头肉,做父母的谁不疼爱自己的孩子呢?赵太后溺爱孩子,众人皆知,触龙从请托孩子谈起,欲擒故纵,故意诱导赵太后谈及"丈夫亦爱怜其少子乎",从而自然引到赵太后疼爱孩子的问题上,这一对话深深地打动了赵太后。它道出了赵太后疼爱孩子的事实。此时,作为母亲的赵太后的心中也许会涌现出哺养长安君、持燕后踵哭泣、祭祀必祈祷的一幕幕往事。她的思想、感情已完全为触龙所控制,自然也就完全听由他摆布了。

(五)晓之以理,循循善诱

说话技巧再高,它高不过"理"字。《十善业道经》说:"言必契理,言可承领,言则信用,言无可讥。"意思是说,言论一定要合理,要让别人能接纳领受,要有信用,要令人无懈可击。说话的前提是讲一个"理"字,触龙的话之所以能够让赵太后欣然信服,愿意安排长安君到齐国做人质,关键在于他能够在动之以情的基础上,以理服人。谁不疼爱自己的孩子,爱孩子就要为孩子考虑得长远一些,就要让孩子有立身之本,不要仅仅依靠权势、父母。站在客观事实的角度,触龙步步诱导,旁敲侧击,明之以实,晓之以理,全部对话无一字涉及人质,但又句句不离人质。迂回曲折之中尽显语言奥妙,循循善诱之余凸现事情必然。

说话是一门艺术,为人处事离不开说话,要想把话说好,不妨多跟古人学学。

情商感悟

沟通是我们工作、学习、生活中不可或缺的一部分。沟通能增进彼此的感情;沟通能消除误解,增进对彼此的了解;沟通让我们学会换位思考,更加体谅彼此;沟通能让人敞开心扉,让人变得更加开朗;沟通让我们的生活更加和谐而多姿多彩。每个人都有自由且相互独立的思想,每个人都有自己的世界观,每个人对于同一件事都有自己不同的认知和想法,有效的沟通是非常必要的。有时候,面对长辈或老师的要求或期许,由于和自己的想法有冲突,我们内心是不接受的,但也不便直接违背,此时,我们要大胆地去找老师和长辈进行沟通,让对方了解自己的想法和规划,告诉他们自己想要什么,告诉他们自己如何去努力实现。有时候我们常常抱怨别人不了解自己,但事实上是我们没有与他人进行有效的沟通,没有与他人交流自己的想法。请大家平时向触龙学习,提高语言艺术,掌握沟通技巧,让自己的生活、工作、学习游刃有余。

24 《五代史伶官传序》——忧患

五代史伶官传序

欧阳修

呜呼！盛衰之理，虽曰天命，岂非人事哉！原庄宗之所以得天下，与其所以失之者，可以知之矣。

世言晋王之将终也，以三矢赐庄宗而告之曰："梁，吾仇也；燕王，吾所立；契丹与吾约为兄弟；而皆背晋以归梁。此三者，吾遗恨也。与尔三矢，尔其无忘乃父之志！"庄宗受而藏之于庙。其后用兵，则遣从事以一少牢告庙，请其矢，盛以锦囊，负而前驱，及凯旋而纳之。

方其系燕父子以组，函梁君臣之首，入于太庙，还矢先王，而告以成功，其意气之盛，可谓壮哉！及仇雠已灭，天下已定，一夫夜呼，乱者四应，仓皇东出，未及见贼而士卒离散，君臣相顾，不知所归。至于誓天断发，泣下沾襟，何其衰也！岂得之难而失之易欤？抑本其成败之迹，而皆自于人欤？

《书》曰："满招损，谦受益。"忧劳可以兴国，逸豫可以亡身，自然之理也。故方其盛也，举天下之豪杰，莫能与之争；及其衰也，数十伶人困之，而身死国灭，为天下笑。夫祸患常积于忽微，而智勇多困于所溺，岂独伶人也哉！作《伶官传》。

译文

唉！盛衰的道理，虽说是天命决定的，难道说不是人事造成的吗？推究庄宗所以取得天下，与他所以失去天下的原因，就可以明白了。

世人传说晋王临死时，把三支箭赐给庄宗，并告诉他说："梁国是我的仇敌，燕王是我推立的，契丹与我约为兄弟，可是后来都背叛我去投靠了梁。这三件事是我的遗恨。交给你三支箭，你不要忘记你父亲报仇的志向。"庄宗受箭收藏在祖庙。以后庄宗出兵打仗，便派手下的随人官员，用猪羊去祭告祖先，从宗庙里恭敬地取出箭来，装在漂亮的丝织口袋里，使人背着在军前开路，等打了胜仗回来，仍旧把箭收进宗庙。

当他用绳子绑住燕王父子，用小木匣装着梁国君臣的头，走进祖庙，把箭交还到晋王的灵座前，告诉他生前报仇的志向已经完成，他那神情气概，是多么威风！等到仇敌已经消灭，天下已经安定，一人在夜里发难，作乱的人四面响应，他慌慌张张出兵东进，还没见到乱贼，部下的兵士就纷纷逃散，君臣们你看着我，我看着你，不知道哪里去好；到了割下头发来对天发誓,抱头痛哭,眼泪沾湿衣襟的可怜地步,怎么那样的衰败差劲呢!难道说是因为取得天下难,而失去天下容易才这样的吗?还是认真推究他成功失败的原因,都是由于人事呢?

《尚书》上说:"自满会招来损害,谦虚能得到益处。"忧劳可以使国家兴盛,安乐可以使自身灭亡,这是自然的道理。因此,当他兴盛时,普天下的豪杰,没有谁能和他相争;到他衰败时,数十个乐官就把他困住,最后身死国灭,被天下人耻笑。祸患常常是由一点一滴极小的错误积累而酿成的,纵使是聪明有才能和英勇果敢的人,也多半沉溺于某种爱好之中,受其迷惑而结果陷于困穷,难道只是溺爱伶人才有这种坏结果吗?于是作《伶官传》。

作品赏析

这是一篇著名的史论。作者认为,国家的盛衰,事业的成败,主要取决于人事,取决于执政者的思想行为。并扼要提出"忧劳可以兴国,逸豫可以亡身","祸患常积于忽微,而智勇多困于所溺"等具体论断,精辟透彻,发人深省。

本文阐明观点的主要论据,是五代后唐庄宗先盛后衰,先成后败的历史事实,例据典型而有说服力。在写法上,则欲抑而先扬,先极赞庄宗成功时意气之"壮",再叹其失败时形势之"衰",通过盛与衰、兴与亡、得与失、成与败的强烈对比,突出庄宗历史悲剧的根由所在,使"本其成败之迹,而皆自与人"的结论,显得更加令人信服。

文章笔力雄健而有气势,表达情见乎辞,篇幅虽然短小,却是一篇搏兔而用全力之作。

文中所议论的后唐庄宗李存勖是沙陀族人李克用之长子,是五代的风云人物。李克用在临终之前,以三矢赐给庄宗要他报仇,叮嘱切切。李克用死后,李存勖嗣位,他谨记父亲遗言,讨刘仁恭,伐契丹,灭后梁,建立了后唐政权。但称帝后却沉迷于奢侈享乐的生活,宠信伶人,不问国事。四方藩镇见伶人被宠爱,纷纷贿以财物,谋取私利。而那些正直的臣僚因不肯行贿,为伶人逸言所诬陷,竟无辜被杀。后唐国政于是日趋衰败,动乱接连而生,李存勖本人最终也死在他极为宠信的伶人郭从谦的手中。欧阳修目睹国家积弱不振的现实和当权者的骄奢淫逸,忧心忡忡,正是出于以古鉴今的考虑。欧阳修在这篇史论中,提出了"忧劳可以兴国,逸豫可以亡身"的见解,意在为当时的统治者敲响警钟,可谓寄语深长,发人深省。

情商感悟

一个朝代的更替取决于这个国家的国君是否是一个明君,一个人的成败取决于"满招损,谦受益",一切事物的缘由都得从自身找原因,更告诉我们做什么事情一定要有持之以恒的精神,不要三天打鱼、两天晒网,就像庄宗一样刚开始的时候一腔热血,但是事成之后,却放松了自己。永远不要忘记当我们停下来休息的时候,别人还在奔跑。同时,也告诉自己要时刻保持一种谦虚的心态,要待人真诚、做事规矩、态度谦恭,不能够因为一时的成绩好,而产生骄傲的心理。

25 《前赤壁赋》——反省

前赤壁赋

苏 轼

壬戌之秋,七月既望,苏子与客泛舟,游于赤壁之下。清风徐来,水波不兴。举酒属客,诵明月之诗,歌窈窕之章。少焉,月出于东山之上,徘徊于斗牛之间。白露横江,水光接天。纵一苇之所如,凌万顷之茫然。浩浩乎如冯虚御风,而不知其所止;飘飘乎如遗世独立,羽化而登仙。

于是饮酒乐甚,扣舷而歌之。歌曰:"桂棹兮兰桨,击空明兮溯流光。渺渺兮予怀,望美人兮天一方。"客有吹洞箫者,倚歌而和之。其声呜呜然,如怨如慕,如泣如诉;余音袅袅,不绝如缕。舞幽壑之潜蛟,泣孤舟之嫠妇。

苏子愀然,正襟危坐而问客曰:"何为其然也?"客曰:"'月明星稀,乌鹊南飞。'此非曹孟德之诗乎?西望夏口,东望武昌,山川相缪,郁乎苍苍,此非孟德之困于周郎者乎?方其破荆州,下江陵,顺流而东也,舳舻千里,旌旗蔽空,酾酒临江,横槊赋诗,固一世之雄也,而今安在哉?况吾与子渔樵于江渚之上,侣鱼虾而友麋鹿,驾一叶之扁舟,举匏樽以相属。寄蜉蝣于天地,渺沧海之一粟。哀吾生之须臾,羡长江之无穷。挟飞仙以遨游,抱明月而长终。知不可乎骤得,托遗响于悲风。"

苏子曰:"客亦知夫水与月乎?逝者如斯,而未尝往也;盈虚者如彼,而卒莫消长也。盖将自其变者而观之,则天地曾不能以一瞬;自其不变者而观之,则物与我皆无尽也,而又何羡乎?且夫天地之间,物各有主,苟非吾之所有,虽一毫而莫取。惟江上之清风,与山间之明月,耳得之而为声,目遇之而成色,取之无禁,用之不竭。是造物者之无尽藏也,而吾与子之所共适。"

客喜而笑,洗盏更酌。肴核既尽,杯盘狼藉。相与枕藉乎舟中,不知东方之既白。

译 文

壬戌年的秋天,七月十六日那天,我与友人在赤壁下泛舟游玩。清风阵阵拂来,水面波澜不起。举起酒杯向同伴劝酒,吟诵着有关明月的诗句,歌唱着《诗经》中《窈窕》的篇章。不一会儿,明月从东山后升起,在斗宿与牛宿之间来回移动。白茫茫的雾气横贯江面,水光连着天际。任凭小船漂流到各处,越过那茫茫的江面。前进时就好像凌空乘风而行,并不知到哪里才会停栖,感觉身轻得似要离开尘世飘飞而去,有如道家羽化成仙。

在这时喝酒喝得高兴起来,敲着船边,打着节拍,应声高歌。歌中唱道:"桂木船棹啊香兰船桨,迎击月光下的清波,逆流而上地泛光。我的心怀悠远,想望美好的理想在天的另一方。"有会吹洞箫的客人,依着节奏为歌声伴和,洞箫"呜呜"作声,有如怨怼有如思慕,既像啜泣也像倾诉,余音在江上回荡,像细丝一样连续不断。能使深谷中的蛟龙为之起舞,能使孤舟上的寡妇为之饮泣。

我的神色也愁惨起来,整好衣襟坐端正,向客人问道:"(箫声)为什么这样(哀怨)呢?"客人回答:"'月明星稀,乌鹊南飞',这不是曹公孟德的诗吗?(这里)向西可以望到夏口,向东可以望到武昌,山河接壤连绵不绝,目力所及,一片郁郁苍苍。这不正是曹孟德被周瑜所围困的地方吗?当初他攻陷荆州,夺得江陵,沿长江顺流东下,麾下的战船延绵千里,旌旗将天空全都蔽住,面对大江斟酒,横执长矛吟诗,本来是当世的一位英雄人物,然而现在又在哪里呢?何况我与你在江边的水渚上打鱼砍柴,以鱼虾为侣,以麋鹿为友,(在江上)驾着这一叶小舟,举起杯盏相互敬酒,如同蜉蝣置身于广阔的天地中,像沧海中的一粒粟米那样渺小。(唉,)哀叹我们的一生只是短暂的片刻,(不由)羡慕长江的没有穷尽。(想要)同仙人携手遨游各地,与明月相拥而永存世间。知道这些终究不能实现,只得将憾恨化为箫音,托寄在悲凉的秋风中罢了。"

我问道:"你可知道这水与月?流逝的就像这水,其实并没有真正逝去;时圆时缺的就像这月,终究又何尝盈亏。可见,从事物变易的一面看来,天地间没有一瞬间不发生变化;而从事物不变的一面看来,万物与自己的生命同样无穷无尽,又有什么可羡慕的呢?何况天地之间,万物各有自己的归属,若不是自己应该拥有的,即使一分一毫也不能求取。只有江上的清风,以及山间的明月,送到耳边便听到声音,进入眼帘便绘出形色,取得这些不会有人禁止,感受这些也不会有竭尽的忧虑。这是大自然(恩赐)的没有穷尽的宝藏,你我尽可以一起享用。"

客人高兴地笑了,洗净酒杯重新斟酒。菜肴果品都已吃完,杯子盘子杂乱一片。大家互相枕着靠着睡在船上,不知不觉东方已经露出白色的曙光。

作品赏析

无端受屈、含冤入狱的苏轼,在"乌台诗案"结案后不久,就被贬谪为黄州团练副使。所幸的是黄州地方官吏钦慕他的为人与俊才,非但不加管束,还常常任他在管区内纵情游山观水,而情豪兴逸的苏轼则每游一地必有诗文记胜,《前赤壁赋》与《后赤壁赋》就是这一时期留下的不朽名篇。

苏轼以往的游记散文,大多以记游写景或于记游中借景抒情为主,而苏轼的不少散文,却开创了一种新的写法。在这些文章中,苏轼并不着意写景,而是以阐明哲理、发表议论为主。借题发挥,借景立论的独特风貌贯穿于字里行间。《前赤壁赋》就是这种新型游记的一篇代表作。

宋神宗元丰五年(1082),也就是苏轼谪居黄州的第三年初秋,他与朋友驾一叶小舟,来到黄冈赤壁下的长江中赏月游玩,明月一轮映于波平浪静的江面,凉爽的清风徐徐吹

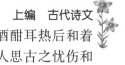

来,茫茫白露布满大江,水光山色与中天夜月相辉映,主客对酌于舟中,酒酣耳热后和着凄怆的洞箫声叩舷而歌,然后又从如怨如慕、如泣如诉的箫声中引出客人思古之忧伤和对人生如寄的慨叹,文章也就此由情入理,由感情的抒发到哲理的畅达,进而以苏子的对答把全文的主旨表露出来,"变"与"不变"的理论和"物各有主"的观点好似一剂"愀然"的灵丹妙药,使客人终于"喜而笑"。

《前赤壁赋》通篇以景来贯穿,"风"和"月"是主景,"山"和"水"辅之,全文紧扣风、月来展开描写与议论。以风、月之景开卷,又于文中反复再现风、月形象。歌中的"击空明兮溯流光"则是由景入论的转折。客的伤感起于曹操的"月明星稀",终于"抱明月而长终""托遗响于悲风"的悲哀,仍然不离"风""月"二字。苏子的对答,亦从清风、明月入论:"惟江上之清风,与山间之明月,耳得之而为声,目遇之而成色,取之无禁,用之不竭,是造物者之无尽藏也,而吾与子之所共适。"

景物的连贯,不仅在结构上使全文俨然一体,精湛缜密,还沟通了全篇的感情脉络,起伏变化。起始时写景,是苏轼旷达、乐观情状的外观;"扣舷而歌之"则是因"空明""流光"之景而生,由"乐甚"向"愀然"的过渡;客人寄悲哀于风月,情绪转入低沉消极;最后仍是从眼前的明月、清风引出对万物变易、人生哲理的议论,从而消释了心中的感伤。景物的反复穿插,丝毫没有给人以重复拖沓的感觉,反而在表现人物悲与喜的消长的同时再现了作者矛盾心理的变化过程,最终达到了全文诗情画意与议论理趣的完美统一。

之所以说《前赤壁赋》是苏轼散文的代表作,是因为这篇文章几乎包揽了苏文的主要风格特点。宋元明清以来,不少文人纷纷指出,苏文的风格是"如潮",是"博",也有的说是"汗漫",是"畅达",是"一泻千里、纯以气胜",确实都很有道理,但又都不够全面、确切。从《前赤壁赋》来看,苏文的风格乃是一种自由豪放、恣肆雄健的阳刚之美。文中无论说理,还是叙事、抒情,都能"随物赋形"、穷形尽相,写欢快时可以羽化登仙、飘然世外;述哀伤时,又拿动蛟龙、泣嫠妇作比;而苏文的舒卷自如、活泼流畅,在《前赤壁赋》中也不难发现,像"方其破荆州,下江陵,顺流而东也,舳舻千里,旌旗蔽空,酾酒临江,横槊赋诗,固一世之雄也,而今安在哉!"这样的句子真是一气呵成,如同"行云流水",挥洒自如。至于语言的精练生动、词简情真,就更是可以在文章中信手拈来,毫不费力。"徘徊于斗牛之间"的"徘徊";"渺沧海之一粟"的"渺",都是一字千钧,读来似铿锵作金石声。《前赤壁赋》一文还充分体现了苏轼散文自然的本色、平易明畅的特色,那种纯真自然之美给古往今来的无数读者带来了多么难忘的艺术享受。

情商感悟

时光易逝,生命又极其短暂,生老病死是人生的一个过程,我们有幸来到这个世界,每个人都演绎着不同的人生。然而我们的时间是有限的,青春就更加宝贵,趁着有限的青春去学无穷的知识,这样才无悔于人生。坚持自己的理想不放,总会有成功的那一天,因为我们还年轻,我们还有许多许多的每一天。

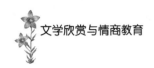
26 《谏逐客书》——力量

谏逐客书

李 斯

臣闻吏议逐客，窃以为过矣。昔穆公求士，西取由余于戎，东得百里奚于宛，迎蹇叔于宋，求丕豹、公孙支于晋。此五人者，不产于秦，而穆公用之，并国二十，遂霸西戎。孝公用商鞅之法，移风易俗，民以殷盛，国以富强。百姓乐用，诸侯亲服。获楚、魏之师，举地千里，至今治强。惠王用张仪之计，拔三川之地；西并巴蜀；北收上郡；南取汉中，包九夷，制鄢郢；东据成皋之险，割膏腴之壤。遂散六国之从，使之西面事秦，功施到今。昭王得范雎，废穰侯，逐华阳，强公室，杜私门，蚕食诸侯，使秦成帝业。此四君者，皆以客之功。由此观之，客何负于秦哉？向使四君却客而不内，疏士而不用，是使国无富利之实，而秦无强大之名也。

今陛下致昆山之玉，有随和之宝，垂明月之珠，服太阿之剑，乘纤离之马，建翠凤之旗，树灵鼍之鼓。此数宝者，秦不生一焉，而陛下说之，何也？必秦国之所生然后可，则是夜光之璧不饰朝廷，犀象之器不为玩好，郑魏之女不充后宫，而骏马駃騠不实外厩，江南金锡不为用，西蜀丹青不为采。所以饰后宫、充下陈、娱心意、说耳目者，必出于秦然后可，则是宛珠之簪、傅玑之珥、阿缟之衣、锦绣之饰不进于前，而随俗雅化、佳冶窈窕赵女不立于侧也。夫击瓮叩缶、弹筝搏髀而歌呼呜呜快耳目者，真秦之声也。郑卫桑间、韶虞武象者，异国之乐也。今弃击瓮而就郑卫，退弹筝而取韶虞，若是者何也？快意当前适观而已矣。

今取人则不然，不问可否，不论曲直，非秦者去，为客者逐，然则是所重者在乎色乐珠玉，而所轻者在乎人民也，此非所以跨海内制诸侯之术也。臣闻地广者粟多，国大者人众，兵强则士勇。是以泰山不让土壤，故能成其大；河海不择细流，故能就其深；王者不却众庶，故能明其德。是以地无四方，民无异国，四时充美，鬼神降福，此五帝三王之所以无敌也。今乃弃黔首以资敌国，却宾客以业诸侯，使天下之士，退而不敢西向，裹足不入秦，此所谓藉寇兵而赍盗粮者也。夫物不产于秦可宝者多，士不产于秦而愿忠者众。今逐客以资敌国，损民以益仇，内自虚而外树怨于诸侯，求国之无危，不可得也。

译 文

    我听说官吏在议论赶走客卿，私下认为错了。从前穆公求取士子，西面在西戎那里得到由余，东面在宛地得到百里奚，从宋国迎接蹇叔，从晋国求得丕豹、公孙支。这五个人不生在秦国，穆公任用他们，并吞了二十个部落，得以在西戎称霸。孝公用商鞅变法，移风易俗，百姓富裕兴盛，国家因此富强。百姓乐于听命，诸侯国亲近服从。俘虏了楚魏的军队，开拓千里疆土，直到现在国家治理强盛。惠王用张仪的计划，攻取了三川的地方，向西并吞巴蜀；向北取得上郡；向南占有汉中，包举众多夷族，控制楚国国都鄢郢；向东占据成皋的险要地区，割据富腴的田地。于是解散了六国的合纵，使它们向西服属秦国，功效一直延续到今天。昭王得到范雎，废去了穰侯，赶走了华阳君，加强了王朝，杜塞了私家的弄权，侵占了诸侯国，使秦国建成了帝王大业。这四位君主，都依靠客卿的功劳。由此看来，客卿有什么对不起秦国啊？假使四位君主辞退客卿不接纳，疏远士子不任用，这是使得国家没有富裕的实际，秦国没有强大的声望。

    现在大王得到昆冈的宝玉，有宝贵的随珠和璧，挂着明月珠，佩着太阿剑，驾着纤离马，竖立着翠凤旗，架起了鼍皮鼓。这几样宝物，秦国一样都不生产，王上却喜欢它们，为什么？一定要秦国生产的然后可用，那么夜光璧不能装饰朝廷，犀牛角、象牙制的器物不能成为玩好，郑魏的美女不能充实后宫，骏骓好马不能充实宫外的马棚，江南的金锡不能用，西蜀的丹青不作为彩色。用来装饰后宫、充实后列、娱乐心意满足耳目的，一定要秦国生产的然后可用，那么嵌着宛珠的簪子、配上珠玑的耳饰、东阿丝织的衣服、锦绣的修饰品都不能进用，而化俗为雅、艳丽美好的赵女也不立在旁边。敲着瓦瓮瓦器、弹着筝、拍着大腿唱呜呜以满足视听的，是真正秦国的音乐。郑卫桑间的民间音乐、韶虞武象的朝廷乐舞，都是别国的音乐。现在抛弃击瓮接近郑卫的音乐，不用弹筝而用韶虞的雅乐，这是为什么？要使情意酣畅于眼前以适合观赏罢了。

    现在录用人才却不这样，不问可不可用，不论是非，不是秦国人就去掉，客卿就赶走，那么所看重的在于女色音乐珠宝玉器，所看轻的在于人民，这不是跨越海内、制服诸侯的方法。臣听说土地广大的粮多，国家大的人多，军队强盛的战士勇敢。因此泰山不推掉泥土，所以能够成就它的大；黄河和大海不摒弃细流，所以能够成就它的深广；王者不拒绝众民，所以能够宣扬他的德教。因此，土地不论四方，百姓不分国别，四季充实美好，鬼神来降福，这是五帝三王之所以无敌的原因。现在却抛弃人民来帮助敌国，辞退宾客去为诸侯建功立业，使得天下的士子后退而不敢向西，停步不进秦国，这就是所谓帮助寇盗兵器并且给予粮食啊。

    东西不产在秦国而可以宝爱的多，士子不生在秦国而愿意效忠的多。现在赶走客卿来帮助敌国，减少百姓来加多敌国的力量，对内使自己虚弱，对外在诸侯国建立怨仇，要想国家没有危险，是不能得到的。

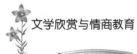

《谏逐客书》是李斯给秦王的一个奏章。这件事是在秦王嬴政十年。秦国宗室贵族借韩国派水工修灌溉渠,阴谋消耗秦的国力,谏秦王下令驱逐一切客卿。秦王读了李斯这一奏章,取消了逐客令。可见本文说服力之强。

作者先谈历史,以穆公、孝公、惠王、昭王四位国君召士纳贤为例,强调重用客卿之重要。接着再谈现实,作者列举秦王的爱好,诸如昆山之玉,随和之宝,明月之珠,以及所佩太阿剑,所乘之纤离之马等,都是来自诸侯各国。

首先,《谏逐客书》具有明显的实效性。实效,就是要讲求实用,注重效果,这就涉及公文的目的及功能。公文不像艺文那样,优游浸渍,潜移默化,以美感人,公文乃"政事之先务",它的目的是为了完成特定的公务,它的功能是可以解决实际的问题。从本质上说公文是一种实用性程式性的文书,以此区别于一般的文章或文学作品。公文所产生的客观效果是衡量公文实用性大小的一个重要尺度。所以公文撰制时必须事先预计效果,办理时讲究效率,客观上注重功效。徐望之《公牍通论》指出:"事前体察周详,令出务求实效。"这说的是下行公文。上行公文也要做到"下情不壅于上闻,谋事惟期其必达"。一篇公文,如果实用性不大,效果不显著,就很难说是上乘之作。因此,实效性显著,应是好公文的重要条件。以此看来《谏逐客书》正是具有实效性显著的特点。这篇公文最成功之处就在于,该文一上秦王,就达到预期的目的,收到满意的效果。司马迁在《李斯列传》中曾这样叙述李斯上书的前因后果:"秦王拜斯为客卿。会韩人郑国来间秦,以作注溉渠,已而觉。秦宗室大臣皆言秦王曰:'诸侯人来事秦者,大抵为其主游间于秦耳。请一切逐客。'李斯议亦在逐中。斯乃上书曰:'秦王乃除逐客之令,复李斯官,卒用其计谋。'"当时秦王的逐客令已下,李斯也在被逐之列,而凭此上书,竟能使秦王收回成命,由逐客变为留客、用客、重客,这就不能不承认《谏逐客书》发挥了巨大的作用,公文的实效性在这里得到了最充分的体现。

其次,《谏逐客书》在"对事的论断"方面堪称典范。笔者以为"对事的论断"应视为公文的一个重要特征。事是公文的内容,论断是对公文内容的表达方式。"对事的论断"体现了公文的内容与形式的统一。显然,公文须有事,刘勰所说"言事于主""指事造实",徐望之所说"谋事惟期其必达""尚实事不尚虚文",都指出公文的内容就是事,因为公文就是办实事的。但是公文在表达事时,不必对其来龙去脉进行具体的叙述,往往是高度概括,或者点到为止。公文对于事,主要是用"论断"的方法。正如《公牍通论》所述,"陈言论事""公文本质,重论断"。论断是个合成词,包含论和断两个方面。断,判断、决断之谓,对事的是非、得失、功过等表示肯定或否定的态度,对事的实施提出一定的办法。论是论事理,要受文者承办事务,必须把事理论说明白。简言之,断就是要办什么事,论就是办这事的理由。论是断的前提,如果不把事理论清说透,断就会成为无源之水,无本之木,缺乏说服力。在古代公文中,由于文种不同,对事论断的情况也有差别,如下行的君命文种,比较偏重于断,凡戒敕、废立、告谕、政令等,都显示独断的至高权威,而上行文种的章、奏、表、议等则较侧重于论(当然也应有断),凡谏说、劝请、陈乞、弹劾、执异等,本身就需要有充分的理由,不论说何以达其目的。况且上奏文种面对的是国君这个特殊对象,更要情至理足。《谏逐客书》在这一点上,具有非常鲜明的特色。全文的断就是开头一句话:"臣闻吏议逐客,窃以为过矣。"希望通过这一判断,使秦王接受,并收回成命,不要逐。为此在下文展开了有力的论说。开头这一断语的特点是,在客卿已被逐的紧急情势下(《史记集解·新序》:"斯在逐中,道上上谏书。"),用非常警醒而委婉的言辞开宗明义,起句发意振聋发聩。本文尤具特色的更在其论的部分,对事理的论说充分深刻,令人信服。这里有必要指出两点,其一,用重笔浓墨,铺张排比,列举事例。如文中铺排了四君用客的大量事实,铺陈了秦王所喜爱的大量生活享用,由于事例充实,铺垫充足,加强了与下文的对比,因而得出的结论极其有力。而这些事例都有所依傍,且经过精心选择,因而显得可靠典型。从铺排的技巧来说,排比句接踵联翩,文意饱满,文气流畅,文势充沛,极有感染力。其二,论证的特点是正反并反复对比,层层深化。如在论证的首层,四君用客(实笔)与"却客不内"(虚笔)的对比,首层四君用客与次层秦王轻客的对比,次层重物与轻人的对比,处处在对比之中显示逐客之谬误。全文在逻辑关系上步步推进,层层深化。时间上由远到近,推移有序:先言古代,次论现实,再次言及未来。在言及逐客的危害时,程度上由轻到重,步步升级:先说如果没有客卿,秦国就不会"富利"和"强大";接着说"非秦者去,为客者逐""此非所以跨海内、制诸侯之术",直接落到统一天下这个关键问题,比上层更切中要害;再说弃黔首、却宾客,是所谓"藉寇兵而赍盗粮",资助了敌人削弱了自己,对秦国的不利更严重些;最后指出"今逐客以资敌国、损民以益仇,内自虚而外树怨于诸侯,求国无危,不可得也"。不仅不能统一天下,而且有亡国的危险,把逐客的危害引申到极点。这种由轻到重、步步推进的说理过程,避免一开始就突兀冲撞,造成相反结果,它符合人的心理接受规律。

再者,《谏逐客书》具有很强的针对性。公文的针对性一方面是指每件公文都是针对某一具体的事务而发,另一方面也指公文具有比较具体的受文对象,受文者具有确定性。周知性的公文读者面较宽,但也有一定的范围;下行文受文的面相对说要窄一些,在现代的公文中有的还规定了阅读传达范围;上行文一般是给一个上级机关,受文对象很具体。古代的上奏文种是专门给君主的,对象最明确。公文写作时都视受文者的不同情况进行斟酌,有的放矢。《谏逐客书》的针对性,从内容上来说,是对着逐客这事而发,全文紧紧扣住逐客以论说其错误。文章这样处理很高明,因这逐客的起因是韩国人郑国劝秦王修筑一条灌溉渠,其目的是企图以浩大的工程耗费秦国的财力,使之不能对外用兵,如果就此事进行辩解,显然是没有道理的。李斯避开这个起因不谈,只抓住逐客对秦不利来论说,完全从秦国的利益着眼,这就容易使秦王接受。另外,李斯当时也无辜受牵连,但他在上书中片言不涉及自己,这样完全符合公文的本质要求,徐望之说:"公文本质之可贵,贵在一字一句皆从民生国计着想。"针对逐客对秦不利来论说,正是从国计民生着想的体现。

《谏逐客书》的针对性,还表现在针对特定的受文者采取谏说的策略。李斯上书是给秦王政这个具体的人看的,如果不熟悉这个人,不揣摩这个人的愿望、想法,不去迎合他的心理需求,那就很容易碰壁。对这个问题,刘勰有中肯的评价:"烦(顺)情入机动言中务,虽批逆鳞而功成计合,此上出之喜说者也。"顺着秦王的感情、心理,引到统一六国的关键问题,符合主要任务的需要。当时秦王的最大欲望是兼并天下,凡是违反这一欲望,就难以立足,凡是利于达到这一欲望,就容易被接受。李斯紧紧抓住秦王的这一心理,把秦国的霸业作为整篇谏书的灵魂,贯穿始终。在论说的首层以秦王政的祖先重用客卿造成"霸西戎""治强""散六国之从""蚕食诸侯""使秦成帝业"等成就去耸动秦王;在论说的次层则把用客卿提到"跨海内,制诸侯之术"的高度;再接着以古代五帝三王"不却众庶"无敌天下去打动秦王。总之,每个层次都反复论述这样一个根本的利害关系:纳客就能统一天下,逐客就有亡国危险。以利劝之,以害怵之,这就紧紧抓住了秦王的心,深深击中其要害,使秦王顺理成章地接纳其意见,并收回逐客令,达到了上书的目的。

情商感悟

　　人才对于国家富强有着极为重要的作用,能用人者,事竟成。任用人才,特别是任用外人,是一件看似简单,实际上却非常复杂的事情。即使有时明摆着对国家,对集体,对全局有利,也会有人站出来,用种种貌似出于公心的理由来阻拦。

　　人才的作用是极大的。作为治国者,应重人轻物,广纳贤才,唯才是用。而不应任人唯亲、盲目排外。重要事情是不容许拖延的,时间就是生命,及早发现才能及早预防。

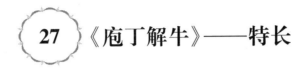

庖丁解牛

庄 周

庖丁为文惠君解牛,手之所触,肩之所倚,足之所履,膝之所踦,砉然向然,奏刀騞然,莫不中音。合于《桑林》之舞,乃中《经首》之会。

文惠君曰:"嘻,善哉!技盖至此乎?"

庖丁释刀对曰:"臣之所好者,道也,进乎技矣。始臣之解牛之时,所见无非牛者。三年之后,未尝见全牛也。方今之时,臣以神遇而不以目视,官知止而神欲行。依乎天理,批大郤,导大窾,因其固然,技经肯綮之未尝,而况大軱乎!良庖岁更刀,割也;族庖月更刀,折也。今臣之刀十九年矣,所解数千牛矣,而刀刃若新发于硎。彼节者有间,而刀刃者无厚;以无厚入有间,恢恢乎其于游刃必有余地矣,是以十九年而刀刃若新发于硎。虽然,每至于族,吾见其难为,怵然为戒,视为止,行为迟。动刀甚微,謋然已解,如土委地。提刀而立,为之四顾,为之踌躇满志,善刀而藏之。"

文惠君曰:"善哉,吾闻庖丁之言,得养生焉。"

译 文

厨师给梁惠王宰牛,手所接触的地方,肩膀所倚靠的地方,脚所踩的地方,膝盖所顶的地方,哗哗作响,进刀时霍霍的,没有不合音律的。合乎(汤时)《桑林》舞乐的节拍,又合乎(尧时)《经首》乐曲的节奏。

梁惠王说:"嘻,好啊!(你解牛的)技术怎么竟会高超到这种程度啊?"

厨师放下刀回答说:"我所爱好的,是(事物的)规律,(已经)超过(一般的)技术了。开始我宰牛的时候,眼里所看到是一头完整的牛;三年以后,不再能见到整头的牛了。现在,我凭精神和牛接触,而不用眼睛去看,视觉停止了而精神在活动。依照(牛的生理上的)天然结构,击入牛体筋骨(相接的)缝隙,顺着(骨节间的)空处进刀,依照牛体本来的构造,筋脉经络相连的地方和筋骨结合的地方,尚且不曾拿刀碰到过,更何况大骨呢!技术好的厨师每年更换一把刀,(是用刀硬)割断筋肉割坏的;一般的厨师每月(就得)更换一把刀,(是用刀)砍断骨头而砍坏的。如今,我的刀(用了)十九年,所宰的牛有几千头了,但刀刃的锋利就像刚从磨刀石上磨出来的一样。那牛的骨节有间隙,而刀刃很薄;用很薄的(刀刃)插入有空隙的(骨节),宽宽绰绰地,对刀刃的运转必然是有余地的啊！因此,十九年来,刀刃还像刚从磨刀石上磨出来的一样。即使是这样,每当碰到(筋骨)交错聚结的地方,我看到那里很难下刀,还会小心翼翼地提高警惕,视力集中到一点,动作缓慢下来,动起刀来非常轻,嚯啦一声,(牛的骨和肉一下子)解开了,就像泥土散落在地上一样。(我)提着刀站立起来,为此举目四望,为此志得意满,(然后)把刀擦抹干净,收藏起来。"

梁惠王说:"好啊！我听了厨师的这番话,懂得了养生的道理了。"

作品赏析

都说人生复杂,于是市面上有很多指导如何科学、艺术地生活的著作,但实际上被指导者看了以后,仍然还是觉得复杂,因为生活的个案实在变化太多了。

也有人觉得人生本来简单,认为人生复杂是想出来的,只要自己不复杂,思想中就没有那么多的负担;只要自己不复杂,旁人一般也是不屑于和简单的人去角力的。但这几乎很快地被证明为是一种幻想,因为当前的社会本身就已经不是一个简单的社会了。

想到庖丁解牛。牛无疑也是很复杂的,庖丁解牛,为什么能一刀下去,刀刀到位,轻松简单,原因是什么？是因为掌握了它的机理。牛与牛虽然各不相同,但不管是什么牛,它们的机理都是一致的;每个人的生活也各有各的面貌,其基本原理也是近似的。庖丁因为熟悉了牛的机理,自然懂得何处下刀。生活也一样,如果能透解了,领悟了生活的道理,摸准了其中的规律,就能和庖丁一样,做到目中有牛又无牛,就能化繁为简,真正获得轻松。

做事不仅要掌握规律,还要持着一种谨慎小心的态度,收敛锋芒,并且在懂得利用规律的同时,更要去反复实践,像庖丁"所解数千牛矣"一样,不停地重复,终究会悟出事物的真理所在。

人类社会充满着错综复杂的矛盾,人处世间,只有像庖丁解牛那样避开矛盾,做到顺应自然,才能保身、全生、养亲、尽年。

情商感悟

世界上的事情纷繁复杂,只要充分认识和掌握事情的内在规律,处理起来就游刃有余了,我们每个人都应当掌握一门特长,特长是指特别擅长的专门的技艺或兴趣、研究领域,从字面理解,即特别的长处。特长不一定是专业能力(当然也可以是专业能力),多指的是专业之外的、与兴趣相关的技能。如下棋、写作、朗诵等。当然我们认为,在此特长应有其延伸之意,像庖丁一样,在自己的专业领域,工作范围技能突出、成绩出众,也不失为一种"特长"。

希望青年朋友们都能够培养自己的一个爱好,或特长,既可以安身立命,也可以陶冶情操,提高素养。学习就是一个培养自己特长、自我控制力、毅力和专注度的好时机。

28　《毛遂自荐》——营销

毛遂自荐

司马迁

　　秦之围邯郸，赵使平原君求救，合从于楚，约与食客门下有勇力文武备具者二十人偕。平原君曰："使文能取胜，则善矣。文不能取胜，则歃血于华屋之下，必得定从而还。士不外索，取于食客门下足矣。"得十九人，余无可取者，无以满二十人。门下有毛遂者，前，自赞于平原君曰："遂闻君将合从于楚，约与食客门下二十人偕，不外索。今少一人，愿君即以遂备员而行矣。"平原君曰："先生处胜之门下几年于此矣？"毛遂曰："三年于此矣。"平原君曰："夫贤士之处世也，譬若锥之处囊中，其末立见。今先生处胜之门下三年于此矣，左右未有所称诵，胜未有所闻，是先生无所有也。先生不能，先生留。"毛遂曰："臣乃今日请处囊中耳。使遂蚤得处囊中，乃颖脱而出，非特其末见而已。"平原君竟与毛遂偕。十九人相与目笑之而未废也。

　　毛遂比至楚，与十九人论议，十九人皆服。平原君与楚合从，言其利害，日出而言之，日中不决。十九人谓毛遂曰："先生上。"毛遂按剑历阶而上，谓平原君曰："从之利害，两言而决耳。今日出而言从，日中不决，何也？"楚王谓平原君曰："客何为者也？"平原君曰："是胜之舍人也。"楚王叱曰："胡不下！吾乃与而君言，汝何为者也！"毛遂按剑而前曰："王之所以叱遂者，以楚国之众也。今十步之内，王不得恃楚国之众也，王之命县于遂手。吾君在前，叱者何也？且遂闻汤以七十里之地王天下，文王以百里之壤而臣诸侯，岂其士卒众多哉，诚能据其势而奋其威。今楚地方五千里，持戟百万，此霸王之资也。以楚之强，天下弗能当。白起，小竖子耳，率数万之众，兴师以与楚战，一战而举鄢郢，再战而烧夷陵，三战而辱王之先人。此百世之怨而赵之所羞，而王弗知恶焉。合从者为楚，非为赵也。吾君在前，叱者何也？"楚王曰："唯唯，诚若先生之言，谨奉社稷而以从。"毛遂曰："从定乎？"楚王曰："定矣。"毛遂谓楚王之左右曰："取鸡狗马之血来。"毛遂奉铜盘而跪进之楚王曰："王当歃血而定从，次者吾君，次者遂。"遂定从于殿上。毛遂左手持盘血而右手招十九人曰："公相与歃此血于堂下。公等录录，所谓因人成事者也。"

　　平原君已定从而归，归至于赵，曰："胜不敢复相士。胜相士多者千人，寡者百数，自以为不失天下之士，今乃于毛先生而失之也。毛先生一至楚，而使赵重于九鼎大吕。毛先生以三寸之舌，强于百万之师。胜不敢复相士。"遂以为上客。

　　秦兵围困邯郸的时候,赵国派遣平原君请求救兵,到楚国签订"合纵"的盟约。平原君约定与门下既有勇力又文武兼备的食客二十人一同(前往)。平原君说:"假如用和平方法能够取得成功就太好了;假如和平方法不能取得成功,那么,(我)就在华屋之下用'歃血'的方式,也一定要'合纵'盟约签订再返回。随从人员不到外边去寻找,在门下的食客中选取就够了。"平原君找到十九个人,其余的人没有可以选取的,没办法补满二十人(的额数)。门下有(一个叫)毛遂的人,走上前来,向平原君自我推荐说:"毛遂(我)听说先生将要到楚国去签订'合纵'盟约,约定与门下食客二十人一同(前往),而且不到外边去寻找。现在还少一个人,希望先生就以(我)毛遂凑足人数出发吧!"平原君说:"先生来到(我)赵胜门下到现在(有)几年了?"毛遂说:"到现在(有)三年了。"平原君说:"贤能的士人处在世界上,好比锥子处在囊中,它的尖梢立即就要显现出来。现在,处在(我)赵胜的门下已经三年了,左右的人们(对你)没有称道(的话),赵胜(我)也没有听到(这样的)赞语,这是因为(你)没有什么才能的缘故。先生不能(一道前往),先生请留下!"毛遂说:"我不过今天才请求进到囊中罢了。如果我早就处在囊中的话,(我)就会像禾穗的尖芒那样,整个锋芒都会挺露出来,不单单仅是尖梢露出来而已。"平原君终于与毛遂一道前往(楚国)。那十九个人互相用目光示意嘲笑他,却都没有说出来。

　　毛遂到了楚国,与十九个人谈论,十九个人都折服了。平原君与楚国谈判"合纵"的盟约,(反复)说明"合纵"的利害关系,从太阳出来就阐述这些理,到太阳当空时还没有决定,那十九个人对毛遂说:"先生上去!"毛遂手握剑柄登阶而上,对平原君说:"'合纵'的利害关系,两句话就可以决定。今天,太阳出来就谈论'合纵',日到中天还不能决断,(这是)为什么?"楚王对平原君说:"这个人是干什么的?"平原君说:"这是(我)赵胜的舍人。"楚王怒斥道:"为什么不下去?我是在同你的君侯说话,你算干什么的?"毛遂手握剑柄上前说道:"大王(你)敢斥责(我)毛遂的原因,是由于楚国人多。现在,十步之内,大王(你)不能依赖楚国人多势众了,大王的性命,悬在(我)毛遂的手里。我的君侯在眼前,(你)斥责(我)是为什么?况且,毛遂(我)听说汤以七十里的地方统一天下,文王以百里的土地使诸侯称臣,难道是由于(他们的)士卒众多吗?实在是由于(他们)能够凭据他们的条件而奋发他们的威势。今天,楚国土地方圆五千里,持载的士卒上百万,这是霸王的资业呀!以楚国的强大,天下不能抵挡。白起,不过是(一个)小小的竖子罢了,率领几万部众,发兵来和楚国交战,一战而拿下鄢、郢,二战而烧掉夷陵,三战而侮辱大王的祖先。这是百代的仇恨,而且是赵国都感到羞辱的事,而大王却不知道羞耻。'合纵'这件事是为了楚国,并不是为了赵国呀。我的君主在眼前,(你)斥责(我)干什么?"楚王说:"是,是!实在像先生所说的,谨以我们的社稷来订立'合纵'盟约。"毛遂问:"'合纵'盟约决定了吗?"楚王说:"决定了。"于是,毛遂对楚王左右的人说:"取鸡、狗和马的血来。"毛遂捧着铜盘跪着献给楚王,说:"大王应当歃血来签订'合纵'的盟约,其次是我的君侯,再次是(我)毛遂。"于是毛遂在宫殿上签订了"合纵"盟约。毛遂左手拿着铜盘和血,而用右手召唤那十九个人说:"先生们在堂下相继歃血。先生们碌碌无为,这就是人们所说的依赖别人而办成事情的人啊。"

平原君签订"合纵"盟约之后归来，回到赵国，说："赵胜（我）不敢再鉴选人才了。赵胜（我）鉴选人才，多的千人，少的百人，自以为没有失去天下的人才；今天却在毛先生这里失去了。毛先生一到楚国，就使赵国的威望高于九鼎和大吕。毛先生用三寸长的舌头，强似上百万的军队。赵胜（我）不敢再鉴选人才了。"于是把毛遂作为上等宾客对待。

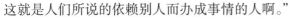

作品赏析

本文节选自《史记·平原君虞卿列传》，标题是编选者加的。《史记》的列传，记叙历史上不同阶层有影响人物的事迹，通过他们的事迹反映出历史面貌。其中有统治阶级中的将相，也有平民；有杰出的政治家、军事家和学者，也有刺客、游侠和倡优。有以一人为主的专传，如《魏公子列传》；有记叙数人的合传，如本篇就是平原君和虞卿的合传；有"以类相从"（把行事相类性质相同的归在一起）的类传，如《刺客列传》；此外，还有不专记人物而是综合性的记述，如《货殖列传》等。

节选部分记叙毛遂在秦兵围攻赵国都城邯郸的危急时刻，自我推荐跟随平原君去楚国谈判合纵抗秦获得成功的事迹。当时的情况是：赵孝成王 6 年（公元前 260 年），秦昭王派将军白起在长平（在今山东省高平市西北）大破赵军，活埋赵国降卒 40 万人。前 258 年，秦军进围赵都邯郸（今河北省邯郸市），赵国分别向魏、楚等国求救。最后终于打退秦军，解了邯郸之围。

毛遂本是一个默默无闻、可有可无的食客。然而当国家危在旦夕时，毛遂却不顾他人歧视、嗤笑，挺身而出，自荐去楚。他的外交才干和过人勇气在赵楚谈判中表现得尤其充分。由于楚王畏惧强秦，谈判整整一上午不能达成合纵协议。毛遂不拘礼仪，勇武过人，十分机敏。面对楚王的呵斥，他毫不惊慌，从精神上震慑楚王；然后针对楚王的心理，抓住秦楚矛盾，陈述利害，合情合理地得出"合纵者为楚，非为赵也"的结论。迫使楚王不得不同意合纵。

毛遂在平原君门下做门客三年，没有得到展示才华的机会。一朝得到机遇，勇于自荐，出使楚国，在朝堂之上舌战楚王，有理有据，在情在理，终于使赵楚两国歃血为盟，毛遂自己也被拜为上宾。毛遂自荐，传诵千古。读了这个故事，我们每一个人都应当反思：怎样才能恰如其分地表现自己的才华呢？

情商感悟

人才的成功有多种渠道，其中有的是别人的推荐，也有的是自己推荐自己。只要是为了大家的利益，展示自己的能力和才华，这种"自荐"行为就是一种道德行为，是值得我们学习的。好酒也怕巷子深，英雄也需要用武之地，毛遂自荐是自我营销的经典案例。中国人讲究谦虚、低调，奉行中庸之道，怕冒尖露锋。岂不知这样会让自己丧失很多展示才华的机会。营销是情商的重要内容，其中就包含了自我营销。我们生活在竞争的社会，都在经营着自己，如何把自己"售"出高价，要以一种平和的心态对待，切莫抱着传统

观念不好意思。不过话又说回来,毛遂自荐也未必能成功。柳亚子先生在中华人民共和国成立之初名噪京城,自我推荐不成功,最后的结局是毛主席劝说他"牢骚太盛防肠断,风物长宜放眼量"。所以要做好两手准备,要有宽阔的胸襟,长远的眼光,人生不如意者十之八九。面对挫折、苦难,要保持一份豁达的情怀,保持一种积极向上的人生态度。

当今职场,毛遂自荐这一求职方式越来越被人们所运用,有人如愿以偿,有人屡屡碰壁,除去主客观因素外,自荐者所采取的策略、方法是否得当也是极其重要的。所以在求职过程中,最好能独具匠心,别具一格。胆量、技巧与自身水平缺一不可。

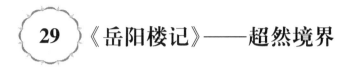

29 《岳阳楼记》——超然境界

岳阳楼记

范仲淹

庆历四年春,滕子京谪守巴陵郡。越明年,政通人和,百废具兴。乃重修岳阳楼,增其旧制,刻唐贤今人诗赋于其上。属予作文以记之。

予观夫巴陵胜状,在洞庭一湖。衔远山,吞长江,浩浩汤汤,横无际涯;朝晖夕阴,气象万千。此则岳阳楼之大观也,前人之述备矣。然则北通巫峡,南极潇湘,迁客骚人,多会于此,览物之情,得无异乎?

若夫霪雨霏霏,连月不开,阴风怒号,浊浪排空;日星隐曜,山岳潜形;商旅不行,樯倾楫摧;薄暮冥冥,虎啸猿啼。登斯楼也,则有去国怀乡,忧谗畏讥,满目萧然,感极而悲者矣。

至若春和景明,波澜不惊,上下天光,一碧万顷;沙鸥翔集,锦鳞游泳;岸芷汀兰,郁郁青青。而或长烟一空,皓月千里,浮光跃金,静影沉璧,渔歌互答,此乐何极! 登斯楼也,则有心旷神怡,宠辱偕忘,把酒临风,其喜洋洋者矣。

嗟夫! 予尝求古仁人之心,或异二者之为,何哉? 不以物喜,不以己悲;居庙堂之高则忧其民;处江湖之远则忧其君。是进亦忧,退亦忧。然则何时而乐耶? 其必曰"先天下之忧而忧,后天下之乐而乐"乎。噫! 微斯人,吾谁与归?

时六年九月十五日。

译 文

庆历四年的春天,滕子京被降职到巴陵郡做太守。到了第二年,政事顺利,百姓和乐,各种荒废的事业都兴办起来了。于是重新修建岳阳楼,扩大它原有的规模,把唐代名家和当代人的诗赋刻在它上面。嘱托我写一篇文章来记述这件事情。

我观看那巴陵郡的美好景色,全在洞庭湖上。它连接着远处的山,吞吐长江的水流,浩浩荡荡,无边无际,一天里阴晴多变,气象千变万化。这就是岳阳楼的雄伟景象。前人的记述(已经)很详尽了。虽然如此,那么向北面通到巫峡,向南面直到潇水和湘水,降职的官吏和来往的诗人,大多在这里聚会,(他们)观赏自然景物而触发的感情大概会有所不同吧?

像那阴雨连绵,接连几个月不放晴,寒风怒吼,浑浊的浪冲向天空;太阳和星星隐藏起光辉,山岳隐没了形体;商人和旅客(一译:行商和客商)不能通行,船樯倒下,船桨折断;傍晚天色昏暗,虎在长啸,猿在悲啼,(这时)登上这座楼啊,就会有一种离开国都、怀念家乡,担心人家说坏话、惧怕人家批评指责,满眼都是萧条的景象,感慨到了极点,心情万分悲伤。

到了春风和煦、阳光明媚的时候,湖面平静,没有惊涛骇浪,天色湖光相连,一片碧绿,广阔无际;沙洲上的鸥鸟,时而飞翔,时而停歇,美丽的鱼游来游去,岸上的香草和小洲上的兰花,草木茂盛,青翠欲滴。有时大片烟雾完全消散,皎洁的月光一泻千里,波动的光闪着金色,静静的月影像沉入水中的玉璧,渔夫的歌声在你唱我和地响起来,这种乐趣(真是)无穷无尽啊!(这时)登上这座楼,就会感到心胸开阔、心情愉快,光荣和屈辱一并忘了,端着酒杯,吹着微风,那真是快乐高兴极了。

唉!我曾经探求古时品德高尚的人的思想感情,或许不同于(以上)两种人的心情,这是为什么呢?(是由于)不因外物好坏和自己得失而或喜或悲。在朝廷上做官时,就为百姓担忧;在江湖上不做官时,就为国君担忧。这样来说在朝廷做官也担忧,在僻远的江湖也担忧。既然这样,那么他们什么时候才会感到快乐呢?他们一定会说:"在天下人忧之前先忧,在天下人乐之后才乐。"唉!没有这种人,我同谁一道呢?

写于庆历六年九月十五日。

作品赏析

《岳阳楼记》全文有三百六十八字,共六段。

文章开头即切入正题,叙述事情的本末缘起。以"庆历四年春"点明时间起笔,格调庄重雅正;说滕子京为"谪守",已暗喻对仕途沉浮的悲慨,为后文抒情设伏。下面仅用"政通人和,百废具兴"八个字,写出滕子京的政绩,引出重修岳阳楼和作记一事,为全篇文字的导引。

第二段,格调振起,情辞激昂。先总说"巴陵胜状,在洞庭一湖",设定下文写景范围。以下"衔远山,吞长江"寥寥数语,写尽洞庭湖之大观胜概。一"衔"一"吞",有气势。"浩浩汤汤,横无际涯",极言水波壮阔;"朝晖夕阴,气象万千",概说阴晴变化,简练而又生动。前四句从空间角度,后两句从时间角度,写尽了洞庭湖的壮观景象。"前人之述备矣"一句承前启后,并回应前文"唐贤今人诗赋"一语。这句话既是谦虚,也暗含转机,经"然则"一转,引出新的意境,由单纯写景,到以情景交融的笔法来写"迁客骚人"的"览物之情",从而构出全文的主体。

三、四两段是两个排比段,并行而下,一悲一喜,一暗一明,像两股不同的情感之流,传达出景与情互相感应的两种截然相反的人生情境。

第三段写览物而悲者。以"若夫"起笔,意味深长。这是一个引发议论的词,又表明了虚拟的情调,而这种虚拟又是对无数实境的浓缩、提炼和升华,颇有典型意义。"若夫"以下描写了一种悲凉的情境,由天气的恶劣写到人心的凄楚。这里用四字短句,层层渲染,渐次铺叙。淫雨、阴风、浊浪构成了主景,不但使日星无光,山岳藏形,也使商旅不前;

或又值"暮色沉沉、虎啸猿啼"之际,令过往的"迁客骚人"有"去国怀乡"之慨、"忧谗畏讥"之惧、"感极而悲"之情。

第四段写览物而喜者。以"至若"领起,打开了一个阳光灿烂的画面。"至若"尽管也是列举性的语气,但从音节上已变得高亢嘹亮,格调上已变得明快有力。下面的描写,虽然仍为四字短句,色调却为之一变,绘出春风和畅、景色明丽、水天一碧的良辰美景。更有鸥鸟在自由翱翔,鱼儿在欢快游荡,连无知的水草兰花也充满活力。作者以极为简练的笔墨,描摹出一幅湖光春色图,读之如在眼前。值得注意的是,这一段的句式、节奏与上一段大体相仿,却也另有变奏。"而或"一句就进一步扩展了意境,增强了叠加咏叹的意味,把"喜洋洋"的气氛推向高潮,而"登斯楼也"的心境也变成了"宠辱偕忘"的超脱和"把酒临风"的挥洒自如。

第五段是全篇的重心,以"嗟夫"开启,兼有抒情和议论的意味。作者在列举了悲喜两种情境后,笔调突然激扬,道出了超乎这两者之上的一种更高的理想境界,那就是"不以物喜,不以己悲"。感物而动,因物悲喜虽然是人之常情,但并不是做人的最高境界。古代的仁人,就有坚定的意志,不为外界条件的变化动摇。无论是"居庙堂之高"还是"处江湖之远",忧国忧民之心不改,"进亦忧,退亦忧"。这似乎有悖于常理,有些不可思议。作者也就此拟出一问一答,假托古圣立言,发出了"先天下之忧而忧,后天下之乐而乐"的誓言,曲终奏雅,点明了全篇的主旨。"噫!微斯人,吾谁与归"一句结语,"如怨如慕,如泣如诉",悲凉慷慨,一往情深,令人感喟。文章最后标明写作时间,与篇首照应。

情商感悟

范仲淹《岳阳楼记》的著名,是因为它的思想境界崇高。和范仲淹同时的另一位文学家欧阳修在为他写的碑文中说,他从小就有志于天下,常自诵曰:"士当先天下之忧而忧,后天下之乐而乐也。"可见《岳阳楼记》末尾所说的"先天下之忧而忧,后天下之乐而乐",是范仲淹一生行为的准则。孟子说:"达则兼善天下,穷则独善其身。"这已成为封建时代许多士大夫的信条。范仲淹写这篇文章的时候正贬官在外,"处江湖之远",本来可以采取独善其身的态度,落得清闲快乐,但他提出正直的士大夫应立身行事的准则,认为个人的荣辱升迁应置之度外,要"先天下之忧而忧,后天下之乐而乐",勉励自己和朋友,这是难能可贵的。这两句话所体现的精神,那种吃苦在前、享乐在后的品质,无疑仍有教育意义。

"不以物喜,不以己悲"是一种超然的人生境界,更是一种生活态度。因为,只有这种人生境界的人,才不会被所谓的外部环境左右自己的心情。不以物喜,需要的是博大的胸襟和旷达的情怀。不以己悲,需要的是乐观的态度和进取的意识。宠辱不惊,闲看庭前花开花落;去留无意,漫观天上云卷云舒。这是一份悠然,一份达观,一份闲适,同时,这也是人生的一种感悟。

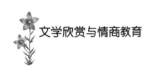

30 《义田记》——忠义

义田记

钱公辅

范文正公,苏人也。平生好施与,择其亲而贫,疏而贤者,咸施之。方贵显时,置负郭常稔之田千亩,号曰义田,以养济群族之人。日有食,岁有衣,嫁娶婚葬,皆有赡。择族之长而贤者主其计,而时共出纳焉。日食,人一升;岁衣,人一缣。嫁女者五十千,再嫁者三十千;娶妇者三十千,再娶者十五千;葬者如再嫁之数,葬幼者十千。族之聚者九十口,岁入给稻八百斛,以其所入,给其所聚,沛然有余而无穷。屏而家居俟代者与焉,仕而居官者罢其给。此其大较也。

初,公之未贵显也,尝有志于是矣,而力未逮者二十年。既而为西帅,及参大政,于是始有禄赐之入,而终其志。公既殁,后世子孙修其业,承其志,如公之存也。公虽位充禄厚,而贫终其身。殁之日,身无以为殓,子无以为丧,惟以施贫活族之义,遗其子孙而已。

昔晏平仲敝车羸马,桓子曰:"是隐君之赐也。"晏子曰:"自臣之贵,父之族,无不乘车者;母之族,无不足于衣食者;妻之族,无冻馁者;齐国之士,待臣而举火者,三百余人。以此而为隐君之赐乎,彰君之赐乎?"于是齐侯以晏子之觞而觞桓子。予尝爱晏子好仁,齐侯知贤,而桓子服义也;又爱晏子之仁有等级,而言有次也。先父族,次母族,次妻族,而后及其疏远之贤。孟子曰:"亲亲而仁民,仁民而爱物。"晏子为近之。今观文正公之义田,贤于平仲,其规模远举,又疑过之。

呜呼!世之都三公位,享万钟禄,其邸第之雄、车舆之饰、声色之多,妻孥之富,止乎一己而已,而族之人不得其门而入者,岂少也哉?况于施贤乎!其下为卿,为大夫,为士,廪稍之充,奉养之厚,止乎一己而已。而族之人,操壶瓢为沟中瘠者,又岂少哉?况于他人乎!是皆公之罪人也。

公之忠义满朝廷,事业满边隅,功名满天下,后世必有史官书之者,予可无录也。独高其义,因以遗其世云。

译 文

范文正公(范仲淹),是苏州人,生平喜好用钱财帮助别人。选择那些关系亲近却贫困、关系疏远却贤良的人,全都救济他们。当他富贵显达时,购置了近城常年丰收的千亩田地,叫作义田,用来供养救助全族的人。(使他们)每天有饭吃,年年有衣穿,嫁女、娶妻、丧葬都予以资助。选择族中年长又贤能的人管理那账册,经常总计收入和支出。每天吃饭,每人供给一升米;每年制衣,每人供给一匹绢。嫁女儿的给五十贯钱,女儿改嫁的给三十贯钱;娶妻的给三十贯钱,再娶的给十五贯钱;丧葬发给的费用和女儿再嫁的数目相同,葬小孩的给十贯钱。族人聚居的九十多人,(义田)每年收入提供稻谷八百斛,用田中收入的粮食,供给聚居在这里的人,充足有余而且取用不尽。退职回家等待补缺的人,也提供资助;出仕为官的人,就停止给。这就是义田大概的情形。

当初,范文正公尚未富贵显达时,就曾有过这种愿望,但他力量不能达到,搁延了二十年。后来他担任了西部边境的统帅,接着参与朝廷政事,至此才有俸禄赏赐的收入,来达成他的愿望。文正公去世后,后代子孙治理他义田的事业,继承他的志向,和他在世时一样。他虽然地位高俸禄多,却终生过着清贫的生活。去世时,自身没有用来入殓的东西,子孙没有用来办丧的东西。只是把布施贫民和养活族人的义行,留传给他的子孙罢了。

从前晏平仲坐破车驾瘦马,陈桓子说:"你这样做是隐藏国君的赐予啊!"晏子回答说:"自从我富贵之后,父系的亲族,没有不乘车的;母系的亲族,没有不在衣食上丰足的;妻子的亲族,没有受冻挨饿的;齐国有三百多的士人,等我来救助才能点火做饭。像这样,是隐藏国君的赏赐呢,还是彰显国君的赏赐呢?"于是齐侯端起晏子的酒杯,罚桓子喝酒。我仰慕晏子好行仁德,齐侯了解贤能,以及桓子能认错服大义;又仰慕晏子的仁爱有亲疏,而且言谈有井然的次序。先是父系亲族,其次母系亲族,再其次是妻系亲族,然后推及那些关系疏远的贤士。孟子说:"由爱自己的亲人,进而仁爱百姓;由仁爱百姓,进而爱惜天下万物。"晏子的作为接近孟子的理想。现在从范文正公购置义田这件事来看,比晏婴更贤能,他的义田格局可长久推行,恐怕胜过了晏子。

唉!当今世上那些身居三公高位,享受万钟俸禄的人,他们的府第如此雄伟,车马如此华丽,声色如此繁盛,妻儿如此富裕,仅仅是为满足一己私欲罢了,但亲族中不能踏入他家大门的人,难道是少数吗?更何况对于帮助疏远的贤者呢!那些地位在他们之下的是卿,是大夫,是士,官府供给粮食这样充裕,朝廷俸禄这样优厚,也仅仅是为满足一己私欲罢了。但他的族人手持壶瓢乞食,成为沟中的饿殍的,难道是少数吗?更何况对待他人呢!这些人都是愧对文正公的罪人啊!

范文正公的忠义充满朝廷,功业遍及边境,功名传遍天下。后世必定有史官加以书写,我可以省略不记。唯独敬仰推崇他的道义,因而记叙"义田"之事以留赠世人。

作品赏析

本文选自《全宋文》卷一四二五,原题为"范文正公义田记"。义田是指为赡养族人或贫困者而购置的田产。本文详细地记述了范仲淹兴办义田的经过和措施,赞扬他救济亲族与贤人的义举,斥责了那些位居"三公"、享受万钟禄米而只顾自己的达官贵人。文章娓娓道来,平易亲切,中间插入一段晏子的故事,起了很好的烘托作用。

通篇以"义"字做线眼,旨在表彰范文正公自奉俭约,购置义田,以养济群族之人的高风义行。全文采取先叙后议的方式,略可分为叙述、议论与补述三大部分,又可细分为六段:大抵前三段以叙述为主,是文章的主体。将范文正公乐于助人的秉性、义田制度的概况及设立义田的凤愿,做了一个简要的说明,为后段的议论做张本。

首段言简意赅,以"平生好施与,择其亲而贫,疏而贤者,咸施之"作为全文的纲领,用以提起下文。文中点明范文正公好施予、赡族人之善性,是为创办义田的伏笔;且强调施助并非来者不拒的泛滥,而是以亲而贫,疏而贤为主要对象。

第二段由总叙而分叙,采取节节进逼的手法,详细记叙义田设置的经过及其良好的规模制度。以"方贵显时"点出时机,"号曰义田"点出主题,"养济群族之人"说明义田的目的,"日有食,岁有衣,嫁娶婚葬,皆有赡"为总纲,并领起下文,然后再将救助的概况、对象、管理者及自给自足的运作方式做原则性的概述,具体而细微地使人感受到范文正公义田的规模轮廓。

第三段则采用追叙法,以"尝有志于是矣,而力未逮者二十年",追溯范文正公立志多年方能实现的艰苦历程,更加凸显这份志业的艰难与志向的坚定。再以子孙修业承志的情形"如公之存也",来展现子孙的贤肖以衬托范文正公的高洁人格,并可由此见出义田制度规模远举之可能,这尤其是终其身而没能实现的前贤们,无法望其项背的所在。更进一层以"殁之日,身无以为殓,子无以为丧,惟以施贫活族之义,遗其子孙而已"描写出范文正公自奉俭约、养济族群的仁者襟怀与高洁人格,令人感动。

第四、五两段为议论。第四段也是先叙后议,以晏子亲亲仁民的美德正衬范文正公规模远举之贤在晏平仲之上。文中先以较大篇幅叙述晏子周济齐士三百余人的故事,并以"先父族,次母族,次妻族,而后及其疏远之贤"。儒家之"仁有等级"与孟子"亲亲而仁民,仁民而爱物"的德性比拟之,用以证明晏子的确具有仁者的心怀;以衬托法归结于"观文正之义田,贤于平仲"两句,晏子已贤,而范文正公则更加难能可贵,"其规模远举,又疑过之"正是在极尽赞美晏子之后,以贤衬贤,垫高范文正公好仁之德,步步逼进,处处蓄势,文章气势流畅且具有说服力。此外,在桓子与晏子的对话之中,人物语言之神态表情,栩栩如生,颇具有临场感。

第五段则以今昔对比,感慨世风日下,只图一己之享乐,而不知推己及人之仁爱。以"殁之日,身无以为殓,子无以为丧"的事实与"世之都三公位,享万钟禄"的达官显宦"奉养之厚,止乎一己"的现象做鲜明的对比,用不肯济人饥寒的权贵显宦,来反衬范文正公之义行可风。尤其是以四个连句的排比,极写显宦之奢靡享乐、卿士大夫及士人自养丰厚,又以"况于施贤乎!""况于他人乎?"两层,照应范文正公的"义",而归纳出"是皆公之罪人也"的结论,真是当头棒喝,发人深省。在这两段一扬一抑、借宾显主的映衬写法之中,既可以深化主题的意境引人共鸣,同时也表现出作者内心世界的价值判断与好恶取舍。

末段补述所以写作此篇文章之缘故。先以三句排比句来总结范文正公一生的行迹与事功,表达对范文正公无尽的崇敬与景仰,然而此事后世必有史官会加以记载。作者只是就"独高其义,因以遗其世"的一笔扣题,标明其作记命意的所在。

全文以记事为主,记人为辅,在平实流畅的笔调中,既批判了世风日下、自养丰厚、而无视族人饥苦之自私之士,也让我们对范公自奉俭约、周济群族、人饥己饥的高风义举更加景仰向慕,想见其为人。

情商感悟

"忠义"是儒家推崇的重要伦理道德准则,但那主要是为维护统治阶层的利益,这是根本的思想。

所谓"忠",说白了是忠于国家、忠于人民。桃园结义的誓词是"上报国家,下安黎庶"。"忠"其实就是责任,是对人、对己、对家庭、对事业、对社会和国家的职责和义务。"忠"是他人信任之基点;是自己安身立命之根本;是家庭稳固之基石;是事业兴旺之源泉;是社会和谐之根基;是国家昌盛之所在。经济越发达,个人的社会化程度就越高,就越需要人们具有更多的社会责任感,从而使社会的和谐性增强,减少各种社会危机的发生。

所谓"义",就是讲究信义,不忘故主,有恩报效。也因为这样的"义",关羽能够为寻故主而舍弃现成的爵禄富贵,冒着生命危险去寻找刘备;也同样为了"义",即便在立下军令状的情况下,他敢于义释曹操。"义"是正道、道义和正义;是理想、信念和追求;是公利、利他和奉献。前两者是个人的人生观、价值观,体现在现代社会中就是捍卫真理、法律,为公正和秩序而孜孜以求。这是崇高道德人格的反映。后者是人生的最高境界,是中华民族的美德。在个人主义倾向日益严重的今天,提倡"义"——即奉献,对于社会发展和进步将会起到巨大的推动作用。"忠义"思想是决定人格价值取向、区分善恶标准的核心和规范、联系人们各种关系的重要纽带。"忠义"思想就其原意要求人们加强社会的责任心,树立一种群体意识,在与人的交往方面要以诚待人。在公私关系问题上,强调"公忠"。显而易见,"忠义"这种以群体为本位的价值观,人际关系上的宽爱仁厚的情怀,以天下为己任的思想,对于培养当代人们的爱国主义、集体主义、为人民服务精神,对于稳定社会秩序和缓和市场经济条件下激烈竞争所造成的人们的紧张情绪,形成团结互助、平等友爱、共同前进的人际关系,从而推动有中国特色社会主义事业的发展,具有极其重要的作用。

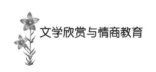

31 《报刘一丈书》——德才

报刘一丈书

宗 臣

数千里外,得长者时赐一书,以慰长想,即亦甚幸矣;何至更辱馈遗,则不才益将何以报焉?书中情意甚殷,即长者之不忘老父,知老父之念长者深也。

至以"上下相孚,才德称位"语不才,则不才有深感焉。夫才德不称,固自知之矣;至於不孚之病,则尤不才为甚。

且今之所谓孚者,何哉?日夕策马,候权者之门。门者故不入,则甘言媚词,作妇人状,袖金以私之。即门者持刺入,而主人又不即出见;立厩中仆马之间,恶气袭衣袖,即饥寒毒热不可忍,不去也。抵暮,则前所受赠金者,出报客曰:"相公倦,谢客矣!客请明日来!"即明日,又不敢不来。夜披衣坐,闻鸡鸣,即起盥栉,走马抵门;门者怒曰:"为谁?"则曰:"昨日之客来。"则又怒曰:"何客之勤也?岂有相公此时出见客乎?"客心耻之,强忍而与言曰:"亡奈何矣,姑容我入!"门者又得所赠金,则起而入之;又立向所立厩中。幸主者出,南面召见,则惊走匍匐阶下。主者曰:"进!"则再拜,故迟不起;起则上所上寿金。主者故不受,则固请。主者故固不受,则又固请,然后命吏纳之。则又再拜,又故迟不起;起则五六揖始出。出揖门者曰:"官人幸顾我,他日来,幸无阻我也!"门者答揖。大喜奔出,马上遇所交识,即扬鞭语曰:"适自相公家来,相公厚我,厚我!"且虚言状。即所交识,亦心畏相公厚之矣。相公又稍稍语人曰:"某也贤!某也贤!"闻者亦心许交赞之。

此世所谓上下相孚也,长者谓仆能之乎?前所谓权门者,自岁时伏腊,一刺之外,即经年不往也。闲道经其门,则亦掩耳闭目,跃马疾走过之,若有所追逐者,斯则仆之褊衷,以此长不见怡於长吏,仆则愈益不顾也。每大言曰:"人生有命,吾惟有命,吾惟守分而已。"长者闻之,得无厌其为迂乎?

乡园多故,不能不动客子之愁。至于长者之抱才而困,则又令我怆然有感。天之与先生者甚厚,亡论长者不欲轻弃之,即天意亦不欲长者之轻弃之也,幸宁心哉!

译 文

在数千里以外,时常得到您老人家的来信,安慰我的长久想念,这已经十分幸运了。

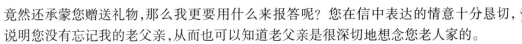

竟然还承蒙您赠送礼物,那么我更要用什么来报答呢? 您在信中表达的情意十分恳切,说明您没有忘记我的老父亲,从而也可以知道老父亲是很深切地想念您老人家的。

至于信中以"上下要互相信任,才能和品德要与职位相符合"的话教导我,正是我所亲切感受到的。我的才能和品德与职位不相符,本来我就知道的。至于不能做到上下相互信任的弊病,在我的身上表现得更厉害。

且看当今社会上所说的上下信任是怎么一回事呢? 当他从早到晚骑马去权贵人家的门口恭候的时候,守门的人故意为难不肯让他进去,他就用甜言媚语装作妇人的姿态,把袖里藏着的金钱偷偷地塞给守门人。守门人拿着名帖进去之后,而主人又不立即出来接见,他就站在马棚里,与仆人和马匹相处,臭气熏着衣服,即使是饥饿寒冷或闷热得无法忍受,也不肯离去。一直到傍晚,那个先前曾经接受金钱的守门人出来对他说:"相公疲劳了,谢绝会客,客人请明天再来吧。"到了第二天,他又不敢不来。晚上他披衣坐等,一听到鸡叫就起来洗脸梳头,骑着马跑到相府门口,守门人发怒地说:"是谁?"他便回答说:"昨天的客人又来了。"守门人又怒气冲冲地说:"你这个客人倒来得这样勤! 难道相公能在这个时候出来会客吗?"客人心里感到受耻辱,只有勉强忍耐着对守门人说:"没有办法啦! 姑且让我进去吧!"守门人再次得到他送的一笔钱,才起身放他进去。他又站在原来站过的马棚里。幸好主人出来了,在客厅上朝南坐着,召他进去见面,他就慌慌张张地跑上去,拜伏在台阶下。主人说:"进来!"他便拜了又拜,故意迟迟不起来,起来后就献上进见的金银。主人故意不接受,他就一再请求收下;主人故意坚决不接受,他就再三请求。然后主人叫手下人把东西收起来,他便拜了又拜,故意迟迟不起,起来后又作了五六个揖才出来。出来他就对守门人作揖说:"多亏老爷关照我! 下次再来,希望不要阻拦我。"守门人向他回礼,他就十分高兴地跑出来。他骑在马上碰到相识的朋友,就扬起马鞭得意扬扬地对人说:"我刚从相府出来,相公待我很好,很好!"并且虚假地叙述受到接待的情况。因此与他相识的朋友,也从心里敬畏他能得到相公的优待。相公又偶尔对别人说:"某人好,某人好。"听到这些话的人也都在心里盘算着并且一齐称赞他。这就是所说的上下信任,您老人家说我能这样做吗?

对于前面所说的权贵人家,我除了过年过节例如伏日、腊日投一个名帖外,就整年不去。有时经过他的门前,我也是捂着耳朵,闭着眼睛,鞭策着马匹飞快地跑过去,就像后面有人追逐似的。这就是我狭隘的心怀,因此经常不受长官欢迎,而我则更加不顾这一切了。我常常发表高谈阔论:"人生遭际都是由命运决定的,我只是守自己的本分罢了!"您老人家听了我的这番话,或许不会嫌我过于迂阔吧!

家乡多次遭遇灾祸,不能不触动旅居在外的人的愁思。至于您老人家的怀才不遇,也使我心情悲伤而有所感触。上天赋予您的才德是很优厚的,不要说您老人家不愿轻易抛弃它,就是天意也不愿让您轻易地抛弃啊! 希望您安下心来等待吧!

作品赏析

《报刘一丈书》是晚明时期著名文学家宗臣的代表作,也是他写给自己的长辈刘名玠的一封回信。仔细读完这篇堪称宗臣代表作的书信后,让人印象最深的当然就是这句"上下相孚,才德称位"。

"上下相孚,才德称位"是指官员上下级之间要互相信任,才德要与所处的职位相符合。这些话是刘名玠作为一个长辈,好心对宗臣的规劝。按理,宗臣的回信可以用唯唯诺诺,表示感谢长者的关怀就算完事。但宗臣运笔高妙,借用这两句话,从反面做出一篇文章。"夫才德不称,固自知矣;至于不孚之病,则尤不才为甚。"这样突起两句,来承接上面引语,确是妙笔。它既表现宗臣倔强的性格,又使文章迅速扬起。他没有接受刘一丈的劝告,必然要说出一番道理,这就为下文的开展打下伏笔。同时,所谓"才德不称"和"不孚之病",并非宗臣的自谦,这是运用反语的笔法,以引起下文的申述。

第三段是文章的中心。作者通过描绘官场上各种人物的丑恶关系,特别刻画那些钻营者的丑态。作者用强烈的对比手法,生动地刻画出三种不同身份的人物的心理及其性格特点,揭露出他们之间互相勾结、互相利用的卑劣行径。

门丁,在封建社会是下等人。但权者的门丁则不然,他们狗仗人势,客人来,门者敢于刁难,故意不让进入;客人来早了,他敢于怒问:"为谁?"也敢于怒斥:"客何之勤也?"客人要好言好语,还要给贿赂,他才肯通报。家奴的骄横,映衬着主子的跋扈;而在这骄横的家奴面前低声下气,又烘托"客"的卑污。写客,更是淋漓尽致。这些身为"士大夫"的人,平日里标榜清高,然而,为了个人的仕途,为了追求升官发财,什么都可以忍受。"甘言媚词做妇人状,袖金以私之"便活画出那副卑躬屈膝的嘴脸。"客"虽获准进入,但主并不即出见,于是只好等待。在马厩中等候时,"恶气袭衣袖,即饥寒毒热不可忍,不去也"。这里,写其心越诚,耐性越大,就越表现出这类人的可悲、可鄙、可笑!直到傍晚,门丁宣布主人谢客,只好明日再来。作者又刻画"客"归家之后的情形,"夜披衣坐,闻鸡鸣即起"。不敢睡,起个大早,怕的是来晚了又排不上号。当"客""走马扣门"之后,下面有一段对比鲜明的对话,门者怒曰:"为谁?"则曰:"昨日之客来!"则又怒曰:"何客之勤也?岂有相公此时出见客乎?"客心耻之,强忍而与言曰:"亡奈何矣!姑容我入!"门者又得所赠金,则起而入之。一个盛气凌人,怒喝怒斥,一个逆来顺受,委曲求全,怕把事情闹僵。本来,在封建社会,门丁与士大夫,地位是悬殊的,而在这里,两者的地位好像倒置了,宗臣正是抓住这一典型情节,加以集中渲染,反映出权贵者的不可一世。等到主人召见,更是受宠若惊。作者用"惊走匍匐阶下",表现"客"的慌乱与狂喜。"惊走""匍匐",活现出那卑污的心灵。接着是"再拜""又再拜",在每次跪拜中,作者都用了"故迟不起"来表现"客"那种献媚讨好的丑态。直到辞出,也没有忘记再去与门人拉关系,向门人作揖,请求他日"勿阻我也"。这些描写,表现出"客"的世故圆滑,让人觉得这类人物既可怜又可恨。而他们这种上下讨好,正是说明所谓"上下相孚"的含义。"大喜奔出",一个"奔"字,写尽了人物的神态。奔出之后,神气便大变,遇熟人,已不是"甘言媚词作妇人状",也不是"惊走匍匐阶下",而是在马上"扬鞭语曰",人们似乎从作者这一描述中,见其眉飞色舞,得意忘形的神态了。

至于写权贵者,作者也是写得很得体的。这一节的描述也很生动传神:"主者故不受,则固请;主者故固不受,则又固请,然后命吏纳之。"这是半推半就,装腔作势的。作者写"故不受""故固不受",一个"故"字,便展示了人物的虚伪性,而另一方是"固请""又固请",表示对主人这种假推让了如指掌,所以给了一个顺水推舟的机会。因为是一再"固请",所以"命吏纳之"就自然而然了。寥寥数笔,简而意深。那么,主人得了"寿金"之后,有什么反应呢?宗臣以综述的方式,简洁地补上一笔:"相公又稍稍语人曰:'某也贤!某也贤!'闻者亦心许交赞之。"作者无须评论,读者自然会领略到"某也贤"的含义。因为上文已将这类人的嘴脸暴露无遗,因此,"权者"赞其"贤",当然是金钱起了作用。走后门、拍马屁、行贿赂,三者的综合,才得到"某也贤"的称赞。至于那些应声虫"交赞之",也只不过是依主人的眼色行事而已。

这一段最后两句,既与本段开头呼应,又点出一篇主旨。前面提出:"且今之世所谓孚者何哉?"然后摆了一系列事实,已足够说明问题。于是,此处收结一笔:"此世所谓上下相孚也。"便做了明确的回答。既然这种现象是现时人们所说的"上下相孚",那我是无论如何做不到的。但是,作者并没有这样直白说出,而反问一句:"长者谓仆能之乎?"就显得非常有力。只要是正直的人,谁会说,一个人可以低三下四去拉关系,来达到"上下相孚",向上爬的目的呢?同时,这一反问,也表达出作者的骨气来,说明自己"不孚之病",正是不愿同流合污的表现。

虽然这篇书信写于几百年前,但作者所说的现象却并非不存在于现代。我们谁也不能保证在我们的周围就没有这样的权钱交易,就没有那些仗势欺人、投机钻营、卖官鬻爵却并不以此为耻的丑恶嘴脸。

"上下相孚,才德称位"。不谈作者用来讽刺当时上位者和下位者之间丑恶关系的那层意思,其真正的含义或许可以成为当今社会处理上下级关系的理想目标。上下级相互信任,个人的才能和品德与所处的地位要相称。如何才能做到这点?在我看来,上级要关心和体恤下级,要相信下属的工作能力,要能以平等的态度对待自己的下属,听取下属的建议和意见;下级要理解上级,相信上级的领导能力,听从安排的同时也可以提出合理的建议和看法。不管是谁,有上进心、积极进取总是好事,但要靠自己的努力并通过合理的途径。每个人,如果都能努力做到这点,或许能还政府、还社会一种清新和谐的良好风气。

情商感悟

"德"就是一个人的道德修养、慎独、自律,品质和操守。这种素质决定于世界观、人生观和价值观,在现实生活中通常表现为事业心、责任心、原则性、廉洁性、为人民服务的意识、团结合作的作风以及勇于克服困难、完成工作任务的精神等。以力服人只能使人慑服,以才服人可以使人折服,而以德服人则使人心服。孔子所说的"其身正,不令而行,其身不正,虽令不从;君子喻于义,小人喻于利;君子怀德,小人怀土;见贤思齐焉,见不贤而内自省也"就是这个道理。

所谓"才",主要是指一个人的学识水平、业务能力、工作经验和领导水平及综合能力。包括理论知识、管理科学知识、本职专业知识、综合分析问题解决问题的能力,包括实际工作中的谋划能力、决断能力、指挥协调能力和创新能力等。

德才兼备原则也是一个完整的统一体,不能割裂,不能偏废。但德和才相比较,德则

是第一位的。假如一个人有经天纬地之才,远可比诸葛武侯,近可比英雄豪杰。但如果无"德",这样的人即使当干部也是贪污腐败的无耻之徒。朋友之间,"德"比"才"更重要,无"德"将使朋友彻底认清其嘴脸,成为孤家寡人,无人理睬。

32　《唐雎不辱使命》——个性

唐雎不辱使命

刘　向

秦王使人谓安陵君曰："寡人欲以五百里之地易安陵,安陵君其许寡人!"安陵君曰:"大王加惠,以大易小,甚善;虽然,受地于先王,愿终守之,弗敢易!"秦王不说。安陵君因使唐雎使于秦。

秦王谓唐雎曰："寡人以五百里之地易安陵,安陵君不听寡人,何也? 且秦灭韩亡魏,而君以五十里之地存者,以君为长者,故不错意也。今吾以十倍之地,请广于君,而君逆寡人者,轻寡人与?"唐雎对曰:"否,非若是也。安陵君受地于先王而守之,虽千里不敢易也,岂直五百里哉?"

秦王怫然怒,谓唐雎曰："公亦尝闻天子之怒乎?"唐雎对曰:"臣未尝闻也。"秦王曰:"天子之怒,伏尸百万,流血千里。"唐雎曰:"大王尝闻布衣之怒乎?"秦王曰:"布衣之怒,亦免冠徒跣,以头抢地耳。"唐雎曰:"此庸夫之怒也,非士之怒也。夫专诸之刺王僚也,彗星袭月;聂政之刺韩傀也,白虹贯日;要离之刺庆忌也,仓鹰击于殿上。此三子者,皆布衣之士也,怀怒未发,休祲降于天,与臣而将四矣。若士必怒,伏尸二人,流血五步,天下缟素,今日是也。"挺剑而起。

秦王色挠,长跪而谢之曰："先生坐! 何至于此! 寡人谕矣:夫韩、魏灭亡,而安陵以五十里之地存者,徒以有先生也。"

译　文

秦王派人对安陵君(安陵国的国君)说:"我想用方圆五百里的土地交换安陵,安陵君一定要答应我啊!"安陵君说:"大王加以恩惠,用大的地盘交换我们小的地盘,这再好不过了,虽然是这样,但这是我从先王那里继承的封地,我愿意一生守护它,不敢交换!"秦王知道后不高兴。于是安陵君就派遣唐雎出使秦国。

秦王对唐雎说:"我用方圆五百里的土地交换安陵,安陵君却不听从我,这是为什么? 况且秦国使韩国魏国灭亡,但安陵却凭借方圆五十里的土地幸存下来的原因,是因为我把安陵君看作忠厚的长者,所以不打他的主意。现在我用安陵十倍的土地,让安陵君扩大自己的领土,但是他违背我的意愿,是他看不起我吗?"唐雎回答说:"不,并不是这样的。安陵君从先王那里继承了封地,只想守护它,即使是方圆千里的土地也不敢交换,更何况只是五百里的土地(就能交换)呢?”

秦王勃然大怒,对唐雎说:“先生曾听说过天子发怒吗?”唐雎回答说:“我未曾听说过。”秦王说:“天子发怒(的时候),会倒下百万人的尸体,鲜血流淌千里。”唐雎说:“大王曾经听说过平民发怒吗?”秦王说:“平民发怒,也不过就是摘掉帽子,光着脚,把头往地上撞罢了。”唐雎说:“这是平庸无能的人发怒,不是有才能有胆识的人发怒。专诸刺杀吴王僚的时候,彗星的尾巴扫过月亮;聂政刺杀韩傀的时候,一道白光直冲上太阳;要离刺杀庆忌的时候,苍鹰扑到宫殿上。他们三个人都是平民中有才能有胆识的人,心里的愤怒还没发作出来,上天就降示了吉凶的征兆。现在(专诸、聂政、要离)加上我,将成为四个人了。假若有胆识有能力的人(被逼得)一定要发怒,那么就让两个人的尸体倒下,五步之内淌满鲜血,天下百姓因此穿丧服,今天的情形就是这样了。”说完(唐雎)挺剑而起(剑未出鞘)。

秦王变了脸色,直身而跪,向唐雎道歉说:“先生请坐,怎么会到这种地步!我明白了:韩国、魏国灭亡,但安陵却凭借方圆五十里的土地保全下来的原因,只是因为有先生您啊!”

作品赏析

《唐雎不辱使命》记叙了唐雎在国家存亡的危急关头出使秦国,与秦王针锋相对地进行斗争,终于折服秦王,保存国家,完成使命的经过;歌颂了他不畏强暴、敢于斗争的爱国精神。揭露秦王的骄横欺诈,外强中干,色厉内荏的本质,虽不假修饰,却十分鲜明生动,在刻画人物性格方面,取得很高的成就。

首先,最引人注意的是人物的对白。除了很少几句串场的叙述,几乎全是对白;用对白交代事情的起因、经过和结局,重点突出,层次清晰;用对白表现人物的精神面貌,安陵君的委婉而坚定,唐雎的沉着干练,口锋锐利,义正辞严,秦王的骄横无理,无不跃然纸上。

开头一段是秦王嬴政在“灭韩亡魏”之后,雄视天下,根本不把小小的安陵放在眼里,他似乎不屑以武力相威胁,企图以“易地”的谎言诈取安陵。在他看来,安陵君哪敢说个“换”字,更不敢说“不”,“使人谓”三字,劈头即自称寡人(只有对下,诸侯才可自称寡人),见出秦王对安陵君的轻慢,“安陵君其许寡人”,着一命令副词“其”,活现出秦王的盛气凌人。安陵君识破骗局,婉言拒绝。“大王加惠,以大易小,甚善”,态度和言辞都十分婉和,但不是卑躬屈膝,而是婉辞,是面对虎狼之敌的斗争艺术。“受地于先王,愿终守之”,陈理为据,无容置喙。“弗敢易”,于委婉中透出坚决的态度,必然会使“秦王不悦”。

这时,唐雎出场,“使于秦”,系国家人民的命运于一身,深入虎穴狼窝,令读者不能不为他捏一把汗!以下唐雎出使秦国的文章分三个段落,也是唐雎与秦王面对面斗争的三个回合。唐雎如何到达秦国,怎样拜见秦王,与本文中心无关,一概略去不写,而直接写会见时的对话。

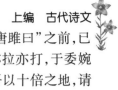

　　进而体会秦王与唐雎的语言,其意趣和从前也迥然不同。"秦王谓唐雎曰"之前,已经"不悦",这时,他是压住火气说话,不像秦使者那样"简而明",而是亦拉亦打,于委婉中露出威胁,俨然是胜利者的口吻:"……安陵君不听寡人,何也?""今吾以十倍之地,请广于君,而君逆寡人者,轻寡人与?"这是质问。"秦灭韩亡魏,而君以五十里之地存者",纯属威胁。话中句句不离"寡人"如何,还偏要说"以君为长者,故不错意也""吾以十倍之地,请广于君",秦王的狡诈骄横之态不言自明。唐雎早已胸有成竹,并不多与之周旋。"否,非若是也",态度沉着明朗。寸步不让,据理力争:"虽千里不敢易也,岂直五百里哉?"把安陵君的"弗敢易"换作一个反问句,并以"千里"对"五百里"提出,就远比安陵君的回答更为坚定有力,不给对方一点便宜。这必然引起"秦王怫然怒",由"不悦"到"怫然怒"。这使本来就很尖锐的矛盾更加激化了,文章至此陡起波澜,读者顿生焦虑之情,为冲突的后果而担忧。

　　第二回合是斗争的高潮,从写作来说是全文重心,因此写得最细最详。"秦王怫然怒"一句,笼罩全段。一个小国的使者如何治服大国暴君的盛怒,固然很难;作者如何在短短的文字中把这个场面写出来,写得入情入理,令人信服,也非易事。但《战国策》的作者有这本领,而且胜任愉快,把这个场面写得波澜起伏,有声有色,令人仿佛亲临其境。这一段作者分两个层次来写。第一层,秦王怒气冲冲,施以恐吓,"公亦尝闻天子之怒乎",公然自称"天子",全不把一个小国及其使者放在眼里。"天子之怒,伏尸百万,流血千里",如果联系"灭韩亡魏"的背景,委实令人不寒而栗。唐雎"臣未尝闻也"一句,沉着冷静,不为秦王的恐吓所动,实际上是按兵待敌。因而这一层犹如两大浪峰中的一个浪谷。

　　第二层,唐雎先是反唇相讥,"大王尝闻布衣之怒乎",照用秦王口吻,以"布衣"对"天子",真是寸步不让。然后又用"此庸夫之怒也,非士之怒也"一正一反两个判断句,断然驳掉秦王"免冠徒跣,以头抢地尔"的诬蔑,于是条件成熟,反攻开始。先用三个排比句摆出专诸刺王僚、聂政刺韩傀、要离刺庆忌的事实,又说"与臣而将四矣",打掉秦王的气焰,再用"若士必怒"等五个四字短句,像滚木擂石般对准秦王打过去,以"二人"对"百万"、"五步"对"千里",不给他一点喘息的时间,气氛之紧张,令人屏息。最后唐雎"挺剑而起",紧紧逼住秦王,这更是秦王所始料不及,于是精神防线完全被摧毁,只有缴械投降。

　　作者懂得写好唐雎这段反驳痛斥秦王台词的重要,让他来做这个回合的斗争的主角,给他大段的独白,用排比,用节奏鲜明的短句,让他激昂慷慨地大讲特讲,赋予他狂风扫地的气势,而秦王已是一败涂地了。秦王的心理活动抽不出笔墨来写,或者更准确地说,是没有必要写,因为秦王早已被这意外的一击打昏了,他来不及思考一下眼前发生了什么,而结局已经摆在他的面前,只有俯首就范而已。明写唐雎,突出了他大义凛然的鲜明形象,虚写秦王,也更符合这一特定情景。

　　第三回合写法上反过来了,虚写唐雎,因为唐雎的形象已经完成,再写反而画蛇添足。从"色挠"至于"长跪而谢","先生坐,何至于此",这是此时此刻秦王的所言,简直让人难以相信还是刚才那个秦王干的。秦王先因为自己是大强国有恃无恐,误以为可以放胆作恶;后迫于眼前处境,黔驴技穷,不得已而为之,并不能改变他的本性。而且君王的架子并不能完全放下,对唐雎的恭维显然言过其实。

作者充分调动了对比、夸张等艺术手段以烘托气氛,同时对二人的情态举止的变化略加点染,强化冲突,精心营造戏剧性的惊心动魄的场面。两种人物、两种思想和行为的对比,可以突出他们各自的特征,让读者认识得更清楚,这是一种广泛使用而且行之有效的表达方法。同样,俗话说,"红花虽好,还需绿叶扶持",衬托在很多种情况下,也是十分必要的。本文把这两种有效的表现方法结合起来,相辅相成,收到了显著效果。我们先说本文中对比手法的运用。首先,本文中唐雎和秦王是对立而存在的,他俩之间生死不容、唇枪舌剑的斗争,为作者充分运用对比的手法,提供了坚实的生活基础,因而作者紧紧抓住这一点,对比着来写两个人物。例如写秦王一倨一恭,也形成对比,艺术上叫作相反相成,更有力地揭示了秦王的复杂性格——既是凶恶的,又是虚伪的。

其次,又以安陵君来衬托唐雎。安陵君是作品的次要人物,但又是必不可少的人物。他是君,唐雎是臣,他的态度决定着唐雎的态度,他不失为明君,但却比唐雎软弱,更缺乏才干,大敌当前,他有见识,会应对,却拿不出解决问题的办法,找不到走出险地的途径。而唐雎出使秦国,面对秦王,一开口便胜安陵君一筹,"否,非若是也",不卑不亢;接下去则一句比一句更有锋芒。他看透了秦王的色厉内荏,只要掌握时机,就能一举而战胜之。但反回头说,没有安陵君的支持信任,唐雎纵然浑身胆识,怕也难有用武之地。两个人物,两种性格,互为表里,相辅相成。

情商感悟

"个性"一词最初来源于拉丁语 personal,开始是指演员所戴的面具,后来指演员,一个具有特殊性格的人。一般来说,个性不仅指一个人的外在表现,而且指一个人的真实的自我,是指一个人在其生活、实践活动中经常表现出来的、比较稳定的、带有一定倾向性的个体心理特征的总和,指一个人区别于其他人的独特的精神面貌和心理特征。个性对于一个人的活动、生活具有直接的影响;对于一个人的命运、前途有直接的作用。个性贯穿着人的一生,影响着人的一生。

在我们身边,每个人与每个人都不同,除去外表不一样外,为什么在工作和生活中,有的人活泼,有的人恬静;有的人是"急性子",有的人是"慢性子";有的人为人开朗大方,有的人则含蓄持重;等等。可以肯定的是个性是每个人都拥有的,尤其是在小说、电影中所刻画出的一些个性鲜明的人物,他们的个性更是我们生活中一些人的代表。《亮剑》中的李云龙,果敢干练;《士兵突击》中的主人公许三多,坚韧执着。

人的性格可以大体分为内向型和外向型两大类。内向型的主要特点是安静沉着,态度随和,少言寡语、胆小谨慎;外向型的性格则主要表现为争强好胜,热情直率,好说好动。不论是哪种类型,都有优点和缺陷,只不过是人与人之间表现不同。有的人优点多一些,有的人缺点多一些。个性并没有好坏之分,只是要正确认识自己的个性,改掉自己个性中的缺陷与不足,发扬个性中的优点。

那么,如何将个性更好地融入生活、工作与学习之中呢? 第一,适应环境,增加交流。人是一种群体性的动物,渴望与他人的交流。通过交流既可以让他人了解自己的个性,又能够在这一互动过程中熟悉他人的个性。第二,树立信心,端正态度。自己要首先树立信心,端正态度,正确看待自身个性中的弱点。第三,正视自我,调节不良情绪。

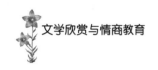

33 《熟读精思》——养成

熟读精思

朱 熹

大抵观书先须熟读,使其言皆若出于吾之口。继以精思,使其意皆若出于吾之心,然后可以有得尔。至于文义有疑,众说纷错,则亦虚心静虑,勿遽取舍于其间。先使一说自为一说,而随其意之所之,以验其通塞,则其尤无义理者,不待观于他说而先自屈矣。复以众说互相诘难,而求其理之所安,以考其是非,则似是而非者,亦将夺于公论而无以立矣。大率徐行却立,处静观动,如攻坚木,先其易者而后其节目;如解乱绳,有所不通则姑置而徐理之。此观书之法也。

凡读书,须整顿几案,令洁净端正,将书册齐整顿放,正身体,对书册,详缓看字,仔细分明读之。须要读得字字响亮,不可误一字,不可少一字,不可多一字,不可倒一字,不可牵强暗记。只要多诵遍数,自然上口,永远不忘。古人云,"读书千遍,其义自见。"谓读得熟,则不待解说,自晓其义也。余尝谓,读书有三到,谓心到,眼到,口到。心不在此,则眼不看仔细,心眼既不专一,却只漫浪诵读,决不能记,记亦不能久也。三到之中,心到最急。心既到矣,眼口岂不到乎?

译 文

看书大多都必须先熟读,让书上的语句都好像出自于我的嘴巴。紧接着就精心地思考,让它的道理好像都出自于我的心里所想的,这样以后可以有所收获了。至于那些对于文章道理有疑惑的地方,各家说法纷繁错杂,也要虚心静静思索,不要匆忙急促地在各家意见中确定谁对谁错。先假定一种说法自己单独列为一说,然后顺着文章的思路去想,来验证它思路的通畅和阻塞。那么那些特别没有道理的说法,不等到和其他的学说相比较,就已经自己屈服了。再用大家的言论互相诘问反驳,然后寻求它的道理的稳妥,来考证它的正确或错误,那么好像是对其实是错的,也将被公众承认的说法所否定而不能成立了。一般情况下,慢慢地停下来看,用平静的心态来观察发展变化,像攻击坚硬的木头,先攻击它的容易的地方而再攻击它的关键之处;像解开缠乱在一起的绳子,地方有所不通就暂且放在那儿慢点去处理它。这就是看书的方法。

凡是读书,必须先整理好读书用的桌子,使桌子干净平稳,把书册整整齐齐地放在桌子上,让身体坐正,面对书册,仔细从容地看清书上的文字,仔细清楚地朗读文章。必须读得每个字都很响亮,不可以读错一个字,不可以少读一个字,不可以多读一个字,不可以读颠倒一个字,不可以勉强硬记,只要多读几遍,就自然而然地顺口而出,即使时间久了也不会忘记。古人说:"读书的遍数多了,它的道理自然就明白了。"所谓书读得熟了,就是不依靠别人解释说明,自然就会明白它的道理了。我曾经说过:读书有三到,叫作心到、眼到、口到。心思不在书本上,那么眼睛就不会仔细看,心和眼既然不专心一致,却只是随随便便地读,就一定不能记住,即使记住了也不能长久。三到之中,心到最要紧。心已经到了,眼口难道会不到吗?

作品赏析

朱熹是宋代理学的集大成者,他继承了北宋程颢、程颐的理学,完成了客观唯心主义的体系。同时又是著名的思想家、哲学家、教育家、诗人,闽学派的代表人物,儒学集大成者,世尊称为朱子。朱熹是唯一非孔子亲传弟子而享祀孔庙,位列大成殿十二哲者,是中国教育史上继孔子后的又一人。

《熟读精思》分别选自《朱子语类》和《童蒙须知》,它告诉读者学习必须遵循记忆与思维相结合的规律,并且提出了一条学习的原则和方法。

"大抵观书先需熟读,使其言皆若出于吾之口。继以精思,使其意皆若出于吾之心,然后可以有得尔。"首先,书,必要熟读方知其妙处。正所谓"书读百遍,其义自见"。这个"义",指的是读者对书不要简单人云亦云地理解,而是要通过反复诵读,自我体会、自我挖掘出书中深意。其次,熟读后的感悟与评论家或许一致或许相左。如果一致,则有强烈共鸣;如果相左,定会生出疑问,继而穷究其理、推敲验证。即文中所说的"互相诘难,而求其理之所安,以考其是非,则似是而非者,亦将夺于公论而无以立矣。"这正是"精思"的过程。而其结果不管怎样都是这个读者、这个时候独有的感受,当此时,正是"义现"之时,且这感受会随人生阅历、岁月沧桑不断变化,读者在受用书,书也在指引读者。

要做到熟读精思既要掌握好的方法又要有好的习惯。"凡读书,须整顿几案,令洁净端正",否则书桌上乱如绳麻,怎能安心就读?又以"正身体,对书册,详缓看字,仔细分明读之"要求读书者将书本整齐地竖放,让身体坐正,面对书本,缓慢安详地阅读字句,仔细从容、分条明细地阅读,并且读书时字字响亮、明白从容。其中的"读书有三到,谓心到,眼到,口到",而"心到最急",更是为后人读书定下了一个规矩和准则。

熟读为地,精思为天。以地为根本,以天为升华。熟读天地间文章之华美,精思天地间万物之精粹。此熟读精思之道也。

情商感悟

《熟读精思》是一篇介绍古人读书方法、养成良好的读书习惯的文言文,其中涉及养成教育。"养成教育"就是培养学生良好的行为习惯、语言习惯和思维习惯的教育。注重养成教育,才能使德育具有根基。培养良好的行为习惯,才能树立起良好的道德风尚,才能为精神文明建设打下坚实的基础。

美国心理学家威廉·詹姆士说了这样一句话："播下一个行动,收获一种习惯;播下一种习惯,收获一种性格;播下一种性格,收获一种命运。"我国著名教育家叶圣陶先生也说过:"什么是教育? 简单一句话,就是要养成习惯。""德育就是要养成良好的行为习惯,智育就是要养成良好的学习习惯,体育就是要养成良好的锻炼身体的习惯。"可见,抓好养成教育是一件多么重要的事情,小而言之,对于学生的全面发展,大而言之,对于提高全民族的综合素质都有着十分重要的作用。

从小培养良好的生活习惯、学习习惯、劳动习惯、与人交往沟通的习惯,是保证我们健康成长的基础。养成教育,并非一朝一夕之功,但却一辈子受用不尽!

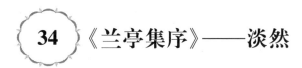

34 《兰亭集序》——淡然

兰亭集序

王羲之

永和九年,岁在癸丑,暮春之初,会于会稽山阴之兰亭,修禊事也。群贤毕至,少长咸集。此地有崇山峻岭,茂林修竹,又有清流激湍,映带左右,引以为流觞曲水,列坐其次。虽无丝竹管弦之盛,一觞一咏,亦足以畅叙幽情。是日也,天朗气清,惠风和畅,仰观宇宙之大,俯察品类之盛,所以游目骋怀,足以极视听之娱,信可乐也。

夫人之相与,俯仰一世,或取诸怀抱,悟言一室之内;或因寄所托,放浪形骸之外。虽趣舍万殊,静躁不同,当其欣于所遇,暂得于己,快然自足,不知老之将至;及其所之既倦,情随事迁,感慨系之矣。向之所欣,俯仰之间,已为陈迹,犹不能不以之兴怀,况修短随化,终期于尽!古人云:"死生亦大矣。"岂不痛哉!("不知老之将至"一作:曾不知老之将至)

每览昔人兴感之由,若合一契,未尝不临文嗟悼,不能喻之于怀。固知一死生为虚诞,齐彭殇为妄作。后之视今,亦犹今之视昔。悲夫!故列叙时人,录其所述,虽世殊事异,所以兴怀,其致一也。后之览者,亦将有感于斯文。

译文

永和九年,时在癸丑之年,三月上旬,我们会集在会稽郡山阴城的兰亭,为了从事修禊祭礼。众多贤才都会聚到这里,年龄大的小的都聚集在一起。兰亭这个地方有高峻的山峰,茂盛的树林,高高的竹子。又有清澈湍急的溪流,辉映环绕在亭子的四周,我们引溪水作为流觞的曲水,排列坐在曲水旁边,虽然没有演奏音乐的盛况,但喝点酒,作点诗,也足够来畅快叙述幽深内藏的感情了。

这一天,天气晴朗,空气清新,和风温暖,仰首观览到宇宙的浩大,俯身观察大地上万物的众多,用来舒展眼力,开阔胸怀,足够来极尽视听的欢娱,实在很快乐。

人与人相互交往,很快便度过一生。有的人在室内畅谈自己的胸怀抱负;有的人就着自己所爱好的事物,寄托情怀,放纵无羁地生活。虽然各有各的爱好,安静与躁动各不相同,但当他们对所接触的事物感到高兴时,一时感到自得。感到高兴和满足,竟然不知道衰老将要到来。等到对得到或喜爱的东西已经厌倦,感情随着事物的变化而变化,感慨随之产生。过去所喜欢的东西,转瞬间,已经成为旧迹,尚且不能不因为它引发心中的感触,况且寿命长短,听凭造化,最后归结于消灭。古人说:"死生毕竟是件大事啊。"怎么能不让人悲痛呢?

每当看到前人所发感慨的原因,和我所感慨的像一张符契那样相合,总难免在读前人文章时叹息哀伤,却不能明白于心。因此知道把生死等同的说法是不真实的,把长寿和短命等同起来的说法是妄造的。后人看待今人,也就像今人看待前人,可悲呀。所以一个一个记下当时与会的人,录下他们所作的诗篇。纵使时代变了,事情不同了,但触发人们情怀的原因,他们的思想情趣是一样的。后世的读者,也将对这次集会的诗文有所感慨。

作品赏析

文章描绘了兰亭的景致和王羲之等人集会的乐趣,抒发了作者盛事不常、"修短随化,终期于尽"的感叹。作者时喜时悲,喜极而悲,文章也随其感情的变化由平静而激荡,再由激荡而平静,极尽波澜起伏、抑扬顿挫之美,所以《兰亭集序》才成为名篇佳作。全文共三段。

文章首段记叙兰亭聚会盛况,并写出与会者的深切感受。先点明聚会的时间、地点、缘由,后介绍与会的人数之多,范围之广,"群贤毕至,少长咸集";接着写兰亭周围优美的环境,先写高远处"崇山峻岭,茂林修竹",再写近低处"清流激湍",然后总写一笔"映带左右"。用语简洁,富有诗情画意。在写景的基础上,由此顺笔引出临流赋诗,点出盛会的内容为"一觞一咏","畅叙幽情","虽无丝竹管弦之盛",这是反面衬托之笔,以加强表达赏心悦目之情。最后指出盛会之日正逢爽心怡人的天时,"天朗气清"为下文的"仰观""俯察"提供了有利条件;"惠风和畅"又与"暮春之初"相呼应。此时此地良辰美景,使"仰观""俯察","游目骋怀""视听之娱"完全可以摆脱世俗的苦恼,尽情地享受自然美景,抒发自己的胸臆。至此,作者把与会者的感受归结到"乐"字上面。笔势疏朗简净,毫无斧凿痕迹。

文章第二段,阐明作者对人生的看法,感慨人生短暂,盛事不常,紧承上文的"乐"字,引发出种种感慨。先用两个"或"字,从正反对比分别评说"人之相与,俯仰一世"不同的具体表现,一是"取诸怀抱,悟言一室之内",一是"因寄所托,放浪形骸之外"。然后指出这两种表现尽管不同,但心情却是一样的。那就是"当其欣于所遇"时,都会"快然自足",却"不知老之将至"。这种感受,正是针对上文"游目骋怀,足以极视听之娱"的聚会之乐而发,侧重写出乐而忘悲。接着由"欣于所遇"的"乐"引出"情随事迁"的"忧",写出乐而生忧,发出"修短随化,终期于尽"的慨叹。文章至此,推进到生死的大问题。最后引用孔子所说的"死生亦大矣"一句话来总结全段,道出了作者心中的"痛"之所在。

最后一段说明作序的缘由。文章紧承上文"死生亦大矣"感发议论,从亲身感受谈起,指出每每发现"昔人兴感之由"和自己的兴感之由完全一样,所以"未尝不临文嗟悼",可是又说不清其中的原因。接着把笔锋转向了对老庄关于"一死生""齐彭殇"论调的批判,认为那完全是"虚诞"和"妄作"。东晋时代的文人士大夫崇尚老庄,喜好虚无主义的清谈,庄子认为自然万物"方生方死,方死方生"(《庄子·齐物论》),且把长寿的彭祖和夭折的儿童等同看待,认为"莫寿于殇子,而彭祖为夭"。作者能与时风为悖,对老庄这种思想的大胆否定,是难能可贵的。然后作者从由古到今的事实中做了进一步的推断:"后之视今,亦由今之视昔"。基于这种认识,所以才"列叙时人,录其所述",留与后人去阅读。尽管将来"世殊事异",但"所以兴怀,其一致也"。这就从理论上说清了所以要编《兰亭诗集》的原因。最后一句,交代了写序的目的,引起后人的感怀。文字收束得直截了当,开发的情思却绵绵不绝。

这篇序言疏朗简净而韵味深长,突出地代表了王羲之的散文风格。且其语言玲珑剔透,朗朗上口,是古代骈文的精品。《兰亭集序》在骈文的几个方面都有所长,在句法上,对仗整齐,句意排比,如"群贤毕至,少长咸集","仰观宇宙之大,俯察品类之盛","或取诸怀抱,晤言一室之内;或因寄所托,放浪形骸之外",两两相对,音韵和谐,无斧凿之痕,语言清新、朴素自然。属于议论部分的文字也非常简洁,富有表现力,在用典上也只用"齐彭殇"和"修禊事"这样浅显易储的典故,这样朴素的行文与东晋时代雕章琢句、华而不实的文风形成鲜明对照。

这篇文章体现了王羲之积极入世的人生观,和老庄学说主张的无为形成了鲜明的对比。

情商感悟

事物有生就有灭,人有乐就有悲,事物由生到灭,人由乐到悲,其时间很短暂,倏忽之间,正如白驹之过隙,生命之长短存灭,不是主观所能左右的,它取决于自然的造化。由此说来,生命是何其宝贵!

生命的过程就是一个人赤裸地来到这个世界体验生活的全过程。这个过程是否精彩,是否有意义,是否有价值,取决于这个人对生活的态度和认识。

有的人为了生命的价值和意义,总是梦想着自己能有一番不平凡的经历和壮举,以便能流芳千古。殊不知平凡中蕴藏伟大,平淡中体现价值。你说董存瑞舍身炸碉堡与雷锋的助人为乐哪个更有价值?前者死得轰轰烈烈,后者去得平静淡然,你能说他们中一个比另一个活得更有意义?淡然也是一种生活方式、生存之道,必要时的淡然处世,会让人柳暗花明。"躲进小楼成一统,管他冬夏与春秋"何尝不是更高的人生智慧呢?

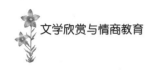
35 《黄生借书说》——发愤

黄生借书说

袁 枚

黄生允修借书。随园主人授以书,而告之曰:

书非借不能读也。子不闻藏书者乎? 七略、四库,天子之书,然天子读书者有几? 汗牛塞屋,富贵家之书,然富贵人读书者有几? 其他祖父积,子孙弃者无论焉。非独书为然,天下物皆然。非夫人之物而强假焉,必虑人逼取,而惴惴焉摩玩之不已,曰:"今日存,明日去,吾不得而见之矣。"若业为吾所有,必高束焉,庋藏焉,曰"姑俟异日观"云尔。余幼好书,家贫难致。有张氏藏书甚富。往借,不与,归而形诸梦。其切如是。故有所览辄省记。通籍后,俸去书来,落落大满,素蟫灰丝时蒙卷轴。然后叹借者之用心专,而少时之岁月为可惜也!

今黄生贫类予,其借书亦类予;惟予之公书与张氏之吝书若不相类。然则予固不幸而遇张乎,生固幸而遇予乎? 知幸与不幸,则其读书也必专,而其归书也必速。

为一说,使与书俱。

读书人黄允修来(向我)借书。我把书交授给他并且告诉他说:

书不是借来的就不能(认认真真地)去读。你没听说过那些藏书的人(是怎样读书)吗?《七略》(我国最早的图书目录分类著作,分为辑略、六艺略、诸子略、诗赋略、兵书略、术数略、方技略七部)、《四库》(唐朝京师长安和东都洛阳的藏书,有《经》《史》《子》《集》四库。这里《七略》《四库》都指内府藏书),是天子的藏书,然而天子中读书的人有几个呢? 那些搬运起来使牛累得流汗,放在家里塞满了屋子的,是富贵人家的书,然而富贵人中读书的有几个呢? 其余那些祖辈和父辈收藏(的书籍),子辈孙辈随便丢弃的就不用说了。不只读书是这样,天下的事物(也)都是这样。不是那人自己的东西却勉强向别人借来,(他)一定担心别人催着要还,因而就显出忧惧的样子,抚摸玩赏那东西久久不能停止,心想:"今天存放(在我这里),明天(就要给人)拿回去,我不能再看到它了。"如果(这东西)已经被我所拥有,(我)一定会(把它)捆扎好放在高处,保存起来,说一声"姑且等到另外的日子再看吧"。

　　我小时候爱好读书,但是家里贫穷,很难得到书读。有个姓张的人藏书很多。(我)到他家去借,(他)不借给我,回来以后我在梦中还出现向他借书的情形。我那种迫切(求书的心情就)像这样,所以(只要)有看过的书就记在心里。(我)做了官以后,薪俸花出去了,书籍买来了,屋里到处都堆放满了,蠹虫丝迹时常覆盖书册。这样以后我(才)感慨借书读的人是(那么)用心专一,而自己少年时候的时光是(多么)值得珍惜的啊!

　　如今姓黄的年轻人像我(从前一样)贫穷,他借书(苦读)也像我(从前一样),只不过我把书公开,慷慨出借和姓张的吝惜书籍(不肯出借),似乎并不相同。这样看来,那么是我本来不幸遇到了姓张的,而姓黄的年轻人本来幸运遇到我吧?(黄生)懂得了(借到书的)幸运和(借不到书的)不幸运,那么他读书一定会专心,而且他还书也一定会很快。

　　(我)写下这篇说,让(它)和书一起(交给黄生)。

作品赏析

　　作者认为自己幼时借不到书而"形诸梦"是非常不幸的,而黄生能与作者"公书"是非常幸运的,所以作者要黄生"知幸与不幸",珍惜少时光阴,专心读书。我们当代的读书条件比起黄生来又不知要幸运多少倍,我们更应"知幸与不幸",珍惜现在这大好的学习条件和自己的青春年华,刻苦读书。如果学有不成,非他人之过,自己应该多反省,知警惕。这篇"说"就青年黄允修向作者借书一事发表议论,提出"书非借不能读"的观点,勉励青年化弊为利,努力为自己创造条件,发愤求学。

　　文章一开始就提出了"书非借不能读"的观点,出人意料,引人深思,随后围绕着这个中心,逐层展开阐述。先以帝王、富贵人家全都藏书丰富,却没有几个读书人,以及祖父辈尽心藏书而子孙辈随意毁弃书这三种常见的事实,来做初步证明;再运用类比推理,以人们对于借来的东西和属于自己的东西所采取的不同态度,来说明这个论断是具有普遍意义的。

　　作者从那常见的现象中推究出其原因——"虑人逼取",这种外来的压力,会化为鞭策自己的动力,有力地证明了"书非借不能读"的观点。接着,作者又拿自己年少时借书之难、读书用心之专和做官后有了大量的书籍却不再读书等切身经历,从正反两个方面做进一步的论证。最后,在上述分析说明的基础上,紧扣"借书"一事,指出黄生有幸而遇肯"公书"的人,勉励他应该珍惜机会,勤奋学习。

　　需要注意的是,本文的中心论点虽然是"书非借不能读",但很明显,仅从字面上来看,这个论点带有很大的片面性。"说"本身不同于规范、正统的论说文,作者袁枚又是一位才子气颇重、任性适情的人。因此,我们更宜于把本文视为作者在有感而发的情况下率性而为的一篇带有游戏性质的小文,其中包含有对逝去的青年光阴的怀念、对如今自己的自嘲,而主旨则在鼓励、教育黄生,只是没有板起面孔来。

　　作者就黄生借书一事发表议论,提出"书非借不能读"的观点,勉励黄生努力为自己创造条件,发愤学习。

情商感悟

　　在我们现实生活中,会经历不少的挫折,一个人的一生中,绝对不会一帆风顺,人生的路就如小河一样弯弯曲曲。这个时候,我们应该怎么办呢?是逃避?是投降?还是视而不见?这样都不行,我们需要勇敢地奋斗。

　　生命需要奋斗,奋斗与不奋斗,结果截然不同。生无所息,保持奋斗的姿态,让世界变得更加灿烂,让你的人生绚烂多姿。千万不能满足小溪的平缓,否则你也就满足了自己的平庸,只有努力奋斗,才有机会欣赏自己。

　　奋斗不能等待,我们不能等到垂暮之年再去全力以赴。让我们从现在开始,为理想而努力,为人生而拼搏。精诚所至,金石为开,相信奋斗会让我们的青春之花绽放得更加绚烂,让我们的人生之路不留遗憾。

36 《读〈孟尝君传〉》——质疑

读《孟尝君传》

王安石

世皆称孟尝君能得士,士以故归之,而卒赖其力以脱于虎豹之秦。嗟乎!孟尝君特鸡鸣狗盗之雄耳,岂足以言得士?不然,擅齐之强,得一士焉,宜可以南面而制秦,尚何取鸡鸣狗盗之力哉?夫鸡鸣狗盗之出其门,此士之所以不至也。

译 文

世人都称孟尝君能够招贤纳士,贤士因为这个缘故归顺他,(孟尝君)终于依靠他们的力量,从像虎豹一样(凶残)的秦国逃脱出来。唉!孟尝君只不过是一群鸡鸣狗盗的首领罢了,岂能说得到了贤士呢?如果不是这样,(孟尝君)拥有齐国强大的国力,(只要)得到一个(真正的)贤士,(齐国)就应当可以依靠国力面向南方称王而制服秦国,哪里还要借助鸡鸣狗盗之徒的力量呢?鸡鸣狗盗之徒出现在他的门下,这就是(真正的)贤士不到他门下的原因。

作品赏析

王安石的论说文《读〈孟尝君传〉》,全篇只有四句话、八十八个字。它议论脱俗,结构严谨,用词简练,气势轩昂,被历代文论家誉为"文短气长"的典范。一生立志革新变法的王安石,十分强调文章要有利于"治教",要有益于社会进步。他曾说:"治教政令,圣人之所谓文也。"又说:"且所谓文者,务为有补于世而已。"《读〈孟尝君传〉》这篇论说文,就是为"有补于世"而作的。很明显,抨击了"孟尝君能得士"的传统看法,自然就会使读者认识到,不能像孟尝君那样,徒有"好养士"的虚名,而没有济世兴邦的才能,应该脚踏实地为振兴国家做出具体贡献。《读〈孟尝君传〉》这篇文章所以能成为"千秋绝调",为历代文学爱好者传诵、欣赏,就是因为它文极短而气极长,就是因为在如何看待"孟尝君能得士"的问题上,王安石有悟出新意、发人深思的脱俗看法。

孟尝君,姓田,名文,是战国时齐国的公子,封于薛(今山东滕州市南)。他与当时赵国的平原君,楚国的春申君,魏国的信陵君,都以"好养士"出名,称为"战国四公子"。孟尝君当时有食客数千,可谓宾客盈门、谋士云集了。但是,王安石却不以为然。他认为"士"必须具有经邦济世的雄才大略,而那些"鸡鸣狗盗"之徒是根本不配"士"这个高贵称号的。孟尝君如果真能得"士",也就可以"南面而制秦",又何必赖"鸡鸣狗盗"之力而灰溜溜地从秦国逃归齐国呢?被世人赞为"孟尝君能得士"的例证"鸡鸣狗盗"故事,正是孟尝君"不能得士"的有力佐证。因此,孟尝君只不过是一个"鸡鸣狗盗之雄耳"。王安石采取以子之矛攻子之盾的论证手法,一反"孟尝君能得士"的传统看法,无可辩驳地把孟尝君推到"鸡鸣狗盗"之徒的行列,使人耳目一新。真是寥寥数语,曲尽其妙,淡淡几笔,气势纵横,细细玩味,有很丰富的政治内容。《读〈孟尝君传〉》作为一篇翻案性的论说文,并没有冗长的引证,长篇的议论,仅用四句话八十八个字,就完成了立论、论证、结论的全过程。

"世皆称孟尝君能得士,士以故归之,而卒赖其力,以脱于虎豹之秦"为一立,开门见山地提出议论的中心问题,即孟尝君能不能得士?"嗟呼!孟尝君特鸡鸣狗盗之雄耳,岂足以言得士?"为一劈,陡然一转,否定了"孟尝君能得士"的传统看法,提出了作者对孟尝君的评价,即孟尝君仅仅是个"鸡鸣狗盗之雄",实在劈得精巧,劈得有力。"不然,擅齐之强,得一士焉,宜可以南面而制秦,尚取鸡鸣狗盗之力哉!"为一驳,驳"孟尝君能得士",驳孟尝君"卒赖其力,以脱于虎豹之秦",紧扣主旨,用事实驳斥了孟尝君能得士的表面性、片面性的看法,十分有力地证明,孟尝君是不能得士的。"鸡鸣狗盗之出其门,此士之所以不至也",为一断,断"士以故归之",断然肯定真正的士是不会跟孟尝君走的,这一断,如斩钉截铁,铿锵有力,字字警策,不容置辩。全篇紧紧围绕"孟尝君不能得士"的主旨,一立,一劈,一驳,一断,一波三折,严谨自然,完整统一,强劲峭拔,极有气势。

王安石非常反对华而不实的文风,反对过于雕镂的文辞,主张"意惟求多,字惟求少"。他给祖择之书云:"所谓辞者,犹器之有刻镂绘画也。诚使巧且华,不必适用;诚使适用,亦不必巧且华。要之以适用为本,以刻镂绘画为之容已。"《读〈孟尝君传〉》这一篇论说文,谋篇布局严谨自然,遣词造句也极其简练,文简意深,完全符合其"要之以适用为本"的行文用词原则。

孟尝君自秦国逃归齐国,《史记·孟尝君列传》有较详细生动的描述,是历史上一个情节曲折令人爱读的故事。但是,王安石在《读〈孟尝君传〉》这篇文章中,没有引用孟尝君自秦逃归齐国故事中的任何情节,而是抓住最本质的内容,从"鸡鸣狗盗"这一成语着笔,这样,就省去了许多笔墨。"鸡鸣狗盗"这一成语,在文中共用了三次。第一次"特鸡鸣狗盗之雄耳",是为破"孟尝君能得士"而用;第二次"尚取鸡鸣狗盗之力哉",是为破"卒赖其力,以脱于虎豹之秦"而用;第三次"鸡鸣狗盗之出其门",是为破"士以故归之"而用。三次所用,各在其位,各有其非用不可的重要作用,所以,读来并不使人感到重复累赘,反觉抑扬顿挫,朗朗上口,津津有味。可见王安石用词的精妙真是达到炉火纯青的地步了。王安石的《读〈孟尝君传〉》全文不满百字,被历代文论家评为"千秋绝调",誉为"文短气长"的典范。

王安石是唐宋八大家之一,留下了不少名作,这是人所共知的。但是名人的名作未必篇篇都是白璧无瑕,所以对名文不要迷信。他的这篇《读〈孟尝君传〉》就不是好作品。不管怎么吹捧它"结构严谨,用词简练,气势轩昂",也不管怎么赞扬它"一波三折,严谨自然,完整统一,强劲峭拔,极有气势",这些看法全是表面的、形式的。问题的实质是这篇翻案文章论证不稳,站不住脚。主要缺点在两方面:翻案没有事实根据,推论又不合逻辑。

孟尝君门下食客数千,什么样的人都有,既有鸡鸣狗盗之徒,又有士,如冯驩(huān)、冯煖(xuān)之类的人物,这在《战国策》和《史记》上都有详细记载。如果要翻案就必须拿出新的材料来驳倒以上两部书的记载,否则这个案是翻不了的。这正是问题的实质所在,避开它而翻案,只好想当然妄发议论:"嗟呼! 孟尝君特鸡鸣狗盗之雄耳,岂足以言得士?"

读历史书不为习俗之见所束缚,敢于以怀疑的眼光去探索问题,这种精神是可取的。王安石这篇文章的可取之处仅此而已。但是他不依据事实去翻案就大错特错了。科学的态度要求实事求是,在这篇文章中王安石一点科学精神也没有,不值得学习。

论证问题当然离不开推论,但推论的大前提必须牢靠、稳固才行。"擅齐之强,得一士焉,宜可以南面而制秦,尚取鸡鸣狗盗之力哉!"得士就不要靠鸡鸣狗盗之力,这个大前提是站不住的。因此"鸡鸣狗盗之出其门,此士之所以不至也"的论据完全是主观臆断。刘德斌却认为这个断语"如斩钉截铁,铿锵有力,字字警策,不容置辩"。对不合理的论断为什么不可以辩一辩呢?

北宋著名政治家、文学家王安石的名作《读〈孟尝君传〉》,言简意深,历代传诵。对此,王子野同志在《名文未必无讹》一文中提出批评。他说:"在这篇文章中王安石一点科学精神也没有。"他的理由是:"孟尝君门下食客数千,什么样的人都有,既有鸡鸣狗盗之徒,又有士,如冯驩之类的人物,这在《战国策》和《史记》上都有详细记载。如果要翻案就必须拿出新的材料来驳倒以上两部书的记载。"笔者不揣冒昧,斗胆来"翻上一翻"。

"鸡鸣狗盗之徒"不算"士",王子野同志和笔者的意见一致,因而不再赘论。问题是"冯驩之类的人物"算不算"士"。根据《战国策》和《史记》的记载,冯驩(又作冯煖、冯谖)确实是个很有才能的人物:他"矫诏以债赐诸民",为孟尝君"市义",使孟尝君罢相回薛时受到老百姓的热烈欢迎;他替孟尝君经营"三窟",使孟尝君重返相位,而且"为相数十年无纤介之祸"——但也仅此而已。孟尝君为相数十年,在治国安民方面有多少政绩呢? 冯驩作为孟尝君的主要谋士,在治国安民方面给孟尝君出了多少主意呢? 除了"以债赐诸民"在客观上减轻了薛地人民的负担外,还有什么值得大书特书的呢? 而且"市义"也好,"三窟"也好,并不是为了国富民强,而是为了巩固孟尝君在齐国的地位;至于三次弹唱"长铗归来乎?"更不是为了富国强民,而只是为了冯驩自己生活上的满足。——正是根据冯驩的所作所为,王安石把"冯驩之类"逐出了"士"的范畴,而归之于"鸡鸣狗盗之徒"。在王安石看来,冯驩和"鸡鸣狗盗之徒"是同类,他们之间的差别,不过是"五十步与百步"而已。当孟尝君满足了冯驩"食鱼""乘车"的要求后,冯驩向自己的朋友炫耀:"孟尝君客我!"——这不是一个追名逐利之徒的形象吗?

《读〈孟尝君传〉》指出:"擅齐之强,得一士焉,宜可以南面而制秦。"可见,王安石所说的"士",不是仅仅"为知己死"的人,而是指目光远大、为国为民的人。在王安石心目中,能为国立功、为民谋利的人才算"士",而为自己或为某一个人谋利的人并不算"士"。这从他的《答司马谏议书》可以看出。他说:"举先王之政,以兴利除弊,不为生事;为天下理财,不为征利","如君实责我以在位久,未能助上大有为,以膏泽斯民,则某知罪矣"。可见,王安石所谓"士",是像他那样能为国兴利、膏泽百姓的人。在王安石看来,单纯为主子的个人安危荣誉出谋划策奔波效劳的人,如冯骥之流是不能列入士林的。因此,他不必"拿出新的材料来驳倒"《战国策》和《史记》记载的史实,便合乎逻辑地否定了孟尝君善养士的说法。

总之,《读〈孟尝君传〉》不愧为名家名作。其立论的精当,论据的典型,论证的精辟,"足以为后世法",值得学习借鉴。这篇文章也留下了一个著名成语:鸡鸣狗盗。

情商感悟

不管在什么地方,什么情况下总有一个标准在禁锢着人们的想法。而这个标准就是所谓的"正确答案"。

要学会质疑。每个人容易迷信权威,人云亦云,看到老师前辈讲得有道理,就认为他说的是对的。每个人也都有从众心理,看到别人干什么就跟着干什么,从而迷失自己。所以说要学会质疑,认为不对的就要敢于发声,大声提出自己独特的见解。即使不对也没有什么,这种勇气是值得称颂的。

牛顿能发现万有引力,因为他不信权威,有自己的想法。如果当初那个苹果掉落在一个其他人头上,那个人肯定会认为万物从上往下掉是天理。牛顿之所以是牛顿,因为他对待一件事能提出自己新的看法。事实上千百年来有多少苹果从树上掉下来,但为什么只有牛顿发现了万有引力,就因为他有自己的独立的想法。

其实,当你打破常规,用自己的眼光去看一切时,原来一切都有另一面。

秋声赋

欧阳修

欧阳子方夜读书,闻有声自西南来者,悚然而听之,曰:"异哉!"初淅沥以萧飒,忽奔腾而砰湃,如波涛夜惊,风雨骤至。其触于物也,鏦鏦铮铮,金铁皆鸣;又如赴敌之兵,衔枚疾走,不闻号令,但闻人马之行声。予谓童子:"此何声也?汝出视之。"童子曰:"星月皎洁,明河在天,四无人声,声在树间。"

余曰:"噫嘻悲哉!此秋声也,胡为而来哉?盖夫秋之为状也:其色惨淡,烟霏云敛;其容清明,天高日晶;其气栗冽,砭人肌骨;其意萧条,山川寂寥。故其为声也,凄凄切切,呼号愤发。丰草绿缛而争茂,佳木葱茏而可悦;草拂之而色变,木遭之而叶脱。其所以摧败零落者,乃其一气之余烈。

夫秋,刑官也,于时为阴;又兵象也,于行用金,是谓天地之义气,常以肃杀而为心。天之于物,春生秋实,故其在乐也,商声主西方之音,夷则为七月之律。商,伤也,物既老而悲伤;夷,戮也,物过盛而当杀。"(余曰一作:予曰)

"嗟乎!草木无情,有时飘零。人为动物,惟物之灵;百忧感其心,万事劳其形;有动于中,必摇其精。而况思其力之所不及,忧其智之所不能;宜其渥然丹者为槁木,黟然黑者为星星。奈何以非金石之质,欲与草木而争荣?念谁为之戕贼,亦何恨乎秋声!"

童子莫对,垂头而睡。但闻四壁虫声唧唧,如助予之叹息。

译 文

欧阳先生(欧阳修自称)夜里正在读书,(忽然)听到有声音从西南方向传来,心里不禁悚然。他一听,惊道:"奇怪啊!"这声音初听时像淅淅沥沥的雨声,其中还夹杂着萧萧飒飒的风吹树木声,然后忽然变得汹涌澎湃起来,像是江河夜间波涛突起、风雨骤然而至。碰到物体上发出铿锵之声,又好像金属撞击的声音,再(仔细)听,又像衔枚奔走去袭击敌人的军队,听不到任何号令声,只听见有人马行进的声音。(于是)我对童子说:"这是什么声音?你出去看看。"童子回答说:"月色皎皎、星光灿烂、浩瀚银河、高悬中天,四下里没有人的声音,那声音是从树林间传来的。"

我叹道:"唉,可悲啊!这就是秋声呀,它为何而来呢(它怎么突然就来了呢)?大概是那秋天的样子,它的色调暗淡、烟飞云收;它的形貌清新明净、天空高远、日色明亮;它的气候寒冷、刺人肌骨;它的意境寂寞冷落,没有生气、川流寂静、山林空旷。所以它发出的声音时而凄凄切切,呼号发生迅猛,不可遏止。绿草浓密丰美,争相繁茂,树木青翠茂盛而使人快乐。然而,一旦秋风吹起,拂过草地,草就要变色;掠过森林,树就要落叶。它能折断枝叶、凋落花草,使树木凋零的原因,便是一种构成天地万物的浑然之气(秋气)的余威。

秋天是刑官执法的季节,它在季节上说属于阴;秋天又是兵器和用兵的象征,在五行上属于金。这就是常说的天地之严凝之气,它常常以肃杀为意志。自然对于万物,是要它们在春天生长,在秋天结实。所以,秋天在音乐的五声中又属商声。商声是西方之声,夷则是七月的曲律之名。商,也就是'伤'的意思,万物衰老了,都会悲伤。夷,是杀戮的意思,草木过了繁盛期就应该衰亡。"

"唉! 草木是无情之物,尚有衰败零落之时。人为动物,在万物中又最有灵性,无穷无尽的忧虑煎熬他的心绪,无数琐碎烦恼的事来劳累他的身体。只要内心被外物触动,就一定会动摇他的精神。更何况常常思考自己的力量所做不到的事情,忧虑自己的智慧所不能解决的问题? 自然会使他红润的面色变得苍老枯槁,乌黑的头发(壮年)变得鬓发花白(年老)。(既然这样,)为什么却要以并非金石的肌体,去像草木那样争一时的荣盛呢? (人)应当仔细考虑究竟是谁给自己带来了这么多残害,又何必去怨恨这秋声呢?"

书童没有应答,低头沉沉睡去。只听得四壁虫鸣唧唧,像在附和我的叹息。

作品赏析

本文是作者晚年所作。虽仕途已入顺境,但长期的政治斗争也使他看到了世事的复杂,逐渐淡于名利。秋在古代也是肃杀的象征,一切生命都在秋天终止。作者的心情也因为屡次遭贬而郁闷,但他也借秋声告诫世人:不必悲秋、恨秋,怨天尤人,而应自我反省。这一立意,抒发了作者难有所为的郁闷心情,以及自我超脱的愿望。

这篇赋以"有声之秋"与"无声之秋"的对比作为基本结构框架,精心布局,文势一气贯串而又曲折变化,作者从凄切悲凉的秋声起笔,为下文铺写"有声之秋"蓄势;然后由草木经秋而摧败零落,写到因人事忧劳而使身心受到戕残,由自然界转到社会人生,这是"无声之秋",最后归结出全篇主旨:"念谁为之戕贼,亦何恨乎秋声!"

文章用第一人称的笔法来写。一开始作者就为我们描绘了一个从静到动,令人悚惊的秋夜奇声,营造了一种悲凉气氛。"欧阳子方夜读书,闻有声自西南来者,悚然而听之。"作者正在秋夜专心致志地读书,忽听一种奇特的声音从西南方传来。作者惊讶于这样的声音,细听,起初似雨声渐渐沥沥,又似风声萧萧飒飒,忽然又如波涛奔腾翻涌,又似狂风暴雨骤然而至。它接触物体上,又发出如金铁相撞的铮铮的声音,又好像奔赴敌阵的军队,衔枚迅跑,听不到号令,只听到人马行进之声。

作者用风声、波涛、金铁、行军四个比喻,从多方面和不同角度,由小到大,由远及近地形象地描绘了秋声状态。用形象化的比喻,生动鲜明地写出了作者听觉中的秋声的个性特点,融入了作者主观情感。

接着作者引出与童子对话,从浮想联翩,又回到现实,增强了艺术真实感。作者对童子说:"此何声也?汝出视之。"童子回答:"星月皎洁,明河在天,四无人声,声在树间。"童子的回答,质朴简明,意境优美、含蓄。这里,作者的"悚然"与童子的若无其事,作者的悲凉之感与童子的朴拙稚幼形成鲜明对比,对秋声的两种不同的感受相映成趣,富于意味。作者在第一段通过悬念式的对声音的生动描绘,点明了文章主题即秋声。文章起始,就写得脉络清晰,波澜起伏,摇曳多姿,读者有一种身临其境之感。

作者接着寻根溯源,探究秋声所以形成的缘由。"予曰:'噫嘻悲哉!此秋声也,胡为而来哉?'"自答曰:"盖夫秋之为状也,其色惨淡,烟霏云敛;其容清明,天高日晶;其气栗冽,砭人肌骨;其意萧条,山川寂寥。"秋声,是秋天的声音,作者从秋之色、容、气、意四个方面把秋天到来之后万物所呈现的风貌和秋之内在"气质"描绘得具体可感,其色颜容貌似乎呈现眼前,其凛冽之气似乎穿透衣服直刺肌肤,其萧条之意似已围裹全身。这种秋气,是一种肃杀之气,是让人速生冷颤之气。它只要施展一点余威,就会使繁茂葱郁的绿色变色,葱茏的佳木凋零。这样,通过秋声的描绘和感受把"秋"之威力做了形象化的描绘。"秋"何以有这样的威力会使人产生如此的感受呢?

接着,作者又从社会和自然两个方面,对秋进行了剖析和议论。"夫秋,刑官也,于时为阴;又兵象也,于行用金;是谓天地之义气,常以肃杀而为心。天之于物,春生秋实。故其在乐也,商声主西方之音;夷则为七月之律。商,伤也,物既老而悲伤;夷,戮也,物过盛而当杀。"古代用天地、四时之名命官,如天官冢宰、地官司徒、春官宗伯、夏官司马、秋官司寇、冬官司空,这是六官。司寇掌刑法。故秋天是古代刑官行刑的季节。在四季中又属阴冷的季节;春夏为阳,秋冬为阴。从五行来分,秋属金,由古代多以秋天治兵,"沙场秋点兵",所以秋又有战争的象征;这样,秋天对人来说,意味着有悲凉肃杀死亡之气。从自然界来看,天地万物,春天生长,秋天结实,意味着自然界中生命由盛转衰的过程,人与此同,故有对生命将息的悲叹与伤感。又以音乐为喻,古人将五声(宫、商、角、徵、羽)和四时相配,秋属商,又将五行和东、南、中、西、北五个方位相配,秋主西方,秋属于商声,商,伤也,悲伤之意。夷则,是七月的音律,古音分十二律,夷则为十二律之一。将乐律和历法联系起来,十二律与十二月相配,夷则配七月。《礼记·月令》:"孟秋之月,律中夷则。"夷,是删刈,杀戮之意。万物由繁荣到衰败,则为自然之规律。作者从自然与社会两方面进行了论述,人是自然的一部分,又是社会的产物,人与自然、社会形成一个相互联系的有机整体。人从个人出发体验感悟自然和社会。这体现了中国"天人合一"的思想。

接着作者仍然抓住秋声的主题,通过无情的草木与万物中最有感情、最有灵性的人的对比,抒发议论。作者认为,百般的忧虑和万事的操劳必然损伤着人的身心,内心受到刺激和痛苦,必然损耗精力,更何况是"思其力之所不及,忧其智之所不能"呢!这样就容易朱颜易老,乌发变白,"奈何以非金石之质,欲与草木而争荣?"这是你自己无穷无尽的忧劳伤害了自己,又何必去怨恨秋声的悲凉呢?这就说明了作者之所以感到秋声之悲凉,其根源不在秋声,主要是当时作者面对国家和自己的处境而产生的忧思所致。当时作者被朝廷重用,但想起曾经在政治上屡不得志,怀才不遇,报国无门,心情郁闷。这样的情绪和秋季气息正相统一,触物伤情,有感而发。

作者蓄积已久的深沉苦闷和悲凉没有人能理解。"童子莫对,垂头而睡。"唯有四壁的虫鸣,与"我"一同叹息。此情此景是何等悲凉:秋风呼号,秋声凄切,长夜漫漫,虫声唧唧,悲愤郁结,无可奈何,只能徒然叹息。

此文,把写景、抒情、记事、议论熔为一炉,浑然天成。作者叙事简括有法,而议论迁徐有致;章法曲折变化;而语句圆融轻快;情感节制内敛;语气轻重和谐;节奏有张有弛;语言清丽而富于韵律。在这个秋气正浓的季节,不妨打开《秋声赋》,一方面欣赏作者优美的文字所带给你的艺术美感,另一方面细细品味秋之色、之容、之气、之意,体验自然和人生。

作者把无形的秋声写得可见可闻。文章开头便用形象的比喻描写秋夜西风渐起,触物有声,再用星月皎洁、四无人声加以烘托,一幅萧瑟幽森的画面便呈现在读者面前;最后以"四壁虫声唧唧"收尾,也紧扣住季节的特色。中间两大段用赋体的传统铺陈手法,渲染秋天的肃杀和万物的凋零,抒写对人事忧劳的悲感,最后"念谁为之戕贼,亦何恨乎秋声",又转喻祸根在人,发挥了清心寡欲的老庄哲学,反映了作者对人生的感悟。写景、抒情、议论有机地融为一体,显示出文赋自由挥洒的韵致。

情商感悟

聆听,指集中精力、认真地听。现在的世界,走到哪儿都有网络覆盖,人和人之间,只需要一根无形的线就能沟通。可是,现代人却越来越孤独,变得比以前更加迷茫。上帝造人,两个耳朵,一张嘴,原本就是让我们少说,多听。学会先去认同别人,即使有不同的见解,也试着在相互了解之后,用一种委婉的语气点明。

而有效的聆听不仅能够促进双方的沟通,对进一步加深彼此的关系也起到了举足轻重的作用,当朋友难过了,学会聆听他的伤心和苦恼,与他一起感受他的心情;当妈妈生气了,要学会聆听她的唠叨,理解她的辛苦。每一次的聆听其实就是对自我的一次审视,在聆听中认识自己、不断提升自己。

马丁·布伯曾经说:"尽管有种种相似,生活的每时每刻都像一个刚出生的婴儿,一张新的面孔,我们从未见过,也不可能再见到,我们无法停留在过去,也无法遇见自己的反应,我们需要不带成见地感受变化,我们需要全身心地聆听。"

38 《原毁》——律己

原 毁

韩 愈

古之君子，其责己也重以周，其待人也轻以约。重以周，故不怠；轻以约，故人乐为善。

闻古之人有舜者，其为人也，仁义人也。求其所以为舜者，责于己曰："彼，人也；予，人也。彼能是，而我乃不能是！"早夜以思，去其不如舜者，就其如舜者。闻古之人有周公者，其为人也，多才与艺人也。求其所以为周公者，责于己曰："彼，人也；予，人也。彼能是，而我乃不能是！"早夜以思，去其不如周公者，就其如周公者。舜，大圣人也，后世无及焉；周公，大圣人也，后世无及焉。是人也，乃曰："不如舜，不如周公，吾之病也。"是不亦责于身者重以周乎！其于人也，曰："彼人也，能有是，是足为良人矣；能善是，是足为艺人矣。"取其一，不责其二；即其新，不究其旧：恐恐然惟惧其人之不得为善之利。一善易修也，一艺易能也，其于人也，乃曰："能有是，是亦足矣。"曰："能善是，是亦足矣。"不亦待于人者轻以约乎？

今之君子则不然。其责人也详，其待己也廉。详，故人难于为善；廉，故自取也少。己未有善，曰："我善是，是亦足矣。"己未有能，曰："我能是，是亦足矣。"外以欺于人，内以欺于心，未少有得而止矣，不亦待其身者已廉乎？

其于人也，曰："彼虽能是，其人不足称也；彼虽善是，其用不足称也。"举其一，不计其十；究其旧，不图其新：恐恐然惟惧其人之有闻也。是不亦责于人者已详乎？

夫是之谓不以众人待其身，而以圣人望于人，吾未见其尊己也。

虽然，为是者，有本有原，怠与忌之谓也。怠者不能修，而忌者畏人修。吾尝试之矣，尝试语于众曰："某良士，某良士。"其应者，必其人之与也；不然，则其所疏远不与同其利者也；不然，则其畏也。不若是，强者必怒于言，懦者必怒于色矣。又尝语于众曰："某非良士，某非良士。"其不应者，必其人之与也，不然，则其所疏远不与同其利者也，不然，则其畏也。不若是，强者必说于言，懦者必说于色矣。

是故事修而谤兴，德高而毁来。呜呼！士之处此世，而望名誉之光，道德之行，难已！

将有作于上者，得吾说而存之，其国家可几而理欤！

译　文

古代的君子,他要求自己严格而周密,他要求别人宽容而简约。严格而周密,所以不懈怠地进行道德修养;宽容而简约,所以人们乐于做好事。

听说古人中有个叫舜的,他的为人,是个仁义的人;寻求舜所以成为舜的道理,君子对自己要求说:"他,是人,我,也是人;他能这样,而我却不能这样!"早晨晚上都在思考,去掉那些不如舜的地方,仿效那些与舜相同的地方。听说古人中有个叫周公的,他是个多才多艺的人;寻求周公所以为周公的道理,对自己要求:"他,是人,我也是人;他能够这样,而我却不能这样!"早晨晚上都在思考,去掉那些不如周公的地方,仿效那些像周公的地方。

舜,是大圣人,后世没有人能赶上他的。周公,是大圣人,后世(也)没有人能赶上他的;这人就说:"不如舜,不如周公,这是我的缺点。"这不就是对自己要求严格而全面吗?

他对别人呢,就说:"那个人,能有这些优点,这就够得上一个善良的人了;能擅长这些事,这就够得上一个有才艺的人了。"肯定他一个方面,而不苛求他别的方面;就他的现在表现看,不追究他的过去,提心吊胆地只怕那个人得不到做好事的益处。一件好事容易做到,一种技艺容易学会,(但)他对别人,却说:"能有这些,这就够了。"(又)说:"能擅长这些,这就够了。"(这)不就是要求别人宽而少吗?

现在的君子却不是这样,他要求别人全面,要求自己却很少。(对人要求)全面了,所以人们很难做好事;(对自己要求)少,所以自己的收获就少。自己没有什么优点,(却)说:"我有这点优点,这也就够了。"自己没有什么才能,(却)说:"我有这点技能,这也就够了。"对外欺骗别人,对内欺骗自己的良心,还没有一点收获就停止了,不也是要求自己的太少了吗?

他对别人,(就)说:"他虽然才能这样,(但)他的为人不值得称赞。他虽然擅长这些,(但)他的本领不值得称赞。"举出他的一点(进行批评),不考虑他其余的十点(怎样),追究他过去(的错误),不考虑他的现在表现,提心吊胆地怕他人有了名望,这不也是要求别人太全面了吗?

这就叫作不用一般人的标准要求自己,却用圣人那样高的标准要求别人,我看不出他是在尊重自己。

虽然如此,这样做的人有他的思想根源,那就是懒惰和嫉妒。懒惰的人不能修养品行,而嫉妒别人的人害怕别人进步。我不止一次地试验过,曾经试着对众人说:"某某是个好人,某某是个好人。"那些附和的人,一定是那个人的朋友;要不,就是他不接近的人,不同他有利害关系的人;要不,就是害怕他的人。如果不是这样,强硬的人一定毫不客气地说出反对的话,懦弱的人一定会从脸上表露出反对的颜色。又曾经对众人说:"某某不是好人,某某不是好人。"那些不附和的人,一定是那人的朋友;要不,就是他不接近的人,不和他有利害关系的人;要不,就是害怕他的人。如果不是这样,强硬的人一定会高兴地说出表示赞成的话,懦弱的人一定会从脸上表露出高兴的颜色。所以,事情办好了,诽谤也就跟着来了,声望提高了,诬蔑也随着来了。唉! 读书人处在这个世上,希望名誉昭著,道德畅行,真难了。

身居高位而将要有作为的人,如果得到我所说的这些道理而牢记住它,大概他的国家差不多就可以治理好了吧。

作品赏析

《原毁》论述和探究毁谤产生的原因。作者认为士大夫之间毁谤之风的盛行是道德败坏的一种表现,其根源在于"怠"和"忌",即怠于自我修养且又妒忌别人;不怠不忌,毁谤便无从产生。文章先从正面开导,说明一个人应该如何正确对待自己和对待别人才符合君子之德、君子之风,然后将不合这个准则的行为拿来对照,最后指出其根源及危害性。通篇采用对比手法,并且全篇行文严肃而恳切,句式整齐中有变化,语言生动而形象,刻画当时士风,可谓入木三分。

本文抒发了作者个人的愤懑,但在不平之鸣中道出了一个真理:只有爱护人才,尊重人才,方能使人"乐于为善"。此文从"责己""待人"两个方面,进行古今对比,指出当时社会风气毁谤滋多,并剖析其原因在于"怠"与"忌"。

第一段论证古之君子"责己""待人"的正确态度。"责己重以周,待人轻以约"是"古之君子"的表现特征。

第二段紧承上文,剖析"今之君子"表现。谈"古之君子"的态度是"责己""待人",而谈"今之君子"却用"责人""待己"。一字之差,点明了两者不同的态度。对人的缺点,一个是"取其一不责其二;即其新,不究其旧";一个是"举其一,不计其十;究其旧,不图其新"。对人的优点,一个是"恐恐然惟惧其人之不得为善之利";一个是"恐恐然惟惧其人之有闻"。由此得出结论:今之君子责人详、待己廉的实质是"不以众人待其身,而以圣人望于人"。这一结句,简洁有力,跌宕有致,开合自如,非大手笔不能为之。

第三段以"虽然"急转,引出"怠"与"忌"是毁谤之源。作者认为士大夫之间毁谤之风的盛行是道德败坏的一种表现,其根源在于"怠"和"忌",即怠于自我修养且又妒忌别人;不怠不忌,毁谤便无从产生。"怠者不能修",所以待己廉;"忌者畏人修",因而责人详。为下文"是故事修而谤兴,德高而毁来"的结论做了铺垫。文中既有理论概括,又有试验说明,顺理成章地得出了"是故修而谤兴,德高而毁来"这一根本结论。最后三句,既交代了此文的写作目的,呼吁当权者纠正这股毁谤歪风,又语重心长,寄托了作者对国事的期望。

文章通篇采用对比手法,有"古之君子"与"今之君子"的对比,有同一个人"责己"和"待人"不同态度的比较,还有"应者"与"不应者"的比较,等等。此文还运用了排比手法,使文章往复回环,迂曲生姿,大大增强了表达效果。

情商感悟

人生其实很简单,归根结底就是八个字,"严于律己,宽以待人"。如果能做到这一点,许多事情就能豁然开朗!

待人为什么要宽？为的是给人自新的机会。律己为何要严？因为不严会放松自我约束，让小错误发展成大错误。

一张白纸上，一个黑点毁了它的纯洁；一次宇航，因一个小数点而前功尽弃；一次飓风，可能因蝴蝶扇动了它那轻薄的翅膀。一切的一切都因一件小事而发生。

"不积跬步，无以至千里。不积小流，无以成江海。"凡事都要从小事做起，俗话说："千里之堤，溃于蚁穴。"一件很小的错误也可能酿成无法挽回的损失，要想成功，必须从小事做起。

这是一种规范的待人之道，也是为人处世最重要的原则。它的核心是强调自悟，对事物的标准，要有一个超然的体悟，对是非的判断，要有一个尽可能客观公正的把握。一个具备这种高贵品格的人，他的成功将是水到渠成的。

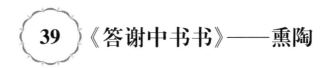

39 《答谢中书书》——熏陶

答谢中书书

陶弘景

　　山川之美,古来共谈。高峰入云,清流见底。两岸石壁,五色交辉。青林翠竹,四时俱备。晓雾将歇,猿鸟乱鸣;夕日欲颓,沉鳞竞跃。实是欲界之仙都。自康乐以来,未复有能与其奇者。

译 文

　　山川景色的美丽,自古以来就是文人雅士共同欣赏赞叹的。巍峨的山峰耸入云端,明净的溪流清澈见底。两岸的石壁色彩斑斓,交相辉映。青葱的林木,翠绿的竹丛,四季常存。清晨的薄雾将要消散的时候,传来猿、鸟此起彼伏的鸣叫声;夕阳快要落山的时候,潜游在水中的鱼儿争相跳出水面。这里实在是人间的仙境啊。自从南朝的谢灵运以来,就再也没有人能够欣赏这种奇丽的景色了。

作品赏析

　　自然景物的绮丽风光,本身就构成优美的意境,作家以自己独特的艺术感受,以饱和着感情的语言激起读者的兴致,从而形成文学作品的意境。山水相映之美,色彩配合之美,晨昏变化之美,动静相衬之美相互作用,构成一幅怡神悦性的山水画。全文只有68个字,就概括了古今,包罗了四时,兼顾了晨昏,山川草木,飞禽走兽,抒情议论,各类皆备。先以感慨发端,然后以清隽的笔触具体描绘了秀美的山川景色,最后以感慨收束。全文表达了作者沉醉山水的愉悦之情与古今知音共赏美景的得意之感。这篇文章中有直抒胸臆的句子,文章开头写道"山川之美,古来共谈",这个"美"字,是山川风物的客观形态,也是作者对山川风物的审美感受——愉悦,"实是欲界之仙都",将在山水之中飘飘欲仙的得意之态表露无遗。"自康乐以来,未复有能与其奇者",自从谢灵运以来,没有人能够欣赏它的妙处,而作者却能够从中发现无尽的乐趣,带有自豪之感,期与谢公比肩之意溢于言表。

　　作者从欣赏景物中发现无穷的乐趣。同时能与谢灵运这样的林泉高士有志向道同之处,生发出无比的自豪感,表达了作者对大自然的热爱与喜爱之情。

表达了作者沉醉山水的愉悦之情和归隐林泉的高洁志趣。

汉魏时,极盛于汉代的辞赋,在形式和内容两方面都逐渐产生变化,最后在南北朝时期形成新的赋体——骈文。骈文注重形式整齐、藻饰华美,是南北朝常用的文体,成为这时期的代表文学。在这段时期,骈文作家中成就最高的是由南朝入北朝的庾信。作品中,陶弘景的《答谢中书书》、吴均的《与朱元思书》,都是传诵千古的山水名篇,风格雅淡,文字清丽,可以和谢灵运、谢朓的山水诗比美。

情商感悟

鸟随鸾凤飞腾远,人伴贤良品质高。法国哲学家爱尔维修有句名言:"人是环境的产物。"每个人的朋友圈子都是一个特定的文化环境,它彰显着你的现在,也预示着你的未来。

人是在一定的文化环境熏陶中成长起来的。俗话说:"近朱者赤,近墨者黑。"文化氛围对一个人的影响往往是无形的、看不见、摸不着的,但又时刻影响着每个人的思想和行为。

熏陶是不教之教,是最有效也最省力的教育,好的素质是熏陶出来的。当然,所谓熏陶是广义的,并不限于家庭的影响。事实上,养成了阅读的习惯,也就开辟了熏陶的新来源,能够从好书中受到熏陶,这是良性循环,就像那些音乐家的孩子,在受到父母的熏陶之后,又从音乐中受到了进一步的熏陶一样。

40 《大学》(节选)——选择

大学(节选)

大学之道,在明明德,在亲民,在止于至善。知止而后有定,定而后能静,静而后能安,安而后能虑,虑而后能得。物有本末,事有终始。知所先后,则近道矣。古之欲明明德于天下者,先治其国;欲治其国者,先齐其家;欲齐其家者,先修其身;欲修其身者,先正其心;欲正其心者,先诚其意;欲诚其意者,先致其知;致知在格物。物格而后知至;知至而后意诚;意诚而后心正;心正而后身修;身修而后家齐;家齐而后国治;国治而后天下平。自天子以至于庶人,壹是皆以修身为本。其本乱而末治者否矣。其所厚者薄,而其所薄者厚,未之有也!此谓知本,此谓知之至也。

译文

大学的宗旨在于弘扬光明正大的品德,在于使人弃旧图新,在于使人达到最完善的境界。知道应达到的境界才能够志向坚定,志向坚定才能够镇静不躁,镇静不躁才能够心安理得,心安理得才能够思虑周详,思虑周详才能够有所收获。每样东西都有根本有枝末,每件事情都有开始有终结。明白了这本末始终的道理,就接近事物发展的规律了。古代那些要想在天下弘扬光明正大品德的人,先要治理好自己的国家;要想治理好自己的国家,先要管理好自己的家庭和家族;要想管理好自己的家庭和家族,先要修养自身的品性;要想修养自身的品性,先要端正自己的心思;要想端正自己的心思,先要使自己的意念真诚;要想使自己的意念真诚,先要使自己获得知识;获得知识的途径在于认识、研究万事万物。通过对万事万物的认识、研究后才能获得知识;获得知识后 意念才能真诚;意念真诚后心思才能端正;心思端正后才能修养品性;品性修养后才能管理好家庭和家族;管理好家庭和家族后才能治理好国家;治理好国家后天下才能太平。上自国家元首,下至平民百姓,人人都要以修养品性为根本。若这个根本被扰乱了,家庭、家族、国家、天下要治理好是不可能的。不分轻重缓急,本末倒置却想做好事情,这也同样是不可能的!这就叫知道了根本,这就是认知的最高境界。

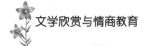

作品赏析

本篇讲的是大学之道。首先,《大学》对儒学做了一个高度概括,提出"在明明德,在亲民,在止于至善"三项,即宋代儒家们所说的大学"三纲领"。这一概括非常准确地揭示了儒学的基本精神,也道出了《大学》的主旨。《大学》是讲治国平天下的学问,但是它按照孔子思想,不就事论事,而是将人的精神的弘扬和品德修养置于首位。"明明德"是发扬自己固有的德性,是激发求学者完善自己的自觉性,而不是用某种外在的、固定的道德准则束缚自己。"亲民"即"新民",就是不仅自觉地进行自我修养,而且努力提高全体人民的道德品质,在儒家看来这是为治国平天下的伟业奠定精神基础。"止于至善"就是要将自己的道德品质和社会、国家的治理提升到最完美的地步,不达到最理想的境界绝不停止,实际上是一个无限的完善过程。

其次,《大学》提出欲明明德于天下者,要经历格物、致知、诚意、正心、修身、齐家、治国、平天下八个环节(即朱熹所称的大学"八条目")。其中,修身以上,"格物、致知、诚意、正心"四者,专注于心性修养,属儒家的"内圣"之学;修身以下,"齐家、治国、平天下",系君子之行为规范及治政之事,属儒家的"外王"之学,其意主要在彰明儒家"为政以德"的观念和"道德转化为政治"的思想。文章指出:"物有本末,事有终始,知所先后,则近道矣。"《大学》对八条目排列了次序,这主要不是规定实行中的时间先后的次序,而是确定八条目之间的关系。它指明了只有把家庭、封地管理得井井有条,才能获得经验,有资格进而治理国家;要治好家庭、封地,首先要以身作则,进行自我修养;要做自我修养就要端正思想,而不能只做表面文章,遵守外在的行为准则;端正思想就要做到真诚,心灵纯洁,排除种种私心杂念;而要意念诚实就要学习知识,提高认识,不至于陷入愚昧、偏执,从而避免盲目性;而掌握知识、提高认识能力,就要研究事物,以防止被他人之说误导。说明《大学》全面地展示了同明明德和治国平天下相关的主要方面,深刻地揭示了它们之间的关系,使儒家学说成了一个条理分明的思想体系。

再次,《大学》第一次提出"格物"的概念,把格物致知列为儒家伦理学、政治学和哲学的基本范畴,从而赋予认知活动对于修身养性的精神、心理过程和治理社会与国家的实践活动的极其重要的意义。这是儒学的一个重大发展。

最后,《大学》把修身规定为自天子以至于庶人的一切活动的根本,这既指明天子没有特权置身于修身之外,又提出普通百姓不能降低对自己的要求,把修身当作无关紧要的事。修身就是关注自我,认识自我,审视自我,完善、发展自我。说明以修身为本就是将培育完善、发展自我的自觉性置于重要的地位,这种思想能够增强个体自强不息的、内在的精神生命力。

情商感悟

人生是由一连串的选择与决定所累积而成,每个看起来微不足道的小选择,都在决定我们自己的未来。只要仔细回顾过去,就会发现今天与过去总是息息相关的,我们会

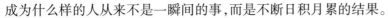

成为什么样的人从来不是一瞬间的事,而是不断日积月累的结果。

我们现在遇到的情况,都是过去选择的结果,换句话说,人生的道路都是自己的"选择"。你的工作是你的选择,你的感情是你的选择,你的友谊是你的选择,你的人生好坏也是你选择的结果。方向永远比努力重要,谨慎选择你人生的道路,因为你的选择造就了未来某个时刻的你;人生的道理很简单,你选择什么、付出什么,就得到什么。

我们的每一个选择,都在创造属于我们自己的人生;虽然我们无法预测最后的结果,但每一个当下的选择都在决定我们的未来。不是我们所处的环境,而是我们所做的决定,它注定了我们的命运。

人们很难做出好的选择,这个过程很容易犯错。当选项过多或过好时,人们尤其做不好抉择。那么,该如何做出更好的选择呢?我们需要保持对欲望的节制,学会接受遗憾。

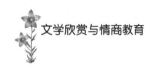

41 《答司马谏议书》——决心

答司马谏议书

王安石

某启:昨日蒙教,窃以为与君实游处相好之日久,而议事每不合,所操之术多异故也。虽欲强聒,终必不蒙见察,故略上报,不复一一自辨。重念蒙君实视遇厚,于反复不宜卤莽,故今具道所以,冀君实或见恕也。

盖儒者所争,尤在名实,名实已明,而天下之理得矣。今君实所以见教者,以为侵官、生事、征利、拒谏,以致天下怨谤也。某则以谓:受命于人主,议法度而修之于朝廷,以授之于有司,不为侵官;举先王之政,以兴利除弊,不为生事;为天下理财,不为征利;辟邪说,难壬人,不为拒谏。至于怨诽之多,则固前知其如此也。

人习于苟且非一日,士大夫多以不恤国事、同俗自媚于众为善,上乃欲变此,而某不量敌之众寡,欲出力助上以抗之,则众何为而不汹汹然?盘庚之迁,胥怨者民也,非特朝廷士大夫而已。盘庚不为怨者故改其度,度义而后动,是而不见可悔故也。如君实责我以在位久,未能助上大有为,以膏泽斯民,则某知罪矣;如曰今日当一切不事事,守前所为而已,则非某之所敢知。

无由会晤,不任区区向往之至。

译 文

鄙人王安石请启:

昨天承蒙(您来信)指教,我私下认为与君实您交往相好的日子很久了,但是议论起政事来(意见)常常不一致,(这是因为我们)所持的政治主张和方法大多不同的缘故啊!虽然想要(向您)硬啰唆几句,(但)终究一定(是)不能蒙受(您)考虑(我的意见),所以(我)只是简单地给您写了封回信,不再一一为自己辩解了。再三考虑君实对我的重视厚遇,在书信往来上不应该粗疏草率,所以现在详细地说出我这样做的理由,希望您或许能够宽恕我吧。

有学问的读书人所争论的问题,特别注重于名义和实际(是否相符)。如果名义和实际的关系已经明确了,那么天下的大道理也就清晰了。现在君实您用来指教我的,是认为我(推行新法)侵夺了官吏们的职权,制造了事端,争夺了百姓的财利,拒绝接受不同的意见,因而招致天下人的怨恨和诽谤。我却认为从皇帝那里接受命令,议订法令制度,又在朝廷上修正(决定),把它交给负有专责的官吏(去执行),(这)不能算是侵夺官权;实行古代贤明君主的政策,用它来兴办(对天下)有利的事业、消除(种种)弊病,(这)不能算是制造事端;为天下治理整顿财政,(这)不能算是(与百姓)争夺财利;抨击不正确的言论,驳斥巧辩的坏人,(这)不能算是拒绝接受(他人的)规劝。至于(社会上对我的)那么多怨恨和诽谤,那是我本来早就料到它会这样的。

人们习惯于苟且偷安、得过且过(已)不是一天(的事)了。士大夫们多数把不顾国家大事、附和世俗(的见解),向众人献媚讨好当作好事,(因而)皇上才要改变这种(不良)风气,那么我不去估量反对者的多少,想拿出(自己的)力量帮助皇上来抵制这股势力,(这样一来)那么那些人又为什么不(对我)大吵大闹呢? 盘庚迁都(的时候),连老百姓都抱怨啊,(并)不只是朝廷上的士大夫(加以反对);盘庚不因为有人怨恨的缘故就改变自己的计划;(这是他)考虑到(迁都)合理,然后坚决行动;认为对(就)看不出有什么可以后悔的缘故啊。如果君实您责备我是因为(我)在位任职很久,没能帮助皇上干一番大事业,使这些老百姓得到好处,那么我承认(自己是)有罪的;如果说现在应该什么事都不去做,墨守前人的陈规旧法就是了,那就不是我敢领教的了。

没有机会(与您)见面,内心实在仰慕到极点。

作品赏析

王安石(1021-1086),字介甫,号半山,汉族,临川人,北宋著名思想家、政治家、文学家、改革家。

庆历二年(1042),王安石进士及第。历任扬州签判、鄞县知县、舒州通判等职,政绩显著。熙宁二年(1069),任参知政事,次年拜相,主持变法。因守旧派反对,熙宁七年(1074)罢相。一年后,宋神宗再次起用,旋又罢相,退居江宁。元祐元年(1086),保守派得势,新法皆废,郁然病逝于钟山,追赠太傅。绍圣元年(1094),获谥"文",故世称王文公。

全文立论的论点是针对司马光认为新法"侵官、生事、征利、拒谏、致怨"的指责,指出儒者所争,尤在于名实。名实已明,而天下之理得矣。从而说明变法是正确的。司马光的攻击名实不符,全是谬论。文章逐条驳斥司马光的谬论,揭露出他们保守、腐朽的本质,表示出作者坚持改革,绝不为流言俗语所动的决心。

第一段主要阐明写这封信的原因和目的。因为两人之间有分歧,所以写信表明自己的立场和态度。王安石在第一段第一句写了三层意思:第一层"昨日蒙教"是礼貌性套语;第二层提到与司马光"游处相好之日久",感情色彩很浓,使司马光很是舒服;第三层急速转到"而议事每不合,所操之术多异故也",有迅雷不及掩耳之势,直接点明二人政治上不投合的原因所在。这三层意思集中在一句话里显出高度的概括力,亮出了分歧的焦点所在。不伤感情,态度坦率。第二句又有两层意思。第一层是:司马光见解坚定,并不肯轻易改变,所以"虽欲强聒"多讲几句,一定得不到见察;对于洋洋洒洒三千余字的来信,只作简单答复,不再一一自辩。第二层是:经过仔细考虑,司马光很是看重自己,书信往来,不宜鲁莽,所以要做详细解释,希望司马光能够宽恕。这里说明了作者的态度和方法,又显示出冷静沉着。

第二段是全文驳斥的重点部分,作者以"名实已明,而天下之理得矣"为论证的立足点,分别对保守派谬论进行驳斥,表明自己坚持变法的立场。在辩驳之前,先高屋建瓴地提出一个最重要的原则问题——名实问题。名正则言顺而事行。但站在不同立场,对同样一件事(即"实")是否合理(即"名"是否"正")就会有不同的甚至完全相反的看法。司马光在来信中指责王安石实行变法是"侵官、生事、征利、拒谏,以致天下怨谤"。这些责难,如果就事论事地一一加以辩解,那就很可能会因为对方抓住了一些表面现象或具体事实而陷于被动招架,越辩解越显得理亏;必须站在高处,深刻揭示出事情的本质,才能从根本上驳倒对方的责难,为变法正名。先驳"侵官"。作者不去牵涉实行新法是否侵夺了政府有关机构的某些权力这些具体现象,而是大处着眼,指出决定进行变法是"受命于人主",出于皇帝的意旨;新法的制定是"议法度而修之于朝廷",经过朝廷的认真讨论而订立;然后再"授之于有司",交付具体主管部门去执行。这一"受"、一"议"、一"授",将新法从决策、制定到推行的全过程置于完全名正言顺、合理合法的基础上,"侵官"之说便不攻自破。次驳"生事"。"举先王之政"是理论根据,"兴利除弊"是根本目的。这样的"事",上合先王之道,下利国家百姓,自然不是"生事扰民"。再驳"征利"。只用"为天下理财"一句已足。因为问题不在于是否征利,而在于为谁征利。根本出发点正确,"征利"的责难也就站不住脚。然后驳"拒谏"。只有拒绝正确的批评,文过饰非才叫拒谏,因此,"辟邪说,难壬(佞)人"便与拒谏风马牛不相及。最后讲到"怨谤之多",却不再从正面反驳,仅用"固前知其如此"一语带过,大有对此不屑一顾的轻蔑意味,并由此引出下面一段议论。

这一段,从回答对方的责难这个角度说,是辩解,是"守";但由于作者抓住问题的实质,从大处高处着眼,这种辩解就绝非单纯的招架防守,而是守中有攻。例如在驳斥司马光所列举的罪责的同时,也就反过来间接指责了对方违忤"人主"旨意、"先王"之政,不为天下兴利除弊的错误。特别是"辟邪说,难壬人"的说法,更毫不客气地将对方置于壬人邪说代言人的难堪境地。当然,对司马光的揭露和进攻,主要还在下面一段。

第三段进一步明确自己的立场和态度,紧承上段结尾处怨谤之多早在意料之中的无畏声言,作者对"怨谤"的来历作了一针见血的分析。先指出:人们习惯于苟且偷安已非一日,朝廷士大夫多以不忧国事、附和流俗、讨好众人为处世的良方。在王安石的诗文中,"苟且"是因循保守的同义语;而"俗"与"众"则是为保守思想所浸染的一股强大的社会政治势力。这里揭示出他们的精神面貌和思想实质,正为下文皇帝的"欲变此"和自己的"助上抗之"提供了合理的依据。因此接着讲到"众何为而不汹汹然",只是说明保守势力的反对势在必然,却丝毫不意味着他们的有理和有力。接下来,作者举了盘庚迁都的历史事例,说明反对者之多并不表明措施有错误,只要"度义而后动",确认自己做得是对的,就没有任何退缩后悔的必要。盘庚之迁,连百姓都反对,尚且未能使他改变计划,那么当前实行变法只遭到朝廷士大夫中保守势力的反对,就更无退缩之理了。这是用历史上改革的事例说明当前所进行的变法的合理与正义性,表明自己不为怨谤之多而改变决心的坚定态度。"度义而后动,是而不见可悔",可以说是王安石的行事准则,也是历史上一切改革家刚决精神的一种概括。

答书写到这里,似乎话已说尽。作者却欲擒故纵,先让开一步,说如果对方是责备自己在位日久,没有能帮助皇帝干出一番大事,施惠于民,那么自己是知罪的。这虽非本篇正意,却是由衷之言。紧接着又反转过去,正面表明态度:"如日今日当一切不事事,守前所为而已,则非某之所敢知。"委婉的口吻中蕴含着锐利的锋芒,一语点破以司马光为代表的保守派的思想实质,直刺对方要害,使其原形毕露,无言以对。

这篇短信笔力精锐,文字经济而富有说服力,语气委婉而严正,既不伤害私人的友谊,也不向反对的意见妥协。作者的修辞和逻辑推理是根据对具体的人、具体的场合,运用了反驳、引导、对比、证明、启发、类推等方法,由近及远、由远及近、层层递进,它是驳念性政论文的典范之作。

情商感悟

相信每一个人都曾拥有梦想,但为什么那么多人的梦想都没有实现呢?道理很简单,那就是没有行动的决心。

大多数人,在一开始的时候,是拥有非常远大的梦想的,但日子一天天过去,却没有付出行动,缺乏行动的梦想是空谈,时间一长,梦想就开始萎缩,各种消极和不可能的思想就会产生,甚至从此就不敢再存有梦想,过着随遇而安的生活。

要成功,仅有梦想是不够的,还必须拥有行动的决心,决心是坚定不移的意志。每个人都有决心,可是,真正实现决心是不易的,因为挫折很多。正是因为有挫折和困难,才下定决心来提醒自己,促使自己去克服、去面对、去实施。只有下定一个不可以更改的决心,历经学习、奋斗、成长,这样不断地行动,才可以摘下成功的果实。

梦想是成功的起跑线,决心是起跑的枪声,行动犹如跑者全力的奔驰。面对无奈的现实,你唯有坚定意志、勇下决心,学会坚强,找回自己,才会找回自信、找回明确的人生目标,迎来属于自己的精彩人生。

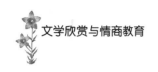
42 《隋论》——大度

隋　论

苏　辙

人之于物,听其自附,而信其自去,则人重而物轻。人重而物轻,则物之附人也坚。物之所以去人,分裂四出而不可禁者,物重而人轻也。故夫智者或可与取天下矣,而不可与守天下。守天下则必有大度者也。何者?非有大度之人,则常恐天下之去我,而以术留天下。以术留天下,而天下始去之矣。

秦、隋之亡,其弊果安在哉?自周失其政,诸侯用事,而秦独得山西之地,不过千里。韩、魏压其冲,楚胁其肩,燕、赵伺其北,而齐掉其东。秦人被甲持兵,七世而不得解,寸攘尺取,至始皇然后合而为一。秦见其取天下若此其难也,而以为不急持之,则后世且复割裂以为敌国。是以毁名城,杀豪杰,销锋镝,以绝天下之望。其所以备虑而固守之者甚密如此,然而海内无聊,莫有不忍去之意。是以陈胜、项籍因民之不服,长呼起兵。岂非其重失天下,而防之太过之弊欤?

今夫隋文之世,其亦见天下之久不定,而重失其定也。彼见天下之久不定也,是以既得天下之众,而恐其失之;享天下之乐,而惧其不久;立于万民之上,而常有猜防不安之心,以为举世之人,皆有曩者英雄割据之怀,制为严法峻令,以杜天下之变。谋臣旧将,诛灭略尽,而独死于杨素之手,以及于大故。终于炀帝之际,天下大乱,涂地而莫之救,则夫隋之所以亡者,无以异于秦也。

悲夫!古之圣人,修德以来天下。天下之所为去就者,莫不在我,故其视失天下甚轻。夫惟视失天下甚轻,是故其心舒缓,而其为政也宽。宽者生于无忧,而惨急者生于无聊耳。及观秦、隋,唯不忍失之而至于亡,然后知圣人之为是宽缓不速之行者,乃其所以深取天下者也。

译　文

人对于事物,任凭它来依附自己,任凭它自由离去,如果能够做到那样就是人重而物轻。人重物轻,物依附人就牢固。物之所以离开人,分裂四散却没有办法聚拢起来,是因为物重而人轻。所以那些聪明的人或许可以和他一起打天下,但是,不能够和他们一起来守天下。守护天下必须有大度的胸怀。为什么呢?那些没有宽广胸怀的人,时常担心

天下离自己而去,所以就玩弄权术留住天下。用权术来留守天下,那天下就开始离去了。

秦朝、隋朝的灭亡,它们的弊病究竟在什么地方呢?自从周朝政治衰败,诸侯之间相互争霸,但是,秦国单独拥有山西之地,不过千里。却有韩国、魏国扼住它的要塞,楚国威胁它的肩头,燕国、赵国窥视它的北面,齐国牵制它的东面。秦国的人披甲胄、拿着兵器,七代都不能够解除,一寸一寸地夺取土地,直到秦始皇统一了六国。秦国看到夺取天下是如此的困难,于是认为如果不迅速地守护天下,天下就会重新陷入混乱的境地,所以毁坏名城,杀戮英雄豪杰,熔铸兵器,来消灭分裂天下的念头。他们想到守护天下的办法是这么的周密、严谨。但是,四海之内的人民,却不堪忍受这种政策,都怀有离秦而去的念头。因此,陈胜、项羽他们这些人能够借助百姓的这种不满,高呼起义。这不是秦国因为害怕失去天下,防备过分的弊病吗?

隋文帝的时代,也是因为看到天下初定,害怕天下混乱。他看到天下长久的不安定,因此得到天下之后,就非常害怕失去它,享受拥有天下的乐趣却担心天下不能够长久。高高在万民之上,就经常处在怀疑和猜忌之中,认为天下的人都有以前的那种英雄情怀。所以就制定了很严酷的法律来防止天下变乱。他的那些谋臣、猛将基本上被他杀得差不多了,而他却偏偏死在杨素手中,以至于发生了大变故。终于在隋炀帝的时候,天下大乱,一败涂地而没有办法收拾,这样看来,隋朝灭亡的原因,和秦朝没有什么两样。

可悲啊!古代的圣人通过修养德行来让天下人归附,拥有天下或者离开天下,都在我自己,所以把天下看得很轻,这样心态就平稳,所实行的政策就宽松。宽松来自无忧虑,急暴来自于无所依赖。再来看看秦朝和隋朝,正是因为舍不得天下,最后导致了灭亡。最后才明白,圣人之所以做出这么不缓不急的行为,正是他用来稳固天下的办法啊。

作品赏析

苏辙(1039—1112),字子由,汉族,眉州眉山(今属四川)人。神宗朝,为制置三司条例司属官。因反对王安石变法,出为河南推官。哲宗时,召为秘书省校书郎。元祐元年(1086)为右司谏,历官御史中丞、尚书右丞、门下侍郎因事忤哲宗及元丰诸臣,出知汝州、再谪雷州安置,移循州。徽宗立,徙永州、岳州复太中大夫,又降居许州,致仕。崇宁三年(1104年),苏辙在颍川定居,过田园隐逸生活,筑室曰"遗老斋",自号"颍滨遗老",以读书著述、默坐参禅为事。苏辙死后追复端明殿学士,谥文定。唐宋八大家之一,与父洵、兄轼齐名,合称三苏。

《隋论》是苏辙的一篇政论文。文章一开始先摆出自己的论点,通过对人与物的关系的剖析,得出如果过于在乎外在事物,反而容易失去的道理。接着讲到了得天下与守天下,可以使那些聪明之人用权术来得到天下,但是一旦拥有天下,如果没有宽广的胸怀,一味凭借权术治理,是很容易失去的。

然后,以秦朝和隋朝为例,说明过于紧张、害怕失去天下,最后往往适得其反,天下反而很容易失去;而像太公那样,以一颗平常之心,用宽松仁爱来治理天下,即使土地没有了,可是却拥有天下的人心,最后天下还是他的。

苏辙的政论文大多精辟,能够巧妙运用历史,将说理与历史有机结合起来,很有说服力;行文结构严谨,有一种紧凑的感觉。

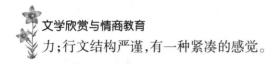

生活中的种种境遇,总是不在我们的计划之内。人与事也是处在莫名的变化中,不可控制,不可预知。唯宽可以容人,唯厚可以载物。我们在应对千变万化的生活时,拥有大度方可化开生活中的众多阴云。金无足赤,人无完人。承认自己的不足,接受别人的不完美,或许可以使我们在本就无常的生活里多一份自在,多一份舒心。

世间万物皆是孤独的存在,即使灵魂无限贴近,最终我们每个人都要孤独地老去。如果能有机会和别人友好相处,能在有限的生命里快乐地生活,何尝不是一件有意义的事情呢?

辨奸论

苏 洵

事有必至,理有固然。惟天下之静者,乃能见微而知著。月晕而风,础润而雨,人人知之。人事之推移,理势之相因,其疏阔而难知,变化而不可测者,孰与天地阴阳之事。而贤者有不知,其故何也?好恶乱其中,而利害夺其外也!

昔者,山巨源见王衍曰:"误天下苍生者,必此人也!"郭汾阳见卢杞曰:"此人得志。吾子孙无遗类矣!"自今而言之,其理固有可见者。以吾观之,王衍之为人,容貌言语,固有以欺世而盗名者。然不忮不求,与物浮沉。使晋无惠帝,仅得中主,虽衍百千,何从而乱天下乎?卢杞之奸,固足以败国。然而不学无文,容貌不足以动人,言语不足以眩世,非德宗之鄙暗,亦何从而用之?由是言之,二公之料二子,亦容有未必然也!

今有人,口诵孔、老之言,身履夷、齐之行,收召好名之士、不得志之人,相与造作言语,私立名字,以为颜渊、孟轲复出,而阴贼险狠,与人异趣。是王衍、卢杞合而为一人也。其祸岂可胜言哉?夫面垢不忘洗,衣垢不忘浣。此人之至情也。今也不然,衣臣虏之衣。食犬彘之食,囚首丧面,而谈诗书,此岂其情也哉?凡事之不近人情者,鲜不为大奸慝,竖刁、易牙、开方是也。以盖世之名,而济其未形之患。虽有愿治之主,好贤之相,犹将举而用之。则其为天下患,必然而无疑者,非特二子之比也。

孙子曰:"善用兵者,无赫赫之功。"使斯人而不用也,则吾言为过,而斯人有不遇之叹。孰知祸之至于此哉?不然。天下将被其祸,而吾获知言之名,悲夫!

译文

事情的发展必定会有一定的结局,道理有它原本就该如此的规律。天下只有表现冷静的人,才能从细微之处预见到日后将会发生的显著变化。月亮周围出现了晕圈预示着将要刮风,房屋的石柱返潮湿润预示着将要下雨,这是人人皆知的事。人事的发展变化,情理和形势之间的因果关系,也是空疏渺茫难以尽知,千变万化而无法预先料到的,怎么能和天地阴阳的变化相比?即便是贤能的人对此也有所不解。这是什么原因呢?这是由于喜爱和憎恨扰乱了他们的内心,利害关系又影响了他们的行动啊!

从前山巨源见到王衍,说:"将来给天下百姓带来灾难的,一定是这个人!"郭汾阳见到卢杞，说："这个人一旦得志，我的子孙就会被他杀得一个不留！"现在分析一下他们所说的话，其中的道理是可以料想到的。依我看来，王衍之为人，从容貌和谈吐上，确实具备了欺世盗名的条件。但是他不妒忌别人，不贪图钱财，只是随大流。如果晋朝当时没有惠帝这个昏君，当政者即使只是一个中等的君主，就算是有成百上千个王衍这样的人，又怎能扰乱天下呢？卢杞那样的奸诈，确实足以败坏国家。但是他不学无术，容貌不足以动人，言谈不足以蒙蔽社会，如果不是遇到德宗这样的鄙陋昏庸的君主，又怎能受到重用呢？由此说来，山、郭二公对王、卢二人所做的预言，也未必完全如此啊！

现在有人嘴里背诵着孔子、老子的话，亲身实践着伯夷、叔齐的行为，收罗了一批追求名声和不得志的士人，相互制造舆论，私下里互相标榜，以为自己是颜渊、孟轲再世，然而他们为人阴险狠毒，和一般人的志趣不同。这是把王衍和卢杞合成一个人了。他在社会上酿造的祸害还能说得完吗？脸面脏了不忘洗脸，衣服脏了不忘洗衣，这本是人之常情。现在他却不是这样，身穿奴仆的衣服，吃猪狗的食物，头发蓬乱得像囚犯，表情哭丧着像家里有人去世，却在那里大谈《诗》《书》，这难道说是人的真实的心情吗？凡是办事不近人情的，很少不成为大奸大恶之辈，竖刁、易牙、开方就是这样的人。这些人借助当世享有盛名之力，来促成他尚未形成气候的祸患。虽然有励精图治的君主，敬重贤才的宰相，也还是会选拔并重用他的。这样，他将成为天下的祸患，是必定无疑的了，这就不只是王、卢二人所能比拟的。

孙子说："善于用兵的人，并没有显赫的功勋。"如果这个人没有被重用，那么我的话就有些过头了，而此人就会有怀才不遇的感慨。谁又能知道祸患会达到上述这种地步呢？不然的话，天下将要蒙受他的祸害，而我也会获取卓有远见的名声，那就太可悲了！

作品赏析

把《辨奸论》全文连贯起来看，在写作目的上，作者确有所指，而所指的具体人物，作者又未点明。我们也没有必要进行烦琐的考证。仅就立意谋篇上来说，本文确属古文中的名篇。

作者提出的"见微知著"的观点是有一定道理的。不要轻视小事情，大事情都是由小事情积累而成的。"防微杜渐"早就是古人奉为圭臬的名言。正如清人吴楚材所说："见微知著，可为千古观人之法。"

本文突出的成功之处在于谋篇。文章开始先将天象和人事进行比较，指出了人事比天象更难掌握，并说明这是由于"好恶"和"利害"所形成的必然结果。言之有理，持之有故，不能不令人首肯。接着，又通过历史上山涛、郭子仪对王衍、卢杞的评论，说明了山、郭二人的评论虽有一定道理，但也有所疏漏，这就为下文的"今有人"起了铺垫作用。本文的第三段是作者倾注全力发泄的部分，将"今有人"的种种表现尽情地加以刻画，一气呵成，有如飞瀑狂泻，其笔锋之犀利，论证之严谨，不能不令人叹为观止。而在结尾处，作者又留有余地地提出两种可能出现的情况，这就使人感到作者所持的公允的态度。

作者在批评"有的人"时，把生活习惯（如不修边幅）也作为攻击的口实，未免失之偏颇了。但是，这点微疵并不足以影响本文的成就。

情商感悟

智者,知也。独见前闻,不惑于事,见微知著者也。意指看到微小的苗头,就知道可能会发生显著的变化。比喻小中见大,以小见大。

观察是人们认识世界、获取知识的一个重要途径,也是科学研究的重要方法。一切科学实验,科学的新发现、新规律,都是建立在周密、精确、系统的观察基础之上的。居里夫人的女儿曾把观察誉为"学者的第一美德"。

观察力即观察能力,是指能够迅速准确地看出对象和现象的那些典型的但并不很显著的特征和重要细节的能力。它是个人通过长期观察活动所形成的。观察力是智力结构的第一要素,是智力发展的基础。观察力的高低,直接影响人感知的精确性,影响人的想象力和思维能力的发展。观察力是人智力发展的重要条件,要发展人的智力,就要重视培养人的观察力。

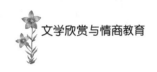

《墨池记》——刻苦勤奋

墨池记

曾 巩

临川之城东,有地隐然而高,以临于溪,曰新城。新城之上,有池洼然而方以长,曰王羲之之墨池者,荀伯子《临川记》云也。羲之尝慕张芝,临池学书,池水尽黑,此为其故迹,岂信然邪?

方羲之之不可强以仕,而尝极东方,出沧海,以娱其意于山水之间;岂其徜徉肆恣,而又尝自休于此邪?羲之之书晚乃善,则其所能,盖亦以精力自致者,非天成也。然后世未有能及者,岂其学不如彼邪?则学固岂可以少哉,况欲深造道德者邪?

墨池之上,今为州学舍。教授王君盛恐其不章也,书"晋王右军墨池"之六字于楹间以揭之。又告于巩曰:"愿有记。"推王君之心,岂爱人之善,虽一能不以废,而因以及乎其迹邪?其亦欲推其事以勉其学者邪?夫人之有一能而使后人尚之如此,况仁人庄士之遗风余思被于来世者何如哉!

庆历八年九月十二日,曾巩记。

译 文

临川郡城的东面,有一块地微微高起,并且靠近溪流,叫作新城。新城上面,有个池子低洼呈长方形,说是王羲之的墨池,这是荀伯子《临川记》里说的。

羲之曾经仰慕张芝"临池学书,池水尽黑"的精神,(现在说)这是羲之的(墨池)遗址,难道是真的吗?当羲之不愿勉强做官时,曾经游遍东方,出游东海,在山水之间使他的心情快乐。莫非他在尽情游览时,曾在这里停留过?羲之的书法,到晚年才特别好。那么他能达到这地步,大概也是靠他自己的精神和毅力取得的,并不是天生的。但是后代没有能够赶上他的人,是不是后人学习下的功夫不如他呢?那么学习的功夫难道可以少下吗?何况想在道德修养上深造的人呢?

墨池的旁边,现在是抚州州学的校舍,教授王盛先生担心墨池不能出名,写了"晋王右军墨池"六个字挂在屋前两柱之间,又请求我说:"希望有一篇(墨池)记。"推测王先生的用心,是不是喜爱别人的优点,即使是一技之长也不让它埋没,因而推广到王羲之的遗迹呢?莫非也想推广王羲之的事迹来勉励那些学员吧?一个人有一技之长,就能使后人像这样尊重他;何况那些品德高尚、行为端庄的人,遗留下来令人思慕的美好风范,对于后世的影响那就更不用说了!

庆历八年九月十二日,曾巩作记。

作品赏析

名为"墨池记",着眼点却不在"池",而在于阐释成就并非天成,要靠刻苦学习的道理,以此勉励学者勤奋学习。文章以论为纲,以记为目,记议交错,纲目统一,写法新颖别致,见解精警,确是难得之佳作。

本文意在写论,但发议之前,又不能不记叙与墨池有关的材料。否则,议论便无所附丽,显得浮泛,失之空洞说教。如记之过详,又会喧宾夺主,湮没题旨。故作者采用了记议结合,略记详论的办法,以突出文章的题旨。开头,大处落笔,以省俭的笔墨,根据荀伯子《临川记》所云,概括了墨池的地理位置、环境和状貌:"临川之城东,有地隐然而高,以临于溪,曰新城。新城之上,有池洼然而方以长"。同时,又根据王羲之仰慕张芝,"临池学书,池水尽黑"的传说,指出墨池得名的由来。其实,有关墨池的传说,除《临川记》所述之外,还有诸种说法,因本文的目的在于说理,不在于记池,所以皆略而未提。文辞之简约,可谓惜墨如金。对于墨池的记叙,虽要言不烦,却铺设了通向议论的轨道。接着文章由物及人,追述王羲之退离官场的一段生活经历。据《晋书》记载,骠骑将军王述,少时与羲之齐名,而羲之甚轻之。羲之任会稽内史时,述为杨川刺史,羲之成了他的部属。后王述检察会稽郡刑改,羲之以之为耻,遂称病去职,并于父母墓前发誓不再出来做官。对于王羲之的这一段经历,作者只以"方羲之之不可强以仕"一语带过,略予交代,随之追述了王羲之随意漫游、纵情山水的行踪:"尝极东方,出沧海,以娱其意于山水之间,岂有徜徉恣肆,而又尝自休于此邪?"这一段简略追述,也至关重要。它突出了王羲之的傲岸正直、脱尘超俗的思想,这是王羲之学书法的思想基础和良好的精神气质,不能不提。从结构上讲,"又尝自休于此邪"一语,用设问句式肯定了王羲之曾在临川学书,既与上文墨池挂起钩来,又为下文的议论提供了依据。随后,在记的基础上,文章转入了议:"羲之之书晚乃善,则其所能,盖亦以精力自致者,非天成也。"虞和《论书表》云:"羲之书在始未有奇,殊不胜庾翼,迨其末年,乃造其极。尝以章草书十纸,过亮,亮以示翼。翼叹服,因与羲之书云:'吾昔有伯英章草书十纸,过江亡失,常痛妙迹永绝。忽见足下答家兄书,焕若神明,顿还旧观。'"这说明王羲之晚年已与"草圣"张芝并驾齐驱,可见"羲之之书晚乃成"之说有事实根据,令人信服。那么,羲之书法所以"善"的根本原因是什么?那就是专心致志、勤学苦练的结果,而不是天生的。至此,原因——在于缺乏勤奋精神,进一步说明了刻苦学习的重要性。最后,又循意生发,引申到封建士大夫的道德修养上去,指出"深造道德",刻苦学习也是不可少的。就这样,正面立论,反面申说,循意生发,一层深似一层地揭示了文章的题旨。然而,作者对题旨的开拓并未就此止步。在简略记叙州学教授王盛向他索文的经过以后,文章再度转入议论:"推王君之心,岂爱人之善,虽一能不以废,而因以及乎其迹邪?其亦欲推其事以勉其学者邪?"这虽是对王君用心的推测,实则是作者作记的良苦用心。接着,又随物赋意,推而广之,进一步议论道:"夫人之有一能,而使后人尚之如此,况仁人庄士之遗风余思,被于来世者何如哉。"作者由王羲之的善书法之技,推及"仁人庄士"的教化、德行,勉励人们不仅要有"一能",更要刻苦学习封建士大夫的道德修养,从而把文意又深入一层。曾巩是"正统派"古文家,文章的卫道气息较浓厚,这里也明显地流露了他卫道的传统思想。

在宋代以"记"为体裁的说理散文中,像《墨池记》这样以记为附,以议为主的写法还是不多见的。《醉翁亭记》的思想意脉是"醉翁之意不在酒","在乎山水之间也"。但这种"意",不是靠发"议"表达出来的,而是随着山水相映、朝暮变化、四季变幻的自然景物描写透露出来的;《岳阳楼记》的重心不在记楼,在于敞露个人"先天下之忧而忧,后天下之乐而乐"的襟怀,在抒情方式上,作者采用的是触景生情的方法,因而文章铺排笔墨,以较多的篇幅写了岳阳楼变幻莫测的景色。而《墨池记》用于记"池"的文字较少,议论文字却很多。它不是在记叙之后再发议论,而是记事、议论错杂使用,浑然一体。尽管议多于记,却无断线风韵,游离意脉之弊,读来觉得自然天成。可以说《墨池记》脱尽了他人窠臼,辟出了自家蹊径。

情商感悟

古今中外,许许多多有成就的人,他们都是因为勤奋,才能从众多的人当中脱颖而出,成为人们所佩服的人。古往今来,勤奋是人们获得成功的必要前提,也是我们每个人应该具备的良好品质。唯有勤奋才能够创造出一个人事业的成功与辉煌。文学家说勤奋是打开文学殿堂之门的一把钥匙,科学家说勤奋能够使人聪明,而政治家说勤奋是实现理想的基石。世界上最宝贵的除了良好的心理素质,还有一样东西,就是勤奋。最宝贵的勤奋,不光是身体上的勤奋,还有精神上的勤奋,靠的是毅力,是永恒。身体上的精神造诣来源于刻苦勤奋。

勤奋是指坚持不懈,高频率地做自己认为有意义的事情。人只有不断地勤奋学习,不断地创造自己,改变自己,才能够一步步地走向成功。古之成大事者,不仅有超世之才,亦必有坚韧不拔之志。古之有囊萤映雪、凿壁偷光之勤学故事,我们更应该刻苦勤奋。天道酬勤,老天不会辜负每一个刻苦努力的人。业精于勤荒于嬉,更应该趁青春的大好时光,刻苦努力,勤奋学习。学贵有恒,何必三更起五更眠,最无益,一日曝晒十日寒。把刻苦勤奋作为自己青春的代名词,一定会赢得人生辉煌的勋章!

45 《秋水》（节选）——明智

秋水（节选）

庄　子

秋水时至，百川灌河；泾流之大，两涘渚崖之间不辩牛马。于是焉，河伯欣然自喜，以天下之美为尽在己。顺流而东行，至于北海。东面而视，不见水端。于是焉，河伯始旋其面目，望洋向若而叹曰："野语有之曰：'闻道百，以为莫己若者。'我之谓也。且夫我尝闻少仲尼之闻，而轻伯夷之义者，始吾弗信，今我睹子之难穷也，吾非至于子之门，则殆矣，吾长见笑于大方之家。"

北海若曰："井鼃不可以语于海者，拘于虚也；夏虫不可以语于冰者，笃于时也；曲士不可以语于道者，束于教也。今尔出于崖涘，观于大海，乃知尔丑，尔将可与语大理矣。天下之水，莫大于海。万川归之，不知何时止而不盈；尾闾泄之，不知何时已而不虚；春秋不变，水旱不知。此其过江河之流，不可为量数。而吾未尝以此自多者，自以比形于天地，而受气于阴阳，吾在天地之间，犹小石小木之在大山也。方存乎见少，又奚以自多！计四海之在天地之间也，不似礨空之在大泽乎？计中国之在海内不似稊米之在大仓乎？号物之数谓之万，人处一焉；人卒九州，谷食之所生，舟车之所通，人处一焉。此其比万物也，不似毫末之在于马体乎？五帝之所连，三王之所争，仁人之所忧，任士之所劳，尽此矣！伯夷辞之以为名，仲尼语之以为博。此其自多也，不似尔向之自多于水乎？"

河伯曰："然则吾大天地而小豪末，可乎？"

北海若曰"否。夫物，量无穷，时无止，分无常，终始无故。是故大知观于远近，故小而不寡，大而不多：知量无穷。证向今故，故遥而不闷，掇而不跂：知时无止。察乎盈虚，故得而不喜，失而不忧：知分之无常也。明乎坦涂，故生而不说，死而不祸：知终始之不可故也。计人之所知，不若其所不知；其生之时，不若未生之时；以其至小，求穷其至大之域，是故迷乱而不能自得也。由此观之，又何以知毫末之足以定至细之倪，又何以知天地之足以穷至大之域！"

河伯曰："世之议者皆曰：'至精无形，至大不可围。'是信情乎？"

北海若曰："夫自细视大者不尽，自大视细者不明。夫精，小之微也；郭，大之殷也：故异便。此势之有也。夫精粗者，期于有形者也；无形者，数之所不能分也；不可围者，数之所不能穷也。可以言论者，物之粗也；可以意致者，物之精也；言之所不能论，意之所不能察致者，不期精粗焉。是故大人之行：不出乎害人，不多仁恩；动不为利，不贱门隶；货财弗争，不多辞让；事焉不借人，不多食乎力，不贱贪污；行殊乎俗，不多辟异；为在从众，不贱佞谄;世之爵禄不足以为劝,戮耻不足以为辱;知是非之不可为分,细大之不可为倪。闻曰:'道人不闻,至德不得,大人无己。'约分之至也。"

河伯曰:"若物之外,若物之内,恶至而倪贵贱? 恶至而倪小大?"

北海若曰:"以道观之,物无贵贱;以物观之,自贵而相贱;以俗观之,贵贱不在己。以差观之,因其所大而大之,则万物莫不大;因其所小而小之,则万物莫不小。知天地之为稊米也,知毫末之为丘山也,则差数睹矣。以功观之,因其所有而有之,则万物莫不有;因其所无而无之,则万物莫无。知东西之相反而不可以相无,则功分定矣。以趣观之,因其所然而然之,则万物莫不然;因其所非而非之,则万物莫不非。知尧、桀之自然而相非,则趣操睹矣。昔者尧、舜让而帝,之、哙让而绝;汤、武争而王,白公争而灭。由此观之,争让之礼,尧、桀之行,贵贱有时,未可以为常也。梁丽可以冲城而不可以窒穴,言殊器也;骐骥骅骝一日而驰千里,捕鼠不如狸狌,言殊技也;鸱鸺夜撮蚤,察毫末,昼出瞋目而不见丘山,言殊性也。故曰:盖师是而无非,师治而无乱乎? 是未明天地之理,万物之情也。是犹师天而无地,师阴而无阳,其不可行明矣! 然且语而不舍,非愚则诬也! 帝王殊禅,三代殊继。差其时,逆其俗者,谓之篡夫;当其时,顺其俗者,谓之义之徒。默默乎河伯,女恶知贵贱之门,小大之家!"

河伯曰:"然则我何为乎? 何不为乎? 吾辞受趣舍,吾终奈何?"

北海若曰:"以道观之,何贵何贱,是谓反衍;无拘而志,与道大蹇。何少何多,是谓谢施;无一而行,与道参差。严乎若国之有君,其无私德;繇繇乎若祭之有社,其无私福;泛泛乎其若四方之无穷,其无所畛域。兼怀万物,其孰承翼? 是谓无方。万物一齐,孰短孰长? 道无终始,物有死生,不恃其成。一虚一满,不位乎其形。年不可举,时不可止。消息盈虚,终则有始。是所以语大义之方,论万物之理也。物之生也,若骤若驰。无动而不变,无时而不移。何为乎,何不为乎? 夫固将自化。"

河伯曰:"然则何贵于道邪?"

北海若曰:"知道者必达于理,达于理者必明于权,明于权者不以物害己。至德者,火弗能热,水弗能溺,寒暑弗能害,禽兽弗能贼。非谓其薄也,言察乎安危,宁于祸福,谨于去就,莫之能害也。故曰:'天在内,人在外,德在乎天。'知天人之行,本乎天,位乎得,蹢躅而屈伸,反要而语极。"曰:"何谓天? 何谓人?"北海若曰:"牛马四足,是谓天;落马首,穿牛鼻,是谓人。故曰:'无以人灭天,无以故灭命,无以得殉名。谨守而勿失,是谓反其真。'"

译文

秋天里洪水按时到来,千百条江河注入黄河,直流的水畅通无阻,两岸和水中沙洲之间连牛马都不能分辨。在这个情况下河伯高兴地自得其乐,认为天下一切美景全都聚集在自己这里。河伯顺着水流向东而去,来到北海边,面朝东边一望,看不见大海的尽头。在这个时候河伯改变了原来欣然自得的神色,面对海神若仰首慨叹道:"有句俗话说,'听到了许多道理,就以为没有人比得上自己',说的就是我这样的人了。况且我曾听说有人认为孔子的见闻浅陋,伯夷的道义微不足道,开始我还不相信;如今我看见您的广阔无边,我如果不是来到您的家门前,那就危险了,我将永远地被懂得大道理的人耻笑。”

北海神若说:“对井里的青蛙不能够与它谈论关于大海的事情,是因为井口局限了它的眼界;夏天的虫子不能够与它谈论关于冰雪的事情,是因为它被生存的时令所限制;对见识浅陋的人不可与他谈论道理的问题,是因为他的眼界受着教养的束缚。如今你从河岸流出来,看到大海后,才知道你的不足,这就可以与你谈论道理了。天下的水,没有比海更大的了。万千条江河归向大海,不知什么时候停止,可大海却不会满溢出来;海底的尾闾泄漏海水,不知什么时候才会停止,但海水却不曾减少;海水不因季节的变化而有所增减,也不因水灾旱灾而受影响。这说明了它的容量超过长江、黄河的容量,不可计数。但是我未曾借此自我夸耀,因为自从天地之间生成形态,从那里汲取阴阳之气,我在天地里面,犹如小石小木在大山上一样,正感觉自己见到的太少,又哪里还能自傲呢?计算一下四海在天地间,不像小小的蚁穴在巨大的水泽里吗?计算一下中原在天下,不像细小的米粒在大粮仓中吗?人们用“万”这个数字来称呼物类,人不过占其中之一;人类遍布天下,谷物所生长的地方,车船所通达的地方都有人,每人只是占其中的一个;这表明人与万物相比,不正像毫毛的末梢在马体上吗?五帝所连续统治的,三王所争夺的,仁人所担忧的,以天下为己任的贤人所劳碌的,全不过如此而已。伯夷以辞让君王位置而博得名声,孔子以谈论天下而显示渊博,他们这样自我夸耀,不正像你先前看到河水上涨而自满一样吗?”

河伯说:“那么我把天地看作是最大,把毫末之末看作是最小,可以吗?”

海神回答:“不可以。万物的量是无穷无尽的,时间是没有终点的,得与失的禀分没有不变的常规,事物的终结和起始也没有固定。所以具有大智的人观察事物从不局限于一隅,因而体积小却不看作就是少,体积大却不看作就是多,这是因为知道事物的量是不可穷尽的;证验并明察古往今来的各种情况,因而寿命久远却不感到厌倦,生命只在近前却不会企求寿延,这是因为知道时间的推移是没有止境的;洞悉事物有盈有虚的规律,因而有所得却不欢欣喜悦,有所失也不悔恨忧愁,这是因为知道得与失的禀分是没有定规的;明了生与死之间犹如一条没有阻隔的平坦大道,因而生于世间不会倍加欢喜,死离人世不觉祸患加身,这是因为知道终了和起始是不会一成不变的。算算人所懂得的知识,远远不如他所不知道的东西多,他生存的时间,也远远不如他不在人世的时间长;用极为有限的智慧去探究没有穷尽的境域,所以内心迷乱而必然不能有所得!由此看来,又怎么知道毫毛的末端就可以判定是最为细小的限度呢?又怎么知道天与地就可以看作是最大的境域呢?”

河神说:“世间议论的人们总是说:‘最细小的东西没有形体可寻,最巨大的东西不可限定范围。’这样的话是真实可信的吗?”

海神回答:“从细小的角度看庞大的东西不可能全面,从巨大的角度看细小的东西不可能真切。精细,是小中之小;庞大,是大中之大;不过大小虽有不同却各有各的合宜之处。这就是事物固有的态势。所谓精细与粗大,仅限于有形的东西,至于没有形体的事物,是不能用计算数量的办法来加以剖解的;而不可限定范围的东西,更不是用数量能够精确计算的。可以用言语来谈论的东西,是事物粗浅的外在表象;可以用心意来传告的东西,则是事物精细的内在实质。言语所不能谈论的,心意所不能传告的,也就不限于精细和粗浅的范围了。所以修养高尚者的行动,不会出于对人的伤害,也不会赞赏给人以仁慈和恩惠;无论干什么都不是为了私利,也不会轻视从事守门差役之类的人。无论什么财物都不去争夺,也不推重谦和与辞让;凡事从不借助他人的力气,但也不提倡自食其力,同时也不鄙夷贪婪与污秽;行动与世俗不同,但不主张邪僻乖异;行为追随一般的人,也不以奉承和谄媚为卑贱;人世间的所谓高官厚禄不足以作为劝勉,刑戮和侮辱不足以看作是羞耻;知道是与非的界限不能清楚地划分,也懂得细小和巨大不可能确定清晰的界限。听人说:'能体察大道的人不求闻达于世,修养高尚的人不会计较得失,清虚宁寂的人能够忘却自己'。这就是约束自己而达到适得其分的境界。"

河神说:"如此事物的外表,如此事物的内在,从何处来区分它们的贵贱? 又怎么来区别它们的大小呢?"

海神回答:"用自然的常理来看,万物本没有贵贱的区别。从万物自身来看,各自为贵而又以他物为贱。拿世俗的观点来看,贵贱不在于事物自身。按照物与物之间的差别来看,顺着各种物体大的一面去观察便会认为物体是大的,那么万物就没有什么不是大的;顺着各种物体小的一面去观察便会认为物体是小的,那么万物没有什么不是小的;知晓天地虽大比起更大的东西来也如小小的米粒,知晓毫毛之末虽小比起更小的东西来也如高大的山丘,而万物的差别和数量也就看得很清楚了。依照事物的功用来看,顺着物体所具有的一面去观察便会认为具有了这样的功能,那么万物就没有什么不具有这样的功能;顺着物体所不具有的一面去观察便会认为不具有这样的功能,那么万物就没有什么具有了这样的功能;可知东与西的方向对立相反却又不可以相互缺少,而事物的功用与本分便得以确定。从人们对事物的趋向来看,顺着各种事物肯定的一面去观察便会认为是对的,那么万物没有什么不是对的;顺着各种事物否定的一面去观察便会认为是不对的,那么万物没有什么不是错的;知晓唐尧和夏桀都自以为正确又相互否定对方,而人们的趋向与持守也就看得很清楚了。当年唐尧、虞舜禅让而称帝,宰相子之与燕王哙禅让而燕国几乎灭亡;商汤、周武王都争夺天下而成为帝王,白公胜争夺王位却遭致杀身。由此看来,争斗与禅让的礼制,唐尧与夏桀的做法,让可还是鄙夷都会因时而异,不可以把它们看作是不变的规律。栋梁之材可以用来冲击敌城,却不可以用来堵塞洞穴,说的是器物的用处不一样。骏马良驹一天奔驰上千里,捕捉老鼠却不如野猫与黄鼠狼,说的是技能不一样。猫头鹰夜里能抓取小小的跳蚤,细察毫毛之末,可是大白天睁大眼睛也看不见高大的山丘,说的是禀性不一样。所以说:怎么只看重对的一面而忽略不对的一面,看重治而忽略乱呢? 这是因为不明了自然存在的道理和万物自身的实情。这就像是重视天而轻视地、重视阴而轻视阳,那不可行是十分明白的了。然而还是要谈论不休,不是愚昧便是欺骗! 远古帝王的禅让各不相同,夏、商、周三代的继承也各不一样。不合时代、背逆世俗的人,称他叫篡逆之徒;合于时代、顺应世俗的人,称他叫高义之士。沉默下来吧,河神! 你怎么会懂得万物间贵贱的门庭和大小的流别!"

河神说:"既然这样,那么我应该做些什么呢? 又应该不做什么呢? 我将怎样推辞或接纳、趋就或舍弃,我终究将怎么办?"

海神回答:"用道的观点来观察,什么是贵什么是贱,这可称之为循环往复;不必束缚你的心志,而跟大道相违碍。什么是少什么是多,这可称之为更替续延;不要偏执于事物的某一方面行事,而跟大道不相一致。端庄、威严的样子像是一国的国君,确实没有一点儿偏私的恩惠;优游自得的样子像是祭祀中的土地神,确实没有任何偏私的赐福;浩瀚周遍的样子像是通达四方而又旷远无穷,确实没有什么区分界限;兼蓄并且包藏万物,难道谁专门有所承受或者有所庇护? 这就称作不偏执于事物的任何一个方面。宇宙万物本是混同齐一的,谁优谁劣呢? 大道没有终结和起始,万物却都有死有生,因而不可能依仗一时的成功。时而空虚时而充实,万物从不固守于某一不变的形态。岁月不可以挽留,时间从不会停息,消退、生长、充实、空虚,宇宙万物终结便又有了开始。这样也就可以谈论大道的准则,评说万物的道理了。万物的生长,像是马儿飞奔像是马车疾行,没有什么举动不在变化,没有什么时刻不在迁移。应该做些什么呢? 又应该不做什么呢? 一切必定都将自然地变化!"

河神说:"既然如此,那么为什么还要那么看重大道呢?"

海神回答:"懂得大道的人必定通达事理,通达事理的人必定明白应变,明白应变的人定然不会因为外物而损伤自己。道德修养高尚的人烈焰不能烧灼他们,洪水不能沉溺他们,严寒酷暑不能侵扰他们,飞禽走兽不能伤害他们。不是说他们逼近水火、寒暑的侵扰和禽兽的伤害而能幸免,而是说他们明察安危,安于祸福,慎处离弃与追求,因而没有什么东西能够伤害他们。所以说:"天然蕴含于内里,人为显露于外在,高尚的修养则顺应自然。懂得人的行止,立足于自然的规律,居处于自得的环境,徘徊不定,屈伸无常,也就返归大道的要冲而可谈论至极的道理。"

河神说:"什么是天然? 什么又是人为?"

海神回答:"牛马生就四只脚,这就叫天然;用马络套住马头,用牛鼻缩穿过牛鼻,这就叫人为。所以说,不要用人为去毁灭天然,不要用有意的作为去毁灭自然的禀性,不要为获取虚名而不遗余力。谨慎地持守自然的禀性而不丧失,这就叫返归本真。"

作品赏析

《秋水》是《庄子》中的又一长篇,用篇首的两个字作为篇名,中心是讨论人应怎样去认识外物。

全篇由两大部分组成。前一部分写北海海神跟河神的谈话,一问一答一气呵成,构成本篇的主体。这个长长的对话根据所问所答的内容,又可分成七个片断,至"不似尔向之自多于水乎"是第一个片断,写河神的小却自以为大,对比海神的大却自以为小,说明了认识事物的相对性观点。至"又何以知天地之足以穷至大之域"是第二个片断,以确知事物和判定其大小极其不易,说明认知常受事物自身的不定性和事物总体的无穷性所影响。至"约分之至也"是第三个片断,紧承前一对话,进一步说明认知事物之不易,常常是"言"不能"论","意"不能"察"。至"小大之家"是第四个片断,从事物的相对性出发,更深一步地指出大小贵贱都不是绝对的,因而最终是不应加以辨知的。至"夫固将自化"是第五个片断,从"万物一齐""道无终始"的观点出发,指出人们认知外物必将无所作为,只能等待它们的"自化"。至"反要而语极"是第六个片断,透过为什么要看重"道"的谈话,指出懂得了"道"就能通晓事理,就能认识事物的变化规律。至"是谓反其真"是第七个片断,即河神与海神谈话的最后一部分,提出了返归本真的主张,即不以人为毁灭天然,把"自化"的观点又推进了一步。

道家文化与哲学是中华文化传统最深邃博大的根源之一,以它的崇尚自然的精神风骨、包罗万象的广阔胸怀而成为中华文化立足于世界的坚实基础。而在源远流长的道家文化与哲学的历史发展中,庄子的思想可称得上是道家思想之正脉,并且庄子之文亦以雄奇奔放、绚丽多姿的特色而被视为先秦诸子散文中的奇葩。庄子的思想被辑录成书,即为今天所见到的《庄子》。《庄子》一书其体例有三部分,也就是大家都熟悉的内篇、外篇和杂篇。三大部分之间的关系,如果借用佛学用语,内篇相当于正法,也就是庄子自己的心法,由此直接能窥见庄子本人的真实面目;外篇则相当于像法,是离庄子比较近的弟子所为,由于有的弟子曾得庄子亲传,故即使不能完全得庄学之妙,亦不远也;而杂篇乃庄子的后学所作,相当于末法,离庄学之真义已远,然其有旁通其余各家思想之功,亦不可废也。就境界而言,内篇最得道学真谛,得其精髓可入道德经的境界;外篇乃就内篇之精义铺衍而成——其实庄子一书可以整个被理解为对老子的解说——可视为内篇之辅佐;杂篇则以庄学摄其余诸家之学,且通于各家学问之中,不妨称为庄学与其他学问之间的交叉学科。内篇为君,外篇为臣,杂篇则为佐使,相辅相成,融于一体。

情商感悟

老庄思想给我们最大的启示就是做一个明智的人,做一个有智慧的人。庄子去小智而大智明,去掉小聪明往往就能够得到大智慧。做事情偷工减料,寻找捷径并不是什么聪明的举动,还是老老实实一步一个脚印,才能领会到生活的真谛。

以道观之,物无贵贱。从自然的观点来看,任何事物都没有贵贱之分,因为每样东西都是大自然的一部分,每个人都是一个生命,在本质上是一样的。如果能这样看世界,就不会被外表的好坏迷惑了。庄子早已告诉我们,我们是大自然中的一物,大自然给予我们的是一个定量,只有与自然和谐相处,才是解决人类问题的办法。有修为的人,能够超然物外,宠辱不惊,内心安宁而从容。逍遥是庄子人生哲学的最高体现。现在人则多为世间的名利所缚,很难有真实的快乐,更遑论得人生的大自在。功名和权力只不过是过眼云烟,转瞬即逝。人生短暂,世事无常,要用短暂的人生去做更多有意义的事情,去追求真正的快乐和解脱。尽管世事风云变幻,但我们以一颗智慧的心拨云见日,一双慧眼看到真实。这样就能够不被人情所困,世事所扰。才能够纵浪大化中,不喜亦不惧,高下无小,从而实现悠然自得的逍遥人生。

46 《出师表》——忠诚

出师表

诸葛亮

先帝创业未半而中道崩殂,今天下三分,益州疲弊,此诚危急存亡之秋也。然侍卫之臣不懈于内,忠志之士忘身于外者,盖追先帝之殊遇,欲报之于陛下也。诚宜开张圣听,以光先帝遗德,恢弘志士之气,不宜妄自菲薄,引喻失义,以塞忠谏之路也。

宫中府中,俱为一体,陟罚臧否,不宜异同。若有作奸犯科及为忠善者,宜付有司论其刑赏,以昭陛下平明之理,不宜偏私,使内外异法也。

侍中、侍郎郭攸之、费祎、董允等,此皆良实,志虑忠纯,是以先帝简拔以遗陛下。愚以为宫中之事,事无大小,悉以咨之,然后施行,必能裨补阙漏,有所广益。

将军向宠,性行淑均,晓畅军事,试用于昔日,先帝称之曰"能",是以众议举宠为督。愚以为营中之事,悉以咨之,必能使行阵和睦,优劣得所。

亲贤臣,远小人,此先汉所以兴隆也;亲小人,远贤臣,此后汉所以倾颓也。先帝在时,每与臣论此事,未尝不叹息痛恨于桓、灵也。侍中、尚书、长史、参军,此悉贞良死节之臣,愿陛下亲之、信之,则汉室之隆,可计日而待也。

臣本布衣,躬耕于南阳,苟全性命于乱世,不求闻达于诸侯。先帝不以臣卑鄙,猥自枉屈,三顾臣于草庐之中,咨臣以当世之事,由是感激,遂许先帝以驱驰。后值倾覆,受任于败军之际,奉命于危难之间,尔来二十有一年矣。

先帝知臣谨慎,故临崩寄臣以大事也。受命以来,夙夜忧叹,恐托付不效,以伤先帝之明;故五月渡泸,深入不毛。今南方已定,兵甲已足,当奖率三军,北定中原,庶竭驽钝,攘除奸凶,兴复汉室,还于旧都。此臣所以报先帝而忠陛下之职分也。至于斟酌损益,进尽忠言,则攸之、祎、允之任也。

愿陛下托臣以讨贼兴复之效,不效,则治臣之罪,以告先帝之灵。若无兴德之言,则责攸之、祎、允等之慢,以彰其咎;陛下亦宜自谋,以咨诹善道,察纳雅言。深追先帝遗诏,臣不胜受恩感激。

今当远离,临表涕零,不知所言。

译 文

　　先帝开创的大业未完成一半却中途去世了。现在天下分为三国,益州地区民力匮乏,这确实是国家危急存亡的时期啊。不过宫廷里侍从护卫的官员不懈怠,战场上忠诚有志的将士们奋不顾身,大概是他们追念先帝对他们的特别的知遇之恩(作战的原因),想要报答在陛下您身上。(陛下)你实在应该扩大圣明的听闻,来发扬光大先帝遗留下来的美德,振奋有远大志向的人的志气,不应当随便看轻自己,说不恰当的话,以致堵塞人们忠心地进行规劝的言路。

　　皇宫中和朝廷里的大臣,本都是一个整体,奖惩功过,扬善除恶,不应该有所不同。如果有做奸邪事情,犯科条法令和忠心做善事的人,应当交给主管的官,判定他们受罚或者受赏,来显示陛下公正严明的治理,而不应当有偏袒和私心,使宫内和朝廷奖罚方法不同。

　　侍中、侍郎郭攸之、费祎、董允等人,这些都是善良诚实的人,他们的志向和心思忠诚无二,因此先帝把他们选拔出来辅佐陛下。我认为(所有的)宫中的事情,无论事情大小,都拿来跟他们商量,这样以后再去实施,一定能够弥补缺点和疏漏之处,可以获得很多的好处。

　　将军向宠,性格和品行善良公正,精通军事,从前任用时,先帝称赞说他有才干,因此大家评议举荐他做中部督。我认为军队中的事情,都拿来跟他商讨,就一定能使军队团结一心,好的差的各自找到他们的位置。

　　亲近贤臣,疏远小人,这是西汉之所以兴隆的原因;亲近小人,疏远贤臣,这是东汉之所以衰败的原因。先帝在世的时候,每逢跟我谈论这些事情,没有一次不对桓、灵二帝的做法感到叹息痛心遗憾的。侍中、尚书、长史、参军,这些人都是忠贞诚实、能够以死报国的忠臣,希望陛下亲近他们,信任他们,那么汉朝的兴隆就指日可待了。

　　我本来是平民,在南阳务农亲耕,在乱世中苟且保全性命,不奢求在诸侯之中出名。先帝不因为我身份卑微,见识短浅,降低身份委屈自己,三次去我的茅庐拜访我,征询我对时局大事的意见,我因此十分感动,就答应为先帝奔走效劳。后来遇到兵败,在兵败的时候接受任务,在危机患难之间奉行使命,从那时以来已经有二十一年了。

　　先帝知道我做事小心谨慎,所以临终时把国家大事托付给我。接受遗命以来,我早晚忧愁叹息,只怕先帝托付给我的大任不能实现,以致损伤先帝的知人之明,所以我五月渡过泸水,深入人烟稀少的地方。现在南方已经平定,兵员装备已经充足,应当激励、率领全军将士向北方进军,平定中原,希望用尽我平庸的才能,铲除奸邪凶恶的敌人,恢复汉朝的基业,回到旧日的国都。这就是我用来报答先帝,并且尽忠陛下的职责本分。至于处理事务,斟酌情理,有所兴革,毫无保留地进献忠诚的建议,那就是郭攸之、费祎、董允等人的责任了。

　　希望陛下能够把讨伐曹魏,兴复汉室的任务托付给我,如果没有成功,就惩治我的罪过,(从而)用来告慰先帝的在天之灵。如果没有振兴圣德的建议,就责罚郭攸之、费祎、董允等人的怠慢,来追究他们的过失;陛下也应自行谋划,征求、询问治国的好道理,采纳

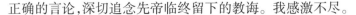

正确的言论,深切追念先帝临终留下的教诲。我感激不尽。

今天(我)将要告别陛下远行了,面对这份奏表禁不住热泪纵横,也不知说了些什么。

作品赏析

公元 221 年,刘备称帝,诸葛亮为丞相。223 年,刘备病死,将刘禅托付给诸葛亮。诸葛亮实行了一系列比较正确的政治和经济措施,使蜀汉境内呈现兴旺景象。为了实现全国统一,诸葛亮在平息南方叛乱之后,于 227 年决定北上伐魏,夺取凉州,临行之前上书后主,以恳切委婉的言辞劝勉后主要广开言路、严明赏罚、亲贤远佞,以此兴复汉室;同时也表达自己以身许国,忠贞不二的思想。这就是《出师表》。《出师表》选自《汉魏六朝百三名家集·诸葛丞相集》。

三国时期,曹魏国力最强,孙吴次之,而蜀汉最为弱小。当刘备病卒于白帝城(今重庆奉节县东)时,他留给诸葛亮的是内外交困的局面和一个年幼无知、扶不起来的接班人。在这种危难关头,诸葛亮以丞相府的名义承担了蜀汉的全部实际责任,对内严明法纪,奖励耕战;对外安抚戎羌,东联孙吴,积极准备北伐曹魏。经过几年的努力,蜀国力量有所加强,呈现"国以富饶""风化肃然"的局面,于是诸葛亮率军北驻汉中(今陕西省汉中市),以图中原。就当时形势分析,且不说蜀魏两国实力悬殊,仅"劳师以袭远"这种策略也是兵家之大忌,但诸葛亮仍坚持铤而走险,(先后六次统兵伐魏)并表现出百折不回的意志,其根本原因是北定中原、兴复汉室是先主刘备的遗愿。后主刘禅尽管昏庸无志,诸葛亮还要竭忠尽智地辅佐他,尽管刘备有"如其不才,君可自取"的遗诏,他也不存半点僭越之心,因为后主是先主的遗孤。"此臣所以报先帝,而忠陛下之职分也",这是诸葛亮出师北伐的精神力量,也是他后半生全部活动的精神力量。《出师表》正是在淋漓尽致地解剖了这种精神的实质,从而表现出这位社稷之臣的全部品格这一点上,显示了它独特而巨大的感染力。诸葛亮的忠肝义胆,他"鞠躬尽瘁,死而后已"的精神,在封建社会里被视为臣子的大节,普遍受到推崇;而当国家处于危难关头,这种精神更焕发出强大的感召力,如文天祥在《正气歌》中所赞颂的"时穷节乃现","鬼神泣壮烈",一封奏疏能千百年被视为"至文"而流传不朽,主要原因就在这里。

由于此文是奏章,内容是诸葛亮出师伐魏前向刘禅陈述意见,提出修明政治的主张,因此全文以议论为主。由于诸葛亮要让刘禅知道创业的艰难,激励他立志完成先帝未竟的大业,因而文中兼叙了自己的身世和追随先帝的原因以及以身许国的经过。又由于诸葛亮对刘氏父子无限忠诚,披肝沥胆相待,因而言词充满着殷切期望之情。全文既晓之以理,又动之以情。具体地说,前部分重在晓之以理,后部分重在动之以情。总的是以议论为主,融以叙事和抒情。全篇文字从作者肺腑中流出,析理透辟,真情充溢,感人至深。

此文的语言最显著的特点是率直质朴,表现恳切忠贞的感情。前人特别指出在六百余字的篇幅里,先后十三次提及"先帝",七次提到"陛下"。"报先帝""忠陛下"思想贯穿全文,处处不忘先帝"遗德""遗诏",处处为后主着想,期望他成就先帝未竟的"兴复汉室"的大业。全文既不借助于华丽的辞藻,又不引用古老的典故,每句话不失臣子的身份,也切合长辈的口吻。清朝丘维屏说:"武侯在国,目睹后主听用嬖昵小人,或难于进言,或言之不省,借出师时叮咛痛切言之,明白剀切中,百转千回,尽去《离骚》幽隐诡幻之迹而得其情。"屈原是在遭谗毁、被放逐的处境中写出《离骚》的,因而采取幽隐诡幻的表现手法。诸葛亮处境跟屈原正相反,但《出师表》感情充沛的特点和所表达的忠君爱国之情同《离骚》却是一脉相通的,率直质朴的语言形式是和文章的思想内容统一的。此文多以四字句行文,还有一些整齐工稳的排比对偶句式,如"侍卫之臣不懈于内,忠志之士忘身于外""苟全性命于乱世,不求闻达于诸侯""受任于败军之际,奉命于危难之间",体现了东汉末年骈体文开始兴起的时代风尚。此文有大量合成词,是出于诸葛亮的首创,不少词经诸葛亮的提炼,后来都用为成语,如"妄自菲薄""引喻失义""作奸犯科""苟全性命""斟酌损益""感激涕零""不知所云(言)"等。

情商感悟

诸葛亮"鞠躬尽瘁,死而后已"的伟大精神,历来为人们所称颂。忠诚,是其伟大精神的核心。出师一表真名世,千载谁堪伯仲间。孔子在《论语》中说:"吾日三省吾身,为人谋而不忠乎,与朋友交而不信乎,传不习乎?"这里的忠,就是尽心尽力,尽职尽责。这里的信,就是诚心以对,诚信待人。忠是一种责任和担当,是一种使命和坚守,具有忠义精神的人,仰不愧天,俯不怍地,中不愧人,浩然之气充塞天地之间,做人就应该做这样的伟丈夫、真君子。一个人如果能够把个人的命运与国家、社会、民族的命运联系在一起,忠于祖国,忠于职守,那么,他就是一个心有所依、情有所托的人,他就会为人类社会历史发展做出自己的贡献,实现自己的人生价值,成就自己圆满的人生。

作为一名智者,诸葛亮更是智慧的化身,无论身处什么样的处境都能最大限度地实现自己的人生价值。我们在今后的学习和生活中一定要借鉴他的这种智慧,书写大大的"人"字,成就自己伟岸的人生。

47 《劝学》——利用

劝 学

荀 子

君子曰：学不可以已。

青，取之于蓝，而青于蓝；冰，水为之，而寒于水。木直中绳，輮以为轮，其曲中规。虽有槁暴，不复挺者，輮使之然也。故木受绳则直，金就砺则利，君子博学而日参省乎己，则知明而行无过矣。

吾尝终日而思矣，不如须臾之所学也；吾尝跂而望矣，不如登高之博见也。登高而招，臂非加长也，而见者远；顺风而呼，声非加疾也，而闻者彰。假舆马者，非利足也，而致千里；假舟楫者，非能水也，而绝江河。君子生(xìng)非异也，善假于物也。

积土成山，风雨兴焉；积水成渊，蛟龙生焉；积善成德，而神明自得，圣心备焉。故不积跬步，无以至千里；不积小流，无以成江海。骐骥一跃，不能十步；驽马十驾，功在不舍。锲而舍之，朽木不折；锲而不舍，金石可镂。蚓无爪牙之利，筋骨之强，上食埃土，下饮黄泉，用心一也。蟹六跪而二螯，非蛇鳝之穴无可寄托者，用心躁也。

译 文

君子说：学习是不可以停止的。

靛青是从蓝草里提取的，可是比蓝草的颜色更深；冰是水凝结而成的，却比水还要寒冷。木材直得符合拉直的墨线，用煣的工艺把它制成车轮，(那么)木材的弯度(就)合乎圆的标准了。即使又被风吹日晒而干枯了，(木材)也不会再挺直，是因为经过加工使它成为这样的。所以木材用墨线量过(再经辅具加工)就能取直，刀剑在磨刀石上磨过就能变得锋利，君子广博地学习并且每天检验反省自己，那么(他)就会智慧明达而且行为没有过失了。

我曾经整天思索，(却)不如片刻学到的知识多；我曾经跂起脚远望，(却)不如登到高处看得广阔。登到高处招手，胳膊没有加长，可是别人在远处也能看见；顺着风呼叫，声音没有变得洪亮，可是听的人(在远处也能)听得很清楚。借助车马的人，并不是脚走得快，却可以达到千里之外；借助舟船的人，并不善于游泳，却可以横渡江河。君子的资质秉性跟一般人没有不同，(只是君子)善于借助外物罢了。

堆积土石成了高山,风雨从这里兴起;汇积水流成为深渊,蛟龙从这儿产生;积累善行养成高尚的道德,精神得到提升,圣人的心境由此具备。所以不积累一步半步的行程,就没有办法达到千里之远;不积累细小的流水,就没有办法汇成江河大海。骏马一跃,也不足十步远;劣马连走十天,它的成功在于不停止。(如果)刻几下就停下来了,(那么)腐朽的木头也刻不断。(如果)不停地刻下去,(那么)金石也能雕刻成功。蚯蚓没有锐利的爪子和牙齿,强健的筋骨,却能向上吃到泥土,向下喝到地下的泉水,(这是由于)它用心专一。螃蟹有六条腿,两个蟹钳,(但是)没有蛇、鳝的洞穴(它就)无处藏身,(这是因为)它用心浮躁。

作品赏析

本文第一段,作者荀子强调了从外界实际事物中学习。荀子认为,学习不能单靠坐在房子里苦思冥想,必须利用外界事物,向实际学习。"吾尝终日而思矣,不如须臾之所学也"。荀子以亲身的体验,通过"终日思"与"须臾学"的对比,强调空想不如学习。而这个与空想相对的"学"字,不言而喻,也就是指利用外界事物,向实际学习。这种对于学习的见解,也是荀子基于他的认识论提出来的。从生活经验说起:站在高处望,比踮起脚见得广阔;登高招手,顺风呼喊,手臂并非更长了,声音并非更大了,可是人家却能远远地看到,清楚地听到;可见利用高处、利用顺风的作用之大。推而广之,"假舆马""假舟楫"的人,也并非善于走路或擅长游泳,可是他们却能"致千里""绝江河",由于设喻所用的事例都是日常生活中常见的,因此读起来不但感到亲切,而且觉得可信。随着不断设喻,阐明的道理越来越深入读者心灵,于是水到渠成地得出了结论:"君子生非异也,善假于物也。"这就是说,君子之所以会有超过一般人的才德,就是因为他们善于利用外物来好好学习。推论起来,人如果善于利用外物好好学习,也就可以变为有才德的君子。

第一段中说明学习必须善于利用外物。然而,在从外界实际事物中学习的时候,还有需要注意的地方,所以,在第二段中文章先设两喻引出论点:"积土成山,风雨兴焉;积水成渊,蛟龙生焉;积善成德,而神明自得,圣心备焉。"这说明学习要注意积累。荀子根本不承认"天生圣人"的说法,他指出人只要努力学习,"积善积德",就可以具备圣人的思想。圣人也是不断学习而成的。

在笔法上,以设喻引出论点,更加强了论点的语势,使论点一出现就具有一定的说服力。接着,文章又进行申述:"故不积跬步,无以至千里;不积小流,无以成江海。"这是从反面设喻来说明积累的重要。经过一正一反的设喻,学习要注意积累的道理已初步阐明,但是为了深入说明,文章又反复设喻对比:先以"骐骥一跃,不能十步"与"驽马十驾,功在不舍"相比,再以"锲而舍之,朽木不折"与"锲而不舍,金石可镂"相比,从而充分显示出"不舍"的重大意义,而学习要注意积累的道理,也得到了进一步的证明。当然,学习要做到"不舍",要不断积累,那就必须专一,不能浮躁。

情商感悟

君子性非异也,善假于物也。君子指的是那些有学问有修养、有道德有成就的人,他们和我们普通人有什么不一样的地方吗?答曰:没有。只不过他们善于利用外物,获取人生的成功罢了。那么,取得人生成功,获得人生幸福的成功人士和我们普通人有什么不一样的地方吗?我想也是没有什么不同的。

个人成功的高度取决于两个方面,一是个人的能力,二是对外在资源的利用。也就是外力和内力共同作用的结果。学习有助于个人能力的提升,也有助于对外在资源的认知和利用。人非生而知之,后天的努力和学习更加重要。人生而有涯,而知也无涯,故学不可以已。知识改变命运,学习改变人生。我们更要利用有限的人生去追逐无限的梦想。用青春的美好时光,去铸就人生的辉煌。

下 编

现代诗文

48 《再别康桥》——情结

再别康桥

徐志摩

轻轻的我走了，
正如我轻轻的来；
我轻轻的招手，
作别西天的云彩。

那河畔的金柳，
是夕阳中的新娘；
波光里的艳影，
在我的心头荡漾。

软泥上的青荇，
油油的在水底招摇；
在康河的柔波里，
我甘心做一条水草。

那榆荫下的一潭，
不是清泉，是天上虹；
揉碎在浮藻间，
沉淀着彩虹似的梦。

寻梦？撑一支长篙，
向青草更青处漫溯；
满载一船星辉，
在星辉斑斓里放歌。

但我不能放歌，
悄悄是别离的笙箫；
夏虫也为我沉默，
沉默是今晚的康桥！

悄悄的我走了，
正如我悄悄的来；

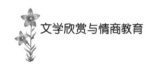

我挥一挥衣袖，
不带走一片云彩。

作品赏析

　　《再别康桥》是一首写景的抒情诗，抒发的是什么呢？三句话概括：是一种留恋之情，惜别之情和理想幻灭后的感伤之情，抒发对康桥的情结是这首诗的主旋律。意是主观思想感情；景是诗内描写的客观景物。何谓意境？是人物的主观思想情感和客观景物完美的融合，且形成一幅具有个性色彩的艺术画面，即称为有意境。当然，我们欣赏徐志摩的诗和欣赏别的诗一样，需要调动对生活的积累，需要调动知识的积累。

　　"轻轻的我走了，正如我轻轻的来；我轻轻的招手，作别西天的云彩。"这句诗若分析的话，可用几句话来概括：舒缓的节奏，轻盈的动作，缠绵的情意，同时又怀着淡淡的哀愁。"作别西天的云彩"，西天的彩霞给我们一个印象，就是为后面的描写布下了一笔绚丽的色彩，整个景色都是在夕阳映照下的景物。所以用这句话来概括，为这个诗定下了一个基调。

　　"那河畔的金柳，是夕阳中的新娘，波光里的艳影，在我的心头荡漾"，这句诗实写的是康河的美，同时，"柳"谐"留"，有惜别的含义，它给诗人留下了深刻的印象，多少的牵挂用"在我心头荡漾"，把牵挂表现得非常形象。当然诗人的手法是比拟的手法（拟人、拟物），"软泥上的青荇，油油的在水底招摇；在康桥的柔波里，我甘心做一条水草"，突出了康河的明净和自由自在的状况，自由、美正是徐志摩所追求的。同时表现出一种爱心，那水草好像在欢迎诗人的到来。再次，我觉得它不是完全脱离中国诗歌的意境的，它和中国的古诗有相同的地方，就是"物我合一"。第二句是化客为主，第三句是移主为客，做到两相交融，物我难忘。这两句诗正好表现出徐志摩和康桥的密切关系。这就是我们所讲的三个方面：确定了理想，步入了诗坛，美妙的风光中，抒发自己的情感。三者是紧密地联系在一起的，通过具体的形象，来表达自己的感情。而我们欣赏诗也是从形象入手，来逐渐进入诗人的心灵。第四节是转折点，"那榆荫下的一潭，不是清泉，是天上虹；揉碎在浮藻间，沉淀着彩虹似的梦"。这句诗运用了虚实结合的手法，"实"是景物的描写，"虚"是象征手法的运用。一潭水很清澈，霞光倒映下来，"不是清泉，是天上虹"，一片红光，是实写。但是，潭水上漂了很多的水藻，挡住了一部分霞光，零零碎碎的，有的红，有的绿，好像柔水一般，非常形象。这个"揉"写得很好，同时也是自己梦想的破灭。那么这个梦引起我们什么感觉呢？这使我想起了闻一多先生纪念它的长女夭折时写的一首诗。他用了一个比喻"像夏天里的一个梦，像梦里的一声钟"，大家知道梦境是美好的，钟声是悠扬的，然而是短暂的，所以彩虹似的梦是美丽而短暂的。1927 年他的梦想破灭了，又与陆小曼不和，很消沉。

　　第五句，既然谈到梦，那么这次再来康桥，再回母校，是不是来寻梦的呢？"寻梦？撑一支长篙，向青草更青处漫溯；满载一船星辉，在星辉斑斓里放歌。"这句诗是徐志摩对往昔生活的回忆、留恋，他在康桥生活的两年，优哉游哉。他那时有自己的理想，生活是充

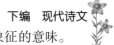

实的,对明天怀着希望。所以,他用"一船星辉"来比喻那时的生活,带有象征的意味。

过去的已经成为历史,回到现实仍然是哀伤,所以"悄悄是别离的笙箫,夏虫也为我沉默,沉默是今晚的康桥"。这是情感的高潮,充分表现了徐志摩对康桥的情感,集中表现了离别的惆怅。"悄悄是别离的笙箫"是暗喻的手法。例如,苏轼的《前赤壁赋》中描述了萧声是低沉的哀怨的,而笛声是欢悦的,因此,"悄悄"的动作带有诗人的感情,接着"夏虫也为我沉默,沉默是今晚的康桥"。诗歌讲究精练,为什么一再重复"沉默""悄悄""轻轻"呢? 这不是浪费语言,而恰恰是他的重点。

其实"沉默"是人的最深的感情。例如,柳永的《雨霖铃》中的语句"执手相看泪眼,竟无语凝噎",再如苏轼的词《江城子》"十年生死两茫茫",他回忆他的妻子王弗死后的十年,回忆他们相见的时候"相顾无言,唯有泪千行"。"此处无声胜有声"。还有李白的《黄鹤楼送孟浩然之广陵》:"故人西辞黄鹤楼,烟花三月下扬州。"使用反衬手法,三月春光明媚,百花盛开,可惜好友欲离我而去。如"感时花溅泪,恨别鸟惊心",下两句"孤帆远影碧空尽,唯见长江天际流"。"意在言外,旨在象内"。"不着一字,尽得风流"意思是诗不说愁,却把愁表现得最为恰当,看着朋友走掉,长久孤立地站着,表现感情的深厚。如王国维说的"一切景语皆情语""写景即抒情"。所以"唯见长江天际流"能引起我们很多的遐想。又如李煜的"问君能有几多愁,恰似一江春水向东流",只要能让我们产生联想的诗就是好诗,这些都告诉我们,欣赏诗要调动知识的积累,相似的诗能在头脑中产生,用此来理解新诗。写得好都是诗人生活经历的提炼和升华,换句话,我们通过生活的桥梁可以到达诗人的心灵。例如,刚离开父母的学子读《再别康桥》是不是更有感觉呢? 为什么"沉默时感情最深"呢? 像生活中的例子,感情最深的表达时机、船都已走了,但送别的人伫立不动,若有所思。结合句中"沉默是今晚的康桥",康桥尚且如此,诗人更何以堪? 实际反衬了诗人对康桥的感情是非常深厚,因此,"悄悄"就带着诗人的主观感情了。

第七节"悄悄的我走了,正如我悄悄的来;挥一挥衣袖,不带走一片云彩。"我认为"云彩"有象征意味,代表彩虹似的梦,它倒映在水中,但并不带走,因此再别康桥不是和他母校的告别,而是和给他一生带来最大变化的康桥文化的告别,是再别康桥理想。以上才是深入理解了这首诗。

《再别康桥》这首诗充分体现了新月诗派的"三美",即音乐美、建筑美、绘画美。音乐美是徐志摩最强调的,其中第一句和最后一句是反复的,加强节奏感,且其中的词是重叠的,例如"悄悄""轻轻""沉默";再者每句诗换韵,因为感情是变化的,所以不是一韵到底的;还有音尺,"轻轻的我走了",三字尺,一字尺,二字尺,符合徐志摩活泼好动的性格。所谓建筑美,一、三句诗排在前面,二、四句诗低格排列,空一格错落有致,建筑有变化;再者一、三句短一点,二、四句长一点,显出视觉美,音乐是听觉,绘画是视觉,视觉美与听觉美相融通,读起来才会感觉好。绘画美即是词美,如"金柳""柔波""星辉""软泥""青荇",这些形象具有色彩,而且有动态感和柔美感。

这三者结合起来,徐志摩追求"整体当中求变化,参差当中求异",显示出新月诗的特点和个性,所以我概括为:柔美幽怨的意境,清新飘逸的风格。

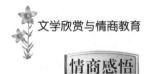

情商感悟

　　情结,是一个心理学术语,指的是一群重要的无意识组合,或是一种藏在一个人神秘的心理状态中,强烈而无意识的冲动。康桥时期是徐志摩一生的转折点,其诗意萌发,唤醒了蛰伏在诗人心中的天命,开启了诗人的性灵。所以说徐志摩具有很深的康桥情结,正是他的这种情结,再到康桥时,使他写出了这首优美的抒情诗,宛如一曲优雅动听的轻音乐,给后人留下极为深刻的记忆。

　　情结有正面和负面之分,正面情结能催人奋进,执着追求,如革命情结、农村情结等,海外很多人为什么叶落归根? 就是藏在其心灵深处的家乡情结使然。负面情结会给人带来消极的价值趋向,使人走向偏执、固执。比如洁癖、儿童情结等,使周围的人或与其一起生活的人感到压抑或不舒服。因此,作为青少年群体要注意培养、储蓄自己的正面情结,发现负面情结出现苗头时,要及时调整,避免给自己带来负面影响。

49 《面朝大海　春暖花开》——理想

面朝大海　春暖花开

海　子

从明天起，做一个幸福的人，
喂马、劈柴、周游世界。
从明天起，关心粮食和蔬菜。
我有一所房子，
面朝大海，春暖花开。
从明天起，和每一个亲人通信，
告诉他们我的幸福。
那幸福的闪电告诉我的，
我将告诉每一个人。
给每一条河，每一座山，
取一个温暖的名字。
陌生人，我也为你祝福：
愿你有一个灿烂的前程，
愿你有情人终成眷属，
愿你在城市获得幸福，
我只愿面朝大海，春暖花开。

作品赏析

　　海子(1964—1989)，原名查海生，中国当代诗人。出生于安徽省安庆城外的一个农民家庭。1979 年考入北京大学法律系。1989 年 3 月 26 日，诗人在河北省山海关卧轨自杀。《面朝大海　春暖花开》写于 1989 年 1 月 13 日，即诗人离开人世前的两个月。诗人长期处于精神的思索之中，在沉沉的精神现实的重压下，诗人的心灵和躯体得不到依托和放松。最终，诗人以 25 岁的年龄就离开了人世。

　　《面朝大海　春暖花开》，文本写出来的是物质世界，暗示出的是精神家园；诗人歌唱的是世俗生存的幸福，暗示出的是心灵深处的痛苦。矛盾，是这篇诗作的灵魂的炼狱。

在"明天"以前,包括说话的现在,诗人是侧重于后者,即精神的、形而上的方式。我们似乎看到,诗人说归说,做归做,口里反复劝诫自己、下决心过另一种生活,但行动上却迟迟不能付诸现实,仍然留恋于长期习惯的形而上的方式。这就是一种深刻的矛盾。

第一章主要讲营造幸福生活所做的物质层面的事。今天的海子是没有幸福感的,所以,海子通过自己的描述,将明天的幸福生活降低到俗世生活的最低限,点明了今天的生活太为世俗烦琐所羁绊了。二、三两节主要讲精神层面的事:"你"是我祝福的对象,而"我"却截然选取了另外的方式——仍然是"面朝大海,春暖花开"。对"你"的幸福定义于世俗与物质,也可以说是庸常的平凡的"幸福";而对"我"的幸福却定义于超拔、浪漫、精神层面。如果幸福的形式不同,但幸福的体验应该是一样的,于是,在最后,海子坚持地表达出自己所感受到的幸福的绝对自信。

曾有朋友和我闲聊,没有痛苦怎可能虔诚祈求幸福,没有负累不可能一心盼轻松。我不知道自己是否一直在挣扎,一直在突围,但我很向往那种纯净的境界。读海子的这首诗,感觉眼前是一片春暖花开的景象,好明媚,好灿烂,幸福的感觉包围着你我,整个世界一片祥和,一种极乐的享受!

情商感悟

理想,是对未来事物的美好想象和希望,也比喻对某事物臻于最完善境界的观念,是人们在实践过程中形成的、有实现可能性的、对未来社会和自身发展的向往与追求,是人们的世界观、人生观在奋斗目标上的集中体现。满足眼前的物质和精神需求,又憧憬未来的生活目标,期盼满足更高的物质和精神需求,对未来的不懈追求,是理想形成的动力和源泉。

苏格拉底说过"世界上最快乐的事,莫过于为理想而奋斗"。所谓情商就是一个人在追求理想的过程中,所表现出来的综合素质、意志品质和各种能力。所以,理想是情商的核心,情商的培养首先应该确立自己的理想、信念和追求。理想必须是长期的,没有长期的理想,你也许就会被短期的种种挫折所击倒;理想必须是特定的,一个猎人,当他面对树上的一群鸟时,如果说他能打下几只鸟的话,那么他肯定不是向这群鸟射击,几只鸟的收获一定是猎人瞄准特定目标的结果。理想一定要远大。一旦你确定只走一公里路的目标,在完成还不到一公里时,你便有可能感觉到累而松懈自己,然而,如果你的目标是走十公里路,你便会做好思想及其他一切必要的准备,并调动各方面的潜在力量,一鼓作气走完。必须实践自己的人生理想,理想不实践等于没有任何意义的空想,实践理想的过程不一定都要详细精确,但必须有足够的勇气去面对,创造条件,克服困难,按照既定的目标,努力实现它。

50 《乡愁》《乡愁四韵》——乡情

乡 愁

席慕蓉

故乡的歌是一支清远的笛
总在有月亮的晚上响起
故乡的面貌却是一种模糊的怅惘
仿佛雾里的挥手别离
别离后
乡愁是一棵没有年轮的树
永不老去

作品赏析

席慕蓉(1943—),蒙古族,全名穆伦·席连勃,当代画家、诗人、散文家。原籍内蒙古察哈尔盟明安旗。

1963 年,席慕蓉于台湾师范大学美术系毕业,1966 年在比利时布鲁塞尔皇家艺术学院完成进修,获得比利时皇家金牌奖、布鲁塞尔市政府金牌奖等多个奖项。著有诗集、散文集、画册及选本等五十余种,《七里香》《无怨的青春》《一棵开花的树》等诗篇脍炙人口,成为经典。

席慕蓉的作品多写爱情、人生、乡愁,写得极美,淡雅剔透,抒情灵动,饱含着对生命的挚爱真情,影响了整整一代人的成长历程。

对故土的眷恋可以说是人类共同而永恒的情感。远离故乡的游子、漂泊者、流浪汉,即使在耄耋之年,也希望能叶落归根。

席慕蓉将这份乡愁用简短的七行三节诗进行概括:第一节写乡音的清新缭绕,笛声"总在有月亮的晚上响起",试想一年四季又有几个晚上没有月光啊,这就隐隐喻出游子无时无刻不在怀恋故乡。第二节写乡情的怅惘,对故乡的怀念渐渐遥远,时间的推移摇落了故乡的轮廓,仅剩一种模糊不清的怅惘,如雾里别离,浓似血却又隔着一层迷蒙的云雾。用雾里的挥手别离来比喻对故乡的模糊而怅惘的印记,是用一种可观可感的具体来描述抽象的主观感受,可谓生动形象、贴切自然。第三层写乡愁的永恒,是从上两层的乡音缭绕和乡情缠绵过渡而来,这在形式上极具新颖意味。层次的渐递使主题由模糊逐渐鲜明。诗人用没有年轮的树永驻游子心中"永不老去"的形象比喻,抒发了深似海洋的愁绪和怀恋、怅惘的情感。

情感抒发与意象选择的融合,使整首诗的意境深邃悠远。比喻的贴切自然、语言的朴素优美更使整首诗具有牧歌式的情调。

乡愁四韵

余光中

给我一瓢长江水啊长江水
酒一样的长江水
醉酒的滋味
是乡愁的滋味
给我一瓢长江水啊长江水

给我一张海棠红啊海棠红
血一样的海棠红
沸血的烧痛
是乡愁的烧痛
给我一张海棠红啊海棠红

给我一片雪花白啊雪花白
信一样的雪花白
家信的等待
是乡愁的等待
给我一片雪花白啊雪花白

给我一朵腊梅香啊腊梅香
母亲一样的腊梅香
母亲的芬芳
是乡土的芬芳
给我一朵腊梅香啊腊梅香

作品赏析

余光中(1928—2017),祖籍福建永春,母亲原籍江苏武进,故也自称"江南人"。生于江苏南京,1947年入金陵大学外语系(后转入厦门大学),1949年随父母迁香港,次年赴台,就读于台湾大学外文系。1953年,与覃子豪、钟鼎文等共创"蓝星"诗社。后赴美进修,获爱荷华大学艺术硕士学位。返台后任香港中文大学教授,台湾中山大学文学院院长。余光中是个复杂而多变的诗人,他变化的轨迹基本上可以说是台湾整个诗坛三十多年来的一个走向,即先西化后回归。在台湾早期的诗歌论战和20世纪70年代中期的乡土文学论战中,余光中的诗论和作品都相当强烈地显示了主张西化、无视读者和脱离现实的倾向。如他自己所述:"少年时代,笔尖所染,不是希顿克灵的余波,便是泰晤士的河水。所酿也无非一八四二年的葡萄酒。"20世纪80年代后,他开始认识到自己民族居住的地方对创作的重要性,把诗笔"伸回那块大陆",写了许多动情的乡愁诗,对乡土文学的态度也由反对变为亲切,显示了由西方回归东方的明显轨迹,因而被台湾诗坛称为"回头浪子"。从诗歌艺术上看,余光中是个"艺术上的多妻主义诗人"。他的作品风格极不统一,一般来说,他的诗风是因题材而异的。表达意志和理想的诗,一般都显得壮阔铿锵,而描写乡愁和爱情的作品,一般都显得细腻而柔绵。著有诗集《舟子的悲歌》《蓝色的羽毛》《钟乳石》《万圣节》《白玉苦瓜》等十余种。

余光中先生祖籍究竟是江苏常州还是福建永春已经无从查考,但余先生生于南京,九岁方离开去四川,三年后返回南京读大学,对于祖国,少年时的印象是最深的,1949年余光中离开大陆赴台湾,此后漂泊于香港、欧洲、北美……半个世纪以后再次踏上南京,余光中说出了这样的一句话:"如果乡愁只有纯粹的距离而没有沧桑,这种乡愁是单薄的……"

（一）意以象言,情以象抒

诗言志,歌咏情,诗歌是情志抒发的艺术,可是这种感情心志的抒发最忌讳抽象的说教,空洞无物,为此,诗人们往往选取一些"情感对等物"(意象)来抒情言志,从而使诗歌具有含蓄蕴藉、韵味悠长的表达效果。余光中的《乡愁四韵》依次选用了四个极具中国特色和个性风格的意象来抒发诗人久积于心、耿耿难忘的乡愁情结。首节"给我一瓢长江水啊长江水"以呼告开篇,反复咏唱,"长江水"发人深思,耐人寻味。它是自然滋润万物的汩汩清泉,它是妈妈哺育儿女的甜美乳汁,它是祖国抚慰游子的绵长柔情。诗人漂泊天涯的深情呼唤有如穿越沙漠、久旱干渴的旅人对于绿洲和清泉的渴盼,焦灼而痛楚,执着而痴迷! 第二节的"海棠红"和第四节的"蜡梅香"极富古典韵味,很容易引发人们对中国古典诗词的相似联想,也含蓄而形象地表达了诗人对中国传统文化的留恋和热爱。树高千丈,叶落归根;人在旅途,魂归故里。哪怕天涯海角,哪怕沧海桑田,文化的血脉永远亘古如斯,一脉相连。第三节的"雪花白"则摹色绘心,以雪花的晶莹剔透、洁白无瑕隐喻游子对祖国妈妈的赤子之心和挚爱之情。四个意象以相同的方式呈现,多侧面、多角度地抒写了诗人对祖国妈妈手足相连、血肉相依的深挚情怀。

（二）联想自然,环环相扣

《乡愁四韵》的高妙之处不仅仅在于精选意象,传情达意,更重要的是,它往往围绕中心意象展开层层联想,由此及彼,由表及里,极大地丰富和充实了乡愁的情感内涵。第一节由"长江水"联想到"酒",由"酒"联想到"醉酒的滋味",再由"醉酒的滋味"联想到"乡愁的滋味";其余三节分别由"海棠红""雪花白""蜡梅香"引发联想,思路扩展与第一节类似。这些联想,一环套一环,层层推进,步步深入,充分揭示了乡愁的深沉厚重、悠远绵长的特点。第一节第一层联想把"长江水"比作"酒",凸现乡愁蕴大含深,至真至醇;第二层联想由"酒"到"醉酒的滋味"则顺理成章,自自然然,展示了乡愁撩人情思、令人心醉的特点;第三层联想把"乡愁的滋味"类比"醉酒的滋味",化抽象为具体,变复杂为浅显,使人们特别是那些未曾离乡背井,游走天涯的人们对"乡愁"有一个具体而明确的感受。三层联想,从属于"乡愁"而又突现"乡愁",明白有序地抒发了作者的情思。显然,这比单一的联想比喻更具艺术魅力,其余三节的联想扩展作用类似,兹不赘述。

(三)音韵和谐,一唱三叹

《乡愁四韵》可以看作一首用文字写成的乐曲,首行诗犹如乐曲的主题旋律,而且它在每一诗节的首尾呼应,使得每一个诗节都像是一个独立的"乐段",四个乐段之间结构非常相似,这些相似的"乐段"反复演奏,形成了回环复沓、一唱三叹的音乐节奏,使主题思想得以不断深化,从而产生了荡气回肠的艺术效果。这种重章叠句的构思,显然是借鉴了中国民歌的回旋曲式的特点。

(四)无理而妙,富于别趣

严沧浪曾说过:"诗有别材,非关理也;诗有别趣,非关书也。"此处"别材""别趣"指的就是"无理而妙"的特征,所谓"无理"是指因这种逆常悖理而带来的绝对想不到的诗美、诗味。《乡愁四韵》中,作者不说"一张红海棠""一片白雪花""一朵香蜡梅",而偏说"一张海棠红""一片雪花白""一朵蜡梅香",显然,按照生活逻辑和表达习惯,"红"不能用量词"张"来修饰,"白"不能用量词"片"来限定,"香"不能用量词"朵"来衡量。但是,诗人的匠心在于:用"一张海棠红"来强调"红",以突出"红"的鲜艳灿烂,而这"红"又与后文的"血"自然相连;用"一朵雪花白"来强调"白",白得晶莹剔透,纤尘不染,而这"白"字又与后面的"信"紧密相连;用"一朵蜡梅香"来强调"香",以突出蜡梅的清香四溢,沁人心脾,而这"香"字又与下文的"妈妈"相连。相反,如果说"给我一张红海棠","给我一片白雪花","给我一朵香蜡梅",后面随文就势的自然联想就无法展开。因此,从这反常离奇的搭配中我们是可以体会到诗人的匠心智慧的。

情商感悟

乡愁是对家乡的感情和思念,是一种对家乡眷恋的情感状态。对故土的眷恋是人类共同而永恒的情感。远离故乡的游子、漂泊者、流浪汉、移民,谁都会思念自己的故土家乡。记得一句名言:哲学原就是怀着一种乡愁的冲动到处寻找家园。狭隘的理解就是对家乡眷恋的情感状态。广义的理解就是一种情结、一种文化。

一个没有这种体会的人,就算是知道了最准确全面的描述,对乡愁也是无法理解的,不如有体验。当那种思之使人辗转反侧的感情真实地、切身地发生在一个人身上的时候,他也便不会再去追问乡愁是什么了。因此,体验是乡愁最好的存在和归属方式。体验乡愁是一种幸福,让人有深深的归属感,明白自己从哪里来,为何而来,到哪里去。怀有乡愁,会提醒我们不要忘本,不论年岁多大,不要忘记生养之地,不论当年是悲苦、饥饿、磨难、满目疮痍,还是平安、幸福、丰裕、其乐融融,我们都应该从乡愁中汲取养分,化作美好的回忆、前进的基石。

51 《致橡树》——独立

致橡树

舒　婷

我如果爱你——
绝不像攀援的凌霄花，
借你的高枝炫耀自己；
我如果爱你——
绝不学痴情的鸟儿，
为绿荫重复单调的歌曲；
也不止像泉源，
常年送来清凉的慰藉；
也不止像险峰，
增加你的高度，衬托你的威仪。
甚至日光，
甚至春雨。
不，这些都还不够！
我必须是你近旁的一株木棉，
作为树的形象和你站在一起。
根，紧握在地下；
叶，相触在云里。
每一阵风过，
我们都互相致意，
但没有人，
听得懂我们的言语。
你有你的铜枝铁干，
像刀，像剑，也像戟；
我有我红硕的花朵，
像沉重的叹息，
又像英勇的火炬。
我们分担寒潮、风雷、霹雳；

我们共享雾霭、流岚、虹霓。
仿佛永远分离，
却又终身相依。
这才是伟大的爱情，
坚贞就在这里：
爱——
不仅爱你伟岸的身躯，
也爱你坚持的位置，
足下的土地。

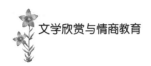
作品赏析

　　舒婷，原名龚佩瑜，福建泉州人。中学毕业后，到上杭县农村劳动。1971 年开始诗歌创作，1972 年调到厦门进入工厂，做过泥水工、浆沙工、挡车工、统计员、焊锡工等。1979 年发表处女作《祖国啊，我亲爱的祖国》一诗，引起注目，获 1970—1980 年全国中青年诗人优秀新诗奖。1980 年调到福建省文联从事专业创作。主要著作有诗集《双桅船》《会唱歌的鸢尾花》《始祖鸟》，散文集《心烟》等。舒婷崛起于 20 世纪 70 年代末的中国诗坛，她和同代人北岛、顾城、梁小斌等以迥异于前人的诗风，在中国诗坛上掀起了一股"朦胧诗"大潮。

　　第一节"我如果爱你，绝不像攀援的凌霄花，借你的高枝炫耀自己；我如果爱你，绝不学痴情的鸟儿，为绿荫重复单调的歌曲；也不止像泉源，常年送来清凉的慰藉；也不止像险峰，增加你的高度，衬托你的威仪。甚至日光，甚至春雨。"表达木棉既不想高攀对方，借对方的显赫来炫耀虚荣；也不想一厢情愿地淹没在对方冷漠浓荫下，独自唱那单恋的痴曲。

　　第二节"不，这些都还不够！我必须是你近旁的一株木棉，作为树的形象和你站在一起。"说明木棉偏要打破爱情中只提倡为对方牺牲的藩篱，鲜明地表示不当附属品，只成为对方的陪衬和点缀，而是必须与对方站在同等的地位上。"根，紧握在地下；叶，相触在云里。每一阵风过，我们都互相致意，但没有人，听懂我们的言语。"表明了恋人之间的并肩携手，心心相印。"你有你的铜枝铁干，像刀，像剑，也像戟"象征男性——伟岸挺拔，刚强不屈，锋芒锐利，具有阳刚气概；"我有我红硕的花朵，像沉重的叹息，又像英勇的火炬"象征女性——健康活泼，美丽动人，深沉博大，坚韧不屈，具有柔韧气质。提出了现代女性所应有的爱情观。那就是男女真正意义上的平等，都以"树"的形象出现。心心相印，互敬互爱，志同道合。男女独立的人格不但不失去应有的光辉，而且在相互的掩映下更加璀璨。

　　第三节"我们分担寒潮、风雷、霹雳；我们共享雾霭、流岚、虹霓。仿佛永远分离，却又终身相依。"表明恋人要"同甘苦，共患难"。正是爱情双方都置身在同一现实环境中，无论是生活的艰辛还是幸福的境遇，他们都一同分享。"这才是伟大的爱情，坚贞就在这里:爱——不仅爱你伟岸的身躯,也爱你坚持的位置,足下的土地。"作者想要表达爱情的坚贞,不仅表现在使自己忠实于对方"伟岸的身躯",达到外貌的倾慕和形体的结合,而且更进一步,把对方的工作岗位、信念和理想也纳入自己的爱情怀抱。站在同一阵地,有着同一种生活信念。

在艺术表现上,诗歌采用了内心独白的抒情方式,便于坦诚、开朗地直抒诗人的心灵世界;同时,以整体象征的手法构造意象(全诗以橡树、木棉的整体形象象征恋人双方的独立人格和真挚爱情),使得哲理性很强的思想意念得以在亲切可感的形象中生发、诗化,因而这首诗富于理性气质。

情商感悟

诗人以橡树为对象表达了爱情的热烈、诚挚和坚贞。通过拟物化的艺术手法,用木棉树的内心独白,热情而坦诚地歌唱自己的人格理想以及要求比肩而立、各自独立又深情相对的爱情观。爱情需要独立才能收获白头到老,扩展开来,生活、工作、学习都需要独立的思考和判断,尤其对青年学生培养独立自主的做事风格非常重要。

一个独立的人,指其有独立的思想,独立的人格,有独自生活、工作、学习的能力。作为青年学生,由依靠家庭,依靠父母,依靠老师,一步一步向前迈进,逐步脱离关爱与呵护,开始自理自立,到最终独立自强,这是一个人成长成熟的必然过程。切不可一直保持"巨婴童心",成为"啃老族"。如何培养自己的独立能力呢?

首先,要养成独立思考和解决问题的能力。遇到问题或者麻烦的时候能自己解决的首先要自己解决,哪怕再苦再累也要坚持自己解决,经过几件事情之后你就会发现自己思考的能力变强了。其次,在人际交往中与人和睦相处,多帮助别人,帮助别人就是在锻炼自己,成就自己。最后,一定要多思考,遇到事情要有自己的主见,对自己认为正确的事情一定要努力尝试,即使失败了也会有很大收获,自信心和独立能力会逐步增强。

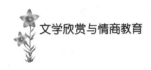

52 《人,总有那么一点点》——接受

人总有那么一点点

白　渔

像园里的韭菜,不要割,
让它绿绿地长着。
像谷底的泉水,不要断,
让它淡淡地淌着。
像枝头的青果,不要摘,
让它静静地挂着。
也许,人总有那么一点点,
忘又不能忘,说又不能说。
像怯光的蝙蝠,
扇翅于黄昏的角落。
留着它吧——
是酸,帮你消化生活,
是苦,为你鉴别快乐。
是甜,给你增加力和热。
无论是福,是祸,
或少,或多,
留着,留着,
不必追究,何须说破。

作品赏析

　　白渔,诗人,原名周问渔,四川富顺人。1958年毕业于二机部轴矿地质学校。先后在青海燃料工业局地质处、煤田132队任地质物探技术员。1979年调青海省文联,历任刊物编辑、专业作家、省作协副主席。1955年开始文学创作。曾在国内外百余种报刊上发表诗歌、散文等作品。著有《帆影》等6部诗集。其事略被收入《世界华人文化名人传》等辞书。是中国作协会员、世界华文诗人协会创会理事。1993年获政府特殊津贴。

　　《人，总有那么一点点》整首诗语言朴素，在全诗中没有透露出更多的激情，与某些大气而又豪迈的诗相比，本诗的诗语更侧重于内隐，平淡，朴素无华。在像泉水顺畅般溢出的诗句中，诗人在力图把读者引进人类心灵的深处，引进那些隐秘的，容易在日常生活和工作中所忽略的，所不被重视，潜在的心理中的，处于更深层次中的问题。白渔通过本诗的写作，精确地表达了他对人类心理意识的认识，也同时表明了他作为一名诗人，当之无愧。

　　全诗的诗眼是什么呢？"像怯光的蝙蝠，扇翅于黄昏的角落"无疑就是全诗的诗眼，这二句是全诗的内核，是本诗之所以成为一首诗的基石！这二句诗语乍一看极其普通而无什么动人之处，但细细品味就会明白，这二句实际上就是人类那隐蔽心理的着落地，处于人的心理意识层面的最深处，这种人的心理可能在某些时刻和状态下被人的内显心理所意识到，但更多的时候，人是无法正确内省自己的心灵中更为深潜的意识的！全诗由此二句所确定的基调引发开来，直接导致对这种心理意识的进一步剖解，即顺其自然地导出对这种心理的属性的定性诗论，即导出本诗第三节的中心两句"是酸，帮你消化生活，是苦，为你鉴别欢乐"。这二句可为诗人的匠心独具，一个"酸"字和一个"苦"字惟妙惟肖而又真诚地坚定了自己对人类心理问题的认识！"酸，帮你消化生活""苦，为你鉴别欢乐"这是诗人多么高尚的人生境界啊，对我们认识生活和理解生活有着巨大的启示作用！诗人对我们说："留着、留着，不必追究，何须说破"，可是诗人已经在诗里为我们作了明确的解说，可见诗人构思之巧妙，运用诗语之熟练，让读者不得不生钦佩之心，这正是值得写诗者认真学习的地方！而本诗的第一段更是对人类心理中的深层次意识给予了赞美，这种赞美是基于"消化生活"和"鉴别欢乐"的赞美，像"园里绿绿长着的韭菜"，像"谷底淡淡淌着的泉水"，像"枝头静静挂着的青果"，可见诗人对诗的语言运用之准确无误，生动且入微。整首诗的创作是成功的。本诗的创作者是对人类的生活和人类的心理有着深深观察力和感悟力的诗人！

情商感悟

　　作者意在说明，每个人在人生中都有困惑的时候，可能会感到孤单和落寞，这也许是生活中的经验积累和感情上的磨炼，我们要珍惜人生中的每一次经历，珍惜眼前的一切，每一段路，都是一种领悟，一种机遇，一种人生财富，一种生活中的磨炼。

　　不要悲观地认为自己很不幸，其实比你更不幸的人还很多；不要乐观地认为自己很伟大，其实你只是沧海之一粟。

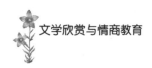

53 《回答》——人格

回 答

北 岛

卑鄙是卑鄙者的通行证，
高尚是高尚者的墓志铭。
看吧，在那镀金的天空中，
飘满了死者弯曲的倒影。

冰川纪过去了，
为什么到处都是冰凌？
好望角发现了，
为什么死海里千帆相竞？

我来到这个世界上，
只带着纸、绳索和身影，
为了在审判之前，
宣读那些被判决的声音。

告诉你吧，世界
我—不—相—信！
纵使你脚下有一千名挑战者，
那就把我算作第一千零一名。

我不相信天是蓝的，
我不相信雷的回声，
我不相信梦是假的，
我不相信死无报应。

如果海洋注定要决堤，
就让所有的苦水都注入我心中，
如果陆地注定要上升，
就让人类重新选择生存的峰顶。

新的转机和闪闪星斗，

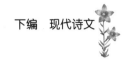

正在缀满没有遮拦的天空。
那是五千年的象形文字，
那是未来人们凝视的眼睛。

作品赏析

北岛,原名赵振开,祖籍浙江,生于北京,中国当代著名诗人。1990年诗人移居美国,现任教于加利福尼亚州戴维斯大学。曾获诺贝尔文学奖提名。《回答》写于1976年的天安门事件中,是那一时期最有个性的时代强音,反映了整整一代青年觉醒的心声,是与已逝的一个历史时代彻底告别的"宣言书",是先觉者对"新的转机"的期待和呼唤,是从迷惘到觉醒的一代青年对现实的严肃"回答"。

《回答》是一首杰出的政治抒情诗,这首诗对那个变异社会表示了怀疑和否定,诗人以强烈的历史责任感和对民族生存的忧患,面对黑暗和荒谬,以挑战者的身份发出"我不相信"的回答,与此同时,在挑战和摧毁现存世界的声音背后,诗人从历史和未来之中捕捉到希望和"转机"。《回答》一诗显示了北岛深沉、冷峻和凝重的艺术风格及较强的现代主义特征。诗人在表现时,没有像传统的政治抒情诗那样去直抒胸臆,也没有肤浅地演绎心中的主题概念。在概括现实表现怀疑精神和英雄气概的时候,诗人借助的是几组新异奇特的意象:如诗的第一段用通行证展现卑鄙者的畅通无阻;墓志铭表明高尚者被摧残被葬送;镀金暗示粉饰的虚假,弯曲的倒影暗指无数死者的冤屈。这些经过变形处理的意象,充分表现了诗人奇异的联想。意象化的表现手法把直说明言变为象征暗示,赋予这首主旨相当明确的政治抒情诗几分朦胧色彩,从而加大了诗句的张力,扩展了作品的艺术容量。无论是对十年动乱现实的高度概括,对现存秩序的怀疑、否定的彻底,还是作为挑战反叛英雄的悲壮程度,抑或对这一切的崭新艺术的表现,在同派诗人的同类作品中,都是无与伦比的。

对任何一种疑问,我们每个人其实心中都有也应该有一种回答。是支持还是反对,这是人生观的反映,也是一个人作为社会人个性存在的声音。

情商感悟

《回答》反映了整整一代青年觉醒的心声,是与已逝的一个历史时代彻底告别的"宣言书"。它真实地传达出了一个充满压抑感的生活氛围,也表现了重压之下,生存意愿和发展要求仍然存在着的人对苦难现实的心理反叛,其主题是对民族文化传统、时代的哲学氛围、理想生活的渴求。

人生难免经受挫折,风雨过后就是彩虹;生活难免遭受苦难,雨过天晴终有阳光。

在人生征途中有许多弯路、小路、险路、暗路,只有意志坚定且永不停步的人,才有希望到达胜利的远方。

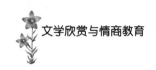

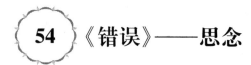

54 《错误》——思念

错 误

郑愁予

我打江南走过
那等在季节里的容颜如莲花的开落
东风不来,三月的柳絮不飞
你的心如小小寂寞的城
恰若青石的街道向晚
跫音不响,三月的春帷不揭
你的心是小小的窗扉紧掩
我达达的马蹄是美丽的错误
我不是归人,是个过客……

译 文

　　三月江南的小城,弯弯的柳树枝条长出了细细绿叶,一条青石板铺成的小巷,泛着幽幽淡青色的光,傍晚时分,幽静的小巷响起了一声声嘚嘚的马蹄声,由远而近……这一声声嘚嘚的马蹄声,声声敲在小巷深处一位江南女子的心上,多么熟悉的声音啊! 是自己远行的心上人回来了吗? 她的心狂跳起来,一跃而起,扑向窗边,揭开许久没有揭开的窗帘,向嘚嘚的马蹄声处望去……失望挂在她的脸上,她又慢慢地放下了窗帘……

作品赏析

　　郑愁予自述该诗源自童年的逃难经历,他小学时,抗战就全面爆发了,父亲从陆军大学受训后一毕业就被送到湖北抗战前线,调去襄阳张自忠的部队,他则跟随着母亲经历过各种逃难,一路上看到很多伤兵。1948 年 12 月,他到江南的一个村落,那里唤起了他童年时期逃难的记忆,有关炮车,有关战马的马蹄声,他把这些冒出的经历艺术化,写成了《错误》。这首诗的主角就是以郑愁予母亲为原型的。

　　一座江南的小城,一个暮春三月的日子,一个盼归的思妇,一段执着的爱情。这就是

《错误》带给我们的内容意象。作品从大景到小景,层次分明。全诗开头两句先以广阔的江南为背景,再将镜头推移到小城,然后到街道、帷幕、窗扉,最后落在马蹄及打破前面一片寂静的马蹄声上。"我"和"容颜",一者以句式之短之较强的动态感凸现了"走过"的短暂,一者以句子之长之静态体现了"等"的悠长,两者其实是互不相干的两条平行线(陌生人),却又充满张力,让人感到"错误"的难以避免。

诗人以冷(寂寞的城、青石的街道、窗扉)、暖(东风、三月的柳絮、蛩音、三月的春帷)两组意象,决绝地用了四个"不",杜绝了两者实现的可能性,并在对暖意的"冷化"中深入人物内心:"达达的马蹄"敲响了女子希望重逢的心灵深处,因而美丽。不过,这马蹄声仅仅是路过,并不为她的企盼而停驻,因而是个错误,多么残忍而美丽的一种内心体验。

有一种错误是美丽的,那便是爱的错误。试想,当我们用期待的心情去面对我们的心灵寄托时,那是怎样的一种力量和等待!深深相思中,爱让人们常常有无限的遐想。当错误地将他人的脚步想成爱人的归来时,无限的喜悦也瞬间变成了无限的失望。然而,这种内心的体验又何尝不是一种美丽的错误,一份凄美的深情呢?

《错误》这首诗,以一连串具有传统意味和江南风情的意象,将豪放旷达的气质和欲语还休的情韵融为一体,营造出和谐、完整的艺术境界。虽然诗中写了思妇和浪子,但与传统的闺怨诗相比,表现出了较强的历史感和时空感。

《错误》最大的特点是叙事、画面的象征化以及对照手法的结合运用。从第一节开始,在一个叙事的语境中,季节、容颜、莲花就共同塑造出这些词语的象征意味。第一节两句,以第一人称"我"写游子走过江南,"那等在季节里的容颜如莲花的开落",诗中,"容颜"显然借指某个人,至于这个人的性别,在语言文化的规约下很自然会将其认同为"女性"。前半句中"等"和"季节"赋予了"容颜"以叙事内容和时间限度;后半句是对"容颜如花"这个套板化比喻的推进和激活,诗人不再甘于用静止的喻体去比附静止的本体,喻体被转化为两种动作状态——开、落。所以,这个句子就是诗人对一个具有情节性、动作性和时间性的故事的切片和象征。一个通常用叙事的方式予以展开的情景被象征化地表达,于是在想象中补齐了这句诗所涉及故事的三个层面:一个美丽的年轻女子在守候着她的归人(容颜、等待);她等了一年复一年,时间在等待中悄然逝去(季节里);她也曾欣喜期待,以为她的归人即将到来(莲花开),却终于还是寂寞失落,因为她的归人终究没有归来(莲花落)。

从诗歌艺术的角度看,这句诗包含着如此丰富的内容,它对"容颜"这个中心词的前后修饰,使简单的借代获得了微妙的情景性和独特的心理内涵;它又采用了将叙事情景象征化的方式,使诗歌言简意丰,富于诗性的密度。

如果说第二句相对于第一句是一个转折的话,第二节相对于第一节同样是一个转折——叙事视角的转换。第一节的镜头对准"我"——打江南走过的"游子";第二节的镜头则对准着上面"等在季节里的容颜",工笔细描,一唱三叹地推进到这个等待中人枯寂的内心。这一节全用比喻,不同的喻体都指向相同的本体——"你的心",在喻体的暗示中企图将闺中等待女子的心理具象化。值得注意的是,这里全用情景化的比喻:"东风不来"暗示静寂,"柳絮不飞"正是一幅无精打采、百无聊赖的情状,"你的心如小小的寂寞的城"更是凸显等待者内心的封闭(小城)和寂寥。这种以画面、情景来外化内心的方式接下来得到反复、强化，但又有些微不同。"恰若青石的街道向晚"让人联想起以下的画面：天边一轮将落的夕阳（向晚），脚下是狭长冷清小巷中的青石板路。同样采用形象的画面外化内心，这个画面的意味却隐藏更深，因此也更加隽永。这里有冷暖色彩的对比，天边的夕阳虽然酡红，但却给人只是近黄昏之感；脚下的石板路悠长冰冷，却是所在者无法逃避的路。联系上下文，温暖的夕阳却远在天边且即将西坠，这间或暗示等待者心中渺茫的期待仅是一抹遥远的暖色；而冷清的、踏在脚下的才是实实在在的生活——寂寥的等待。所以，此句所构造的画面看似荡开其实紧贴着主题。它通过画面的构图和色彩对比来暗示情感，显得更加意味深长。此节四、五句是对一、二句的同义反复，但同样暗示死寂，"东风不来"是客观的视角，"跫音不响"则已经悄悄转为等待者的"听觉"，不经意地铺垫了下面的"马蹄声"。

　　第三节又是一转，镜头重新聚焦在"我"身上，但却又进入了"我"的内心：我达达的马蹄是美丽的错误/我不是归人，只是过客。这里迅速地引出了一个问题：为什么马蹄是美丽的，却又是错误。显然，第二句正是对第一句的回答。而这种回答又必须回归到"等待者"的心理感受中才能得到解释。因为马蹄声引起了等待者的期盼，让她错以为是归人；但是这马蹄声却是过客带来的，所以，这女子必然又重新陷入更深的失落中去。这一节有两个重要的艺术特点：一是明暗线的设置，明写"我"的感受，暗写"等待者"的感受，等待者的感受解释了游子的感受；二是照应的运用，"达达的马蹄"是对第二节"跫音"的照应，"美丽的错误"又是对第一节"莲花的开落"的照应。全诗的情感脉络因此更加紧密地联系在一起，设想这样的场景——闺中女子枯寂的等待中突然传来一阵马蹄声，这声音像曾经有过的无数次一样，引起了她的满心期盼，她听着这声音越来越近、越来越近却又越来越远，她终于明白，这不是一个归人，只是一个过客。她又一次体会了"过尽千帆皆不是"的煎熬，仿佛让人看见这个女子期盼时迅速地从椅子上站了起来，凝神侧耳倾听，多么像一朵莲花的绽开；又仿佛看见她在马蹄声远去之后失望地、颓然地重新坐到椅子上，像一朵莲花的花瓣在风中凋零。

情商感悟

　　现代诗社主要成员郑愁予的诗歌以婉约见长，他的爱情诗更是清新婉约。《错误》以江南的小城为中心意象，写思妇盼归人的情思，被誉为"现代抒情诗的绝唱"。这是一首中国式的爱情诗，是一首属于中国人的诗，讲着一个永恒、美丽的中国的故事。

　　从情商的角度分析，该诗描述了一个人对爱人的相思之情，我们可以从中得到什么启发呢？

　　思念，也就是想念，多为对景仰的人、爱慕的人或环境不能忘怀，希望再次见到。爱意的思念是很奇妙的，想要知道他（她）的一切，不论你做什么事情都会想到他（她），尤其是做和他（她）在一起做过的事情，你可能就会停在那里慢慢被回忆占据。也会在清晨刚睡醒的时候就莫名地失神，因为你还没有从梦中醒过来，还没有习惯没有他（她）在你身边的生活。而亲人间的思念又是另一番模样，那是带着浓浓的暖意的哀愁。

　　思念是人的自然本能，是人类深厚感情的寄托，反映出一个人对旧有人或事的留恋、依恋,也会成为追寻幸福的动力。思念只要能够把握得当,有效疏导,会成为心灵美好的情感,代表着正向价值和正能量。相反,不会思念、不愿思念的人是对历史、对旧情的背叛。

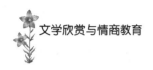
55 《断章》——认知

断 章

卞之琳

你站在桥上看风景，
看风景的人在楼上看你。
明月装饰了你的窗子，
你装饰了别人的梦。

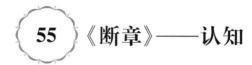

卞之琳(1910—2000)，生于江苏海门汤家镇，祖籍南京市溧水区，现当代诗人("汉园三诗人"之一)、文学评论家、翻译家，曾用笔名季陵、薛林等。

抗战期间在各地任教，曾是徐志摩和胡适的学生，为中国的文化教育事业做了很大贡献。《断章》是他不朽的代表作。卞之琳对莎士比亚很有研究，西语教授，在现代诗坛上做出了重要贡献。

卞之琳被公认为新文化运动中重要的诗歌流派新月派和现代派的代表诗人。

卞之琳的《断章》是20世纪中国诗歌史上传诵最广的佳作之一，该诗写于1935年10月，《断章》全诗只有四句，不同的读者可以从中体验、感悟到不同的审美意蕴。

"你站在桥上看风景"，你与"风景"的关系是互为对立的两端，但人物、景物在相对、互换中，都悄悄发生了转变，因为"看风景的人在楼上看你"，你又成了"风景"。你原先看到的"风景"，在注目于你的人中，又不是"风景"了。"明月装饰了你的窗子，你装饰了别人的梦。"此际，没曾想在楼上赏景的"你"，又下意识地来到窗前，欣赏明月的万里清辉，不经意间却又成了一道令别人梦绕魂牵的"风景"，在别人的梦境中，"你"是他的一轮皓月，前两句的意蕴从连环往复中得到了进一步的丰富，升华，形成了一种无限繁复的多元开放系统。

"你""楼上人"，无数个"你"，无数个"楼上人"，共同组成这个世界。"你"过着自己的生活，"在桥上看风景"；"楼上人"也过着自己的生活，"在楼上看你"。在某一个偶然，或者必然，你们相逢。之后，或者离开，或者相交相知，各自做着自己的事，怀着自己的梦想，共同创造这个美好的世界。或者彼此相辅相成，相依相存，装饰着彼此的"窗子"与

"梦"。

世界上许多人和事,貌似彼此独立、无关,犹如"断章",实际上却构成了一个互有关联、统一不可分割的系统,"断章"本身也是相对的,任何一个系统,既是"断章",又是更大系统的有机组成部分。就审美而言,或许唯有"断章"的风景,才具有欣赏性,如同断臂维纳斯。

正如作者所说,此诗是"写一刹那的意境","我当时爱想世间人物、事物的息息相关、相互依存、相互作用。人('你')可以看风景,也可以自觉不自觉点缀了风景,人('你')可以见明月装饰了自己的窗子,也可能自觉不自觉地成了别人梦境的装饰"。由此可见,诗人意在表现人与人之间、物与物之间的一种相辅相成的关系。

自然、社会、人生是一轴轴滚动的风景,人生风景,层出不穷。

《断章》这首诗选自《鱼目集》,写于1935年10月。《断章》是卞之琳诗作中最广为人知的作品,同时也是引起极大的讨论和争议的诗作。据诗人自己说,这首诗起先只是一首诗中的四句,因只有这四句诗人感到满意才保留下来,自成一篇,不料这首诗竟成了诗人流传最广、最有代表性的一首诗,成为中国现代文学史上文字简短,然而意蕴丰富而又朦胧的著名短诗,受到很多人的喜爱。

精简的四句话,描写了四个镜头,不同的意境,不同的心绪,带给读者不同的心境,所以不同的人读《断章》,品读出不同的韵味,有着不同的感受。

学者、翻译家李健吾认为,这首诗是在"装饰"两个字上做文章,认为"诗面呈浮的是不在意,暗地里却埋着说不尽的悲哀",此诗主要是在暗示人生不过是互相装饰,蕴含着无奈的悲哀。卞之琳本人却不以为然,他说:"这是抒情诗,是以超然而珍惜的感情,写一刹那的意境。我当时爱想世间人物、事物的息息相关,相互依存、相互作用。人(你)可以看风景,也可能自觉、不自觉地点缀了风景;人(你)可以见明月装饰了自己的窗子,也可能自觉不自觉地成了别人梦境的装饰。"又说:"我的意思是着重在相对上。"由此段答辩看来,诗人的主要意图是表现人与人之间、物与物之间,不论自觉与不自觉都可能发生的这样或那样的相对关系。当我们细细品读《断章》的时候也能够体会到其中蕴藏的深刻哲理:人可以看风景,也可以成为风景,人生可以互相装饰,明月可以装饰你的窗子,也可以反去装饰别人的梦,由这层去理解的话,我们就能够发现这首诗中蕴含的唯物辩证法的道理,世间主客体本来就是相对的,宇宙万物原本就是互相依存,息息相关的。

短短35个字的一首小诗,朦胧中带有深意,表现出一种哲理化的情感体验,蕴含一种朦胧复杂、不易道明的况味,诗人高超的表现技巧不得不令人佩服。可是当很多学者包括诗人自己都把《断章》看作是一首意蕴艰深的哲理诗,从哲学角度诠释此诗的时候,我却被诗中美丽的画面,朦胧的意境给吸引着,感觉诗作言有尽而意无穷,明白的话中有着触动人心的落寞感情,给我带来了无尽的遐想……

诗中用几个我们常见的,甚至是古典诗歌中咏得烂熟的事物:人物、小桥、风景、楼房、窗子、明月、梦,这些经过作者精心选择、调度安排,营造了两个优美的意境,同时带着深深的感伤,使得诗作具有"诗中有画""画中有诗"的魅力,在读者中产生经久不衰的艺术魅力。诗的上节"你站在桥上看风景,看风景的人在楼上看你",虽然写的是"看风景",但笔墨并没有挥洒在对风景的描绘上,而把画面的重心落在了看风景的桥上人和楼上人的身上,以写实的笔法曲曲传出了那隐抑未露的桥上人对风景的一片深情,以及楼上人对桥上人的无限厚意,构成了一幕"落花有意,流水无情"的戏剧性场景:"你"站在桥上,看桥下流水淙淙,想那光洁的石或绿油油的青苔;闻吟吟风声,想那深深的林中清脆的鸟鸣。一切都那样的自然,那样的明净、悠扬而和谐,面对着这些,"你"显然是一副心醉神迷之态。而此时,那个也是为"看风景"而来的楼上人,登临高楼,眼里所看的竟不是风景,而是那个正"站在桥上看风景"的"你"。为什么楼上人看的是桥上的"你"?是什么吸引着楼上的他?这耐思耐品的一"看",真可谓风流蕴藉,它使那原本恬然怡然的画面顿时春情荡漾、摇曳生姿,幻化出几多饶有情趣的戏剧性场面来。

多情总被无情恼,那无情的风景,那忘情于景的桥上人能否会以同样的深情厚谊,来回报那钟情于己的多情之人呢?面对着生活中这司空见惯的、往往是以无可奈何的遗憾、惋惜和不尽的怅惘、回忆而告终的一幕,诗人在下节诗里以别开生面的浪漫之笔,给我们做了一个充溢奇幻色彩、荡漾温馨情调的美妙回答。"明月装饰了你的窗",这不就是自然之景对桥上人白日里忘情于景的知遇之恩的热情回报吗?我们可以想象,皓月当空,此刻展现于桥上人眼际的会是一幅多么美丽迷人的月夜风光图啊!窗外的一切一切都融在一片淡雅、轻柔、迷蒙、缥缈的如织月色之中,与白日艳阳照耀下的一切相比,显得是那么神秘,那么奇妙,那么甜蜜,那么惬意。

自然之景以其特有的方式回报了桥上人的多情,而桥上人又该以怎样的方式来回报楼上人的一片美意呢?诗以"你装饰了别人的梦"这一想象天外的神来之笔对此做了饶有情致的回答,从而使楼上人那在现实生活中本是毫无希望的单恋之情得到了惬意的宣泄。这个被"装饰"了的梦对于它的主人来说无疑是一次心灵奥秘的深切剖白,它再明白不过地显示了那被各种外部因素所压抑的单恋之情是多么的强烈灼人。而那桥上人之所以能由眼中人变为梦中人,不正因为他是意中人的缘故吗?诗里虽然没有一句爱情的直露表白,但这个玫瑰色的梦又把那没有表白的爱情表现得多么热烈、显豁,而由这个梦再来反思白日里的那一"看",不是更觉得那质朴无华的一"看"缠裹了多少风情,又是多么激人遐思无尽吗?楼上人那一片落花之意,终于得到了桥上人那流水之情的热烈的、远远超过希望值的丰盛回报!当我们撇开诗中的深刻哲理,沉浸在诗的浓郁隽永的情思和把玩不尽的戏味中,作为言情诗来品读,是不是别有一番韵味呢?但是不管我们从哪个角度来品读,《断章》永远都是那样的精致而睿智,它总是显示着隽永的、无止境的审美内涵,让我们领略到悲哀、感伤、飘忽、空寂与凄清的复杂情绪的同时,暗暗告诉着我们现实人生息息相关、互为依存的哲理性思考,使我们获得某种人生的欣慰!在中国现代诗歌的星空上,《断章》是娇小而灿烂的一颗星!

情商感悟

在宇宙乃至整个人生历程中,一切都是相对的,又都是互相关联的。在感情的结合中,一刹那未尝不可以是千古;在玄学的领域里,"一粒沙石一个世界";在人生与道德的领域中,生与死、喜与悲、善与恶、美与丑,都不是绝对孤立的存在,而是相对的、互相关联的。诗人想说:人洞察了这番道理,也就不会被一些世俗的观念所束缚,斤斤计较于是非有无、一时的得失哀乐,而应透悟人生与世界,获得自由与超越。

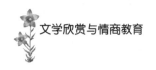

56 《热爱生命》——追求

热爱生命

汪国真

我不去想，
是否能够成功，
既然选择了远方，
便只顾风雨兼程。

我不去想，
能否赢得爱情，
既然钟情于玫瑰，
就勇敢地吐露真诚。

我不去想，
身后会不会袭来寒风冷雨，
既然目标是地平线，
留给世界的只能是背影。

我不去想，
未来是平坦还是泥泞，
只要热爱生命，
一切，都在意料之中。

作品赏析

汪国真(1956—2015)，诗人，祖籍福建厦门，1956年生于北京。初中毕业后进入北京第三光学仪器厂当工人，1982年毕业于暨南大学中文系，后到中国艺术研究院工作。1990年出版首本诗集《年轻的潮》，其后陆续出版《年轻的风》《年轻的思绪》《年轻的潇洒》等诗集，并有多种《汪国真诗文集》出版，掀起流行阅读风潮，其诗集发行量创有新诗以来诗集发行量之最，时称"汪国真现象"。汪国真的诗作，强调意象和个人理想的追求，对安抚痴迷者的心灵起过很大的作用。

《热爱生命》，可以说是汪国真的代表作之一，这首诗以四个肯定的回答表达出为何要热爱生命的哲理。四个段落，看似相似，却各有其趣。四个段落分别以"成功""爱情""奋斗历程"和"未来"为意象进行分析和回答。这四个意象不难懂，不故弄玄虚，不生僻难解，可以说是完全区别于朦胧诗的特点。

《热爱生命》，也是一首非常适合朗读的抒情诗歌，也可以作为励志的诗歌来读。我相信，只要心中有爱，有着对生命的一种热爱，一切美好的结果也就在意料之中了。

中国的诗歌，从最早开始，就大多承载着歌唱功能，但是朦胧诗却背弃了这个主要功能。尽管朦胧诗在20世纪80年代受到读者的极大关注和追捧，但它毕竟是残缺的、先天不足的。朦胧诗多半孤傲，这帮助诗歌成功，也促使它衰败。相反，汪国真的诗歌背弃孤傲，甚至在韵律的营造上有了进一步的提高。他的诗歌基本上都是可以直接拿来谱曲歌唱的，热衷于流行音乐的年轻人，自然也较容易接受这种诗歌形式了。

在意境上，汪国真似乎不如朦胧派。汪国真惯用"爱情""成功"等意象，他的大量作品都采用了这些基本意象，这也许是汪国真本人的偏好，也可能是为了迎合意识形态的一种妥协吧。其实，汪国真的诗歌不是单纯的说教，他说"既然已经选择了远方，便只顾风雨兼程"。他没有呼喊口号非要你去这么做，而是娓娓吟唱建议你去这么做，对20世纪90年代的诗歌读者来说，这是非常明智的一种教化手段。汪国真的诗歌总是体现出一种鲜明的教化功能，因此他的诗歌甚至可以进入语文教材。汪国真的诗歌，曾经掀起过一个热潮，使他成为诗歌界的新秀，成为年轻人的朋友和老师。我不知道，这一切是否得助于他的诗歌富有热情的教化作用？还是来说《热爱生命》吧，汪诗热爱的不是最终的成功和未来的美好结局，不是爱情的获得和奋斗目标的实现。诗作里溢出的热爱，其实是一个过程、是一种追求，"风雨兼程""吐露真诚"……这些都是体现热爱的种种表现。热爱生命，不是因为想要获得而去热爱，而是因为热爱而最终获得。这样，诗歌的主题就升华了。《热爱生命》，是一首非常适合朗读的抒情诗歌，也可以作为励志的诗歌来读。我相信，只要心中有爱，有着对生命的一种热爱，一切美好的结果也就在意料之中了。

看到《热爱生命》这四个字，使人不由得又想起生命的意义——这一人生永恒的主题。有人认为，生命的意义在于成功；有人觉得，生命的意义在于爱情；还有人宣称，生命的意义在于自由。而汪国真给出的答案则是：生命的意义在于过程。只要你追求过、努力过，无论是否能得到成功、爱情或自由，你的人生都是有价值的，就不算虚度。而只要把生命意义的重心放到过程上，那么，"一切，都在意料之中"，对于人生道路上的平坦或是泥泞，我们便能做到处变不惊，就能以一种十分坦然和从容的心情去面对生活。这首诗，每节都以"我不去想"开头，首先给出结果，紧接着，诗人再对"我不去想"的原因做出解释。第一节和第二节都好理解，第四节是对前三节所做的总结，只有第三节有些令人费解。诗人不去想"寒风冷雨"的侵袭，这里的"寒风冷雨"，可能是指流言蜚语，也可能是指困难或压力。而他不去想的原因，是因为他的目标是"地平线"。"地平线"的表面意思，是指远方；深层的意思，可能是指遥远而伟大的人生理想。正因为诗人人生的理想遥远而伟大，因此，任凭人们在他身后指指点点，也不论有任何艰难险阻，他早已不屑也无暇顾及，他只是向着他的目标顽强而坚定地前进。

由上可知，第一节讲的是成功，第二节讲的是爱情，第三节讲的则是理想。这样就有问题了，有理想的人，有谁不想成功呢？而成功的人，又有谁不是先有理想的呢？第一节和第三节的意思有些重复和冲突,证明诗人在写这首诗的时候,思绪不是很清楚,思想还比较混乱。如果把《热爱生命》和《采莲曲》《再别康桥》加以比较,我们可以看出,后者以写景为主,前者仅仅抒发了对人生和生活的某种感悟。所谓写景,也就是用鲜明生动的意象来抒发作者的某种情趣。而在《热爱生命》中,虽然也能隐约感受到作者情感的波动,但主要的目的却是为了阐述一种人生的哲理;诗中虽然也有零星闪光的具象,如"风雨兼程""玫瑰""地平线""背影"等,但这些具象不是为情趣服务的,很难称得上是意象,而是为了对感悟或哲理这些抽象的概念,做一些形象化的说明,以加深读者的印象,帮助读者更好地理解。缺乏意境,是这首诗最大的缺憾。唯一值得庆幸的是,汪国真并没有做直白浅薄的说教,而是蕴抽象的哲理于鲜明新颖的具象之中,这就使他的诗增添了几分形象化的魅力,从内容上得以同格言和警句分别开来。从形式上来看,这首诗称之为诗则是没有异议的。首先,全诗分四节,每节三行,每节都以"我不去想"开头,前三节的第二行都以"既然"开头,相同词句有规律地反复使用,是诗歌的格律所独有的。其次,节与节之间大致相同的语法结构,使得诗节之间形成一种诗歌独有的对称关系。最后,全诗较有规律的押韵,也是诗歌同散文最大的区别所在。

情商感悟

　　人活一世,草木一秋。可见人的生命是短暂的。在这短暂的生命历程里,人们都在不断地追求,或健康,或声誉,或金钱,或地位。并以追求的结果作为自己一生的荣耀。因此在我们的生活中就形成了一种这样的认识:以成败论英雄。这在我们的生活中已成为不争的事实。

　　其实人生是一个过程,不要只看重结果——"死",而要看重过程,争取使自己的生活过得精彩。热爱生命,快乐过好每一天。冷静地看待生命中的寒风冷雨,勇敢地面对泥泞坎坷。坚信只要付出了,就会有回报。只要心中有了对生命的爱,有了对理想的执着追求,一切美好的结果也就在意料之中了。"山重水复疑无路"之后,展现在你面前的定是那"柳暗花明又一村"的无限风光了。

57 《有的人——纪念鲁迅有感》——价值

有的人——纪念鲁迅有感

臧克家

有的人活着，
他已经死了；
有的人死了，
他还活着。
有的人，
骑在人民头上："呵，我多伟大！"
有的人，
俯下身子给人民当牛马。
有的人，
把名字刻入石头，想"不朽"；
有的人，
情愿做野草，等着地下的火烧。
有的人，
他活着别人就不能活；
有的人，
他活着为了多数人更好地活。
骑在人民头上的，
人民把他摔垮；
给人民当牛马的，
人民永远记住他！
把名字刻入石头的，
名字比尸首烂得更早；
只要春风吹到的地方，
到处是青青的野草。
他活着别人就不能活的人，
他的下场可以看到；
他活着为了多数人更好地活的人，

群众把他抬举得很高，很高。

——1949 年 11 月 1 日于北京

作品赏析

《有的人》是一首政治抒情诗，是臧克家为纪念鲁迅先生逝世 13 周年而写的。1936 年 10 月 19 日鲁迅先生逝世，1949 年 10 月 19 日是鲁迅先生逝世 13 周年纪念日。这一天，臧克家亲自前往鲁迅先生在北京曾经生活、工作过很多年的故居，缅怀这位中国文坛巨擘。臧克家亲临其境，浮想联翩，自然而然地产生了一连串的联想，他有感于鲁迅先生在人民心中的分量，于 1949 年 11 月 1 日在北京挥笔写下《有的人》这首诗。

《有的人》这首诗，是臧克家诸多政治抒情诗的代表作，它的独特之处，在于以高度凝练的艺术手法，阐述了人的肉体生命与精神生命的真谛。全诗分七节，通篇采用对比手法，把两种不同思想的人进行了比较，热情讴歌了"为了多数人更好地活着的人"，通过鞭挞"他活着别人就不能活的人"，从反面衬托以鲁迅为代表的所有"给人民当牛马"的人的高尚情操和伟大胸怀。

本诗第一节，对人的肉体生命与精神生命进行开门见山的揭示：有的人虽生犹死，那些骑在人民头上的人，虽然肉体生命尚未终结，实际上只是一堆会行走的肉。有的人虽死犹生，那些像鲁迅一样肯给人民当牛当马的人，虽然死了，其精神生命则永垂不朽，永远活在亿万人民的心中。

本诗第二节，通过两种人对人民截然不同的两种态度，表达了诗人爱憎分明的立场。一种人骑在人民的头上，自以为是世上最伟大的人，其实最渺小；另一种人甘愿俯下身子全心全意为人民服务，其实才是真正的伟大。

本诗第三节，写有的人只会欺压老百姓，却妄想把名字刻在石头上流誉百年，这种人愚蠢至极，诗人对此表示了极大的蔑视与嘲笑。可喜的是，还有鲁迅这样的人，甘愿化作野草，等着地下的火烧，愿为人类的解放事业而献身。通过丑恶与美好的形象对比，赞颂了鲁迅的高尚品格。

本诗第四节，诗人通过两种人不同的人生观与价值观，深刻揭示了两种人对人民不同的态度。一种人靠剥削人民、压迫人民而生存，只要这种人活着，人民就处于水深火热之中，想活都很难活下去。另一种人视人民为父母，他活着就是为了人民能更好地活着。前一种人，带给人民是无穷无尽的灾难，后一种人带给人民的是美好幸福的生活。

本诗第五、第六、第七节，是对前四节所述问题的归纳回应。老百姓心中自有一杆秤，两种人对人民的不同立场，决定了两种人不同的命运结局。骑在人民头上的人，名字比尸首烂得更早，受到人民的唾弃；俯身甘为人民牛马的人，人民群众把他抬举得很高很高，受到人民的拥护和爱戴。

《有的人》是为纪念鲁迅而写，但诗中并没有出现鲁迅的名字，这就使本诗的主题并不局限于仅仅为纪念鲁迅而写，而是具有更深远的历史意义与社会意义。诗人以凝练的语言，鲜明的对比，揭示了生命的意义在于全心全意为人民服务，人活着应该为了多数人更好地活而活,在讴歌鲁迅的同时,启迪人们向鲁迅学习,为人民俯首甘为孺子牛。本诗主题鲜明,富于哲理,既能陶冶情操,又能给人美好的艺术欣赏。

情商感悟

生命的意义是什么? 生命的过程就是一个人赤裸地来到这个世界体验生活的过程。这个过程是否精彩,是否有意义,是否有价值,取决于你对生活的态度和认识。

我们不一定要成为鲁迅先生一样伟大的人,但至少我们应该保留那种奉献自己的忘我精神。这样,当夕阳西下时,我们能问心无愧,我们对得起自己,对得起师长,对得起亲友,对得起社会给予我们的一切。做不了英雄,那就做一株野草,一头耕牛,一位见证历史、目睹风云的人,曾留下春风的足迹,曾耕耘过祖国的大地。

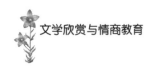

58 《沁园春·雪》——胸怀

沁园春·雪

毛泽东

北国风光,千里冰封,万里雪飘。

望长城内外,惟余莽莽;大河上下,顿失滔滔。

山舞银蛇,原驰蜡象,欲与天公试比高。

须晴日,看红装素裹,分外妖娆。

江山如此多娇,引无数英雄竞折腰。

惜秦皇汉武,略输文采;唐宗宋祖,稍逊风骚。

一代天骄,成吉思汗,只识弯弓射大雕。

俱往矣,数风流人物,还看今朝。

译 文

北方的风光,千万里冰封冻,千万里雪花飘。望长城内外,只剩下无边无际白茫茫一片;宽广的黄河上下,顿时失去了滔滔水势。山岭好像银白色的蟒蛇在飞舞,高原上的丘陵好像许多白象在奔跑,它们都想试一试与老天爷比比高。要等到晴天的时候,看红艳艳的阳光和白皑皑的冰雪交相辉映,分外美好。

江山如此媚娇,引得无数英雄竞相倾倒。只可惜秦始皇、汉武帝,略差文学才华;唐太宗、宋太祖,稍逊文治功劳。称雄一世的人物成吉思汗,只知道拉弓射大雕。这些人物全都过去了,数一数能建功立业的英雄人物,还要看今天的人们。

作品赏析

《沁园春·雪》分上下阕。上阕因雪起兴,借雪景抒写情怀。起笔不凡,"北国风光,千里冰封,万里雪飘"。不先写"雪"字,而首推"北国风光",不仅突出了诗人对北方雪景的感受印象,而且造境独到优雅,可以冠结全篇。接着是对雪景的大笔铺陈,"望长城内外,惟余莽莽;大河上下,顿失滔滔"。大雪覆盖了一切,黄河也失去了滔滔流动貌,无边无际的茫茫雪景。这里"惟余莽莽""顿失滔滔",十分准确、传神,凸现了北方雪的深度。

"山舞银蛇,原驰蜡象,欲与天公试比高"。可谓静中写动,披满白雪、连绵起伏的群山,像银蛇舞动,而白雪皑皑的高原丘陵地带,像蜡白色的象群在奔驰。群山高原与低垂的冬雪云天相连成一片,因而作者信手拈来"欲与天公试比高"之句。"银蛇""蜡象"两个生动比喻,一下子赋予雪境以生命感,且有动中见静的艺术效果。这就"水到渠成"地引出"须晴日,看红装素裹,分外妖娆"。多么自然巧妙的联想,使雪景发生阴晴之间的转化,一个"红装素裹"的美人的象征,初步形成这首词的意境。

下阕首句"江山如此多娇,引无数英雄竞折腰",承上启下,将全词连接得天衣无缝。"江山"这一双关语词,与上阕中的"长城""大河"相融合,具有画龙点睛之意,"江山如此多娇",可以理解为这首词的基本构架。作为政治家的词人,对"北国风光"的抒怀,最终还是对江山社稷的关怀。1935 年末,毛泽东领导中央红军完成了二万五千里长征胜利到达陕北,中国革命有了新的转机。毛泽东怀着拯救中华民族,创建新中国的政治抱负和雄才大略,必然会在这首词中曲折地反映出来,并且不同凡响。古往今来,无数英雄豪杰为江山社稷奔走操劳。"俱往矣,数风流人物,还看今朝"成为 20 世纪六七十年代称誉"无产阶级英雄人物"的绝句。

《沁园春·雪》突出体现了毛泽东词风的雄健、大气。作为领袖,毛泽东博大的胸襟和抱负,与广阔雄奇的北国雪景发生同构,作者目接"千里""万里","欲与天公试比高",指点江山主沉浮。充分展示了雄阔豪放、气势磅礴的风格。

全词用字遣词,设喻用典,明快有力,挥洒自如,辞意畅达,一泻千里。毛泽东讲究词章格律,但又不刻意追求。全词合律入韵,似无意而为之。虽属旧体却给人以面貌一新之感。不从词境中表达出新的精神世界,而且意象表达系统的词语,鲜活生动,凝练通俗,易诵易唱易记。

情商感悟

一个人存活于世界上,绝不仅仅是单纯地活着,而是要有更高层次的追求,其中包括生活品质、精神境界、事业的高度等。而一个没有目标或是没有伟大志向的人,是不可能受到激励并为之努力奋斗的,也很难做出一番惊天动地的伟大事业。正如俄国作家车尔尼雪夫斯基所说,"一个没有受到伟大理想所鼓舞的人,永远不会做出什么伟大的事情来"。

人自身是有无限潜能的,如果把目标定位高一些,任何人都会激发出自己的无限潜能。

"志当存高远",心有多大,世界就有多大。

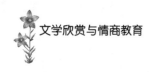
59 《雨巷》——惆怅

雨 巷

戴望舒

撑着油纸伞,独自
彷徨在悠长、悠长
又寂寥的雨巷
我希望逢着
一个丁香一样地
结着愁怨的姑娘

她是有
丁香一样的颜色
丁香一样的芬芳
丁香一样的忧愁
在雨中哀怨
哀怨又彷徨

她彷徨在这寂寥的雨巷
撑着油纸伞
像我一样
像我一样地
默默彳亍着
冷漠、凄清,又惆怅

她默默地走近
走近,又投出
太息一般的眼光
她飘过
像梦一般地
像梦一般地凄婉迷茫

像梦中飘过

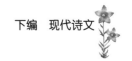

一枝丁香地

我身旁飘过这女郎

她静默地远了、远了

到了颓圮的篱墙

走尽这雨巷

在雨的哀曲里

消了她的颜色

散了她的芬芳

消散了，甚至她的

太息般的眼光

丁香般的惆怅

撑着油纸伞，独自

彷徨在悠长、悠长

又寂寥的雨巷

我希望飘过

一个丁香一样地

结着愁怨的姑娘

作品赏析

　　《雨巷》一诗的音乐感很强，我们很容易感受到它的舒缓、低沉而又优美的旋律和节奏，也很容易感受到它所抒发的情感——凄清、哀怨和惆怅。诗一开篇，诗人就给我们描绘了一幅梅雨季节江南小巷的图景：白墙黑瓦的建筑物之间，小巷曲折而悠长；正是梅雨季节，天空阴沉沉的，小雨淅淅沥沥地下个不停。小巷里空荡荡的，只有诗人

撑着油纸伞

彷徨在悠长，悠长

又寂寥的雨巷

　　诗人一人在雨巷中独行；而他彷徨不定的步态则分明透露着他内心的孤寂和苦闷之情。小巷、细雨、撑着油纸伞的孤独诗人以及他的彷徨步态——这就是这首诗的开头几句所展示给我们的镜头。在上述镜头过后，诗中出现了一段诗人的内心独白：

我希望逢着

一个丁香一样地

结着愁怨的姑娘

　　这个"丁香一样的姑娘"并非现实世界中的真实人物，而是诗人幻想出来的（他希望碰上的）一个虚拟人物。这是一个什么样的姑娘呢？诗中接着写道：

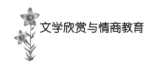

她是有

丁香一样的颜色

丁香一样的芬芳

丁香一样的忧愁

丁香花开在仲春时节,花色或白或紫,给人柔弱、娇美而又纯洁、庄重的感觉。丁香花娇美却易凋谢,中国古代的诗人们对着丁香往往伤春,说丁香是引愁之物。中国古代的诗歌中有不少吟咏丁香的名句,如:"青鸟不传云外信,丁香空结雨中愁"(南唐李璟《浣溪沙》词);"丁香体柔弱,乱结枝犹坠";"芭蕉不展丁香结,同向春风各自愁";等等。由于中国古代诗人们的反复吟咏和广泛传唱,在中国人(尤其是文人)心中,丁香逐渐成为美丽、高洁、柔弱、愁怨之类性质或具有这类性质的事物的象征。《雨巷》中出现的"姑娘"就是全面具有中国古代诗人赋予丁香的上述性质的一个女性形象——她既具有丁香的美丽姿态和颜色,又具有丁香的高洁和芬芳,还具有(古代诗人赋予)丁香的忧愁与哀怨的特点。

这样一个宛如丁香魂魄的"姑娘",一经诗人的想象而创造出来之后,也就似乎有了自己的生命。在诗中,她也像一个现实人物一样活动起来:

她彷徨在这寂寥的雨巷

撑着油纸伞

像我一样

像我一样地

默默彳亍着

冷漠,凄清,又惆怅

诗中所写的雨巷里,本来只有诗人一个人独行,自"丁香姑娘"出现后,就有两个人在其中行走了,而且,那个姑娘的步态、表情乃至手上的油纸伞都与诗人一样。这样一个人的出现,显然使诗人的心中充满了期待和希望。在"悠长又寂寥的雨巷"中,现在有两个各自孤独的青年男女在活动了,那么,接下来会发生什么呢? 这是我们想知道的,也正是诗人当时所想知道的。诗中接着写道:

她静默地走近

走近,又投出

太息一般的眼光

她飘过

像梦一般地

像梦一般地凄婉迷茫

她终于向诗人走近了,可是,她却没有向诗人打招呼,而只是向诗人投出了一道叹息的目光,然后,像梦一般轻盈而不着痕迹地飘过去了! 当她从诗人身边飘过去的时候,诗人看到她的表情是一脸的凄婉迷茫。这表情分明透露着:她心里实际上是不愿意与诗人分离的。但因为某些说不清楚的原因,她却不得不与诗人失之交臂! 俗话说得好:人生难得一知己! 这两位心灵相通甚至连表情和步态都那么一致的青年男女在雨巷中不期而遇后,竟然又失之交臂,这是多么令人遗憾的事啊! 眼睁睁地看着一段可能的美好姻

缘就这样失之交臂,诗人是何等的痛心!在恋恋不舍而又深感无奈的情绪状态中,诗人目送着"丁香姑娘"在雨巷中渐行渐远:

> 像梦中飘过
> 一枝丁香地
> 我身旁飘过这女郎
> 她静默地远了,远了
> 到了颓圮的篱墙
> 走尽这雨巷

等到走过一道"颓圮的篱墙"——这"颓圮的篱墙"正是诗人想与"丁香姑娘"相聚相守这一较为具体的希望破灭的象征——"丁香姑娘"终于消失在雨巷的尽头。但这时的诗人还是处在魂不守舍的状态中,即使不能再看到"丁香姑娘",他还是在感受着"丁香姑娘"遗留在雨巷的黯淡光线和清冷空气中的颜色和芳香,并为这种颜色和芳香的不断消散而伤感不已:

> 在雨的哀曲里
> 消了她的颜色
> 散了她的芬芳
> 消散了,甚至她的
> 太息般的眼光
> 丁香般的惆怅

诗人一个人呆立在雨巷中,久久地回味着刚才与"丁香姑娘"相逢时所感受到的她的色彩、芬芳,甚至她的满含叹息和惆怅的目光。但残酷的现实却容不得美好的爱情或理想。在诗的最后,我们看到,在"悠长又寂寥的雨巷"中,又只剩下了诗人在独自彷徨:

> 撑着油纸伞,独自
> 彷徨在悠长,悠长
> 又寂寥的雨巷,
> 我希望飘过
> 一个丁香一样地
> 结着愁怨的姑娘

在诗的末尾,诗人似乎又将诗的开头所出现的那个镜头重放了一遍。首尾两节的词句几乎相同,只是将其中的"(我希望)逢着"改成了"(我希望)飘过"。这一改,一方面表明诗人并没有完全放弃希望,另一方面却让人感到诗人的希望越来越渺茫了。因而,读到诗的最后一节,我们不禁感到:诗中所渲染的那种理想破灭而又无法挽回的苦闷、哀怨而又无奈、惆怅的情感又加深了一层。

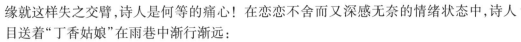

情商感悟

惆怅是一种内心空落落的感觉,当这种感觉袭来的时候,喧闹的世界也开始变得安静。在岁月长河里,当你花时间回味和思索时,常会发现人生并不苍白,每一个阶段都摇曳着一抹动人的色彩。轻轻回首,让欢颜留给岁月,让美好留下浅痕。即便不能成为一朵花,也不要远离灵魂的香气,就像自然的精灵,愿永葆香的本质。一颗惆怅的心,总是挣不脱岁月轮回的宿命。惆怅时想想花的美好,给自己一个与自然契合的机会,以花的姿态,活出人的态度。

人惆怅的时候,也应该以最美好的姿态呈现,爱恋着自己,芬芳着别人。可以优雅地花开,从容地老去。失意之际,惆怅之时,想一想丁香的美好,心香一瓣自然绽放。

60 《假如生活欺骗了你》——放下

假如生活欺骗了你

普希金

假如生活欺骗了你，
不要悲伤，不要心急！
忧郁的日子里须要镇静：
相信吧，快乐的日子将会来临！
心儿永远向往着未来；
现在却常是忧郁。
一切都是瞬息，
一切都将会过去；
而那过去了的，
就会成为亲切的怀恋。

 作品背景

　　该诗写于1825年，正是普希金被流放南俄敖德萨，同当地总督发生冲突后，被押送到其父亲的领地米哈伊洛夫斯科耶村幽禁期间所作。从1824年8月至1826年9月，是一段极为孤独寂寞的生活。那时俄国革命如火如荼，诗人却被迫与世隔绝。在这样的处境下，诗人仍没有丧失希望与斗志，他热爱生活，执着地追求理想，相信光明必来，正义必胜。

　　1825年俄历十二月，俄国爆发了反对沙皇残暴统治的武装起义——十二月党人起义，面对十二月党人起义前后剧烈动荡的社会风云，普希金不仅同火热的斗争相隔绝，而且与众多亲密无间的挚友亲朋相分离。幸亏夜晚有终生挚爱的奶妈相陪伴，讲故事为他消愁解闷；白天，到集市上去，与纯朴的农人为友，和他们谈话，听他们唱歌。孤寂之中，除了读书、写作，邻近庄园奥西波娃一家也给诗人愁闷的幽禁生活带来了一片温馨和慰藉。这首诗就是为奥西波娃15岁的女儿即诗人的女友叶甫勃拉克西亚·尼古拉耶夫娜·伏里夫所写的，题写在她的纪念册上。诗人的这首诗后来不胫而走，成为诗人广为流传的作品。

作品赏析

《假如生活欺骗了你》选自《普希金诗集》，这是一首哲理抒情诗，诗人以普普通通的句子，通过自己真真切切的生活感受，给女友以慰藉。这首诗用劝告的口吻和平等的娓娓的语气写来，语调亲密和婉，热诚坦率；诗句清新流畅，热烈深沉，有丰富的人情味和哲理意味，表达了诗人真诚博大的情怀和坚强乐观的思想情怀。

开头是一个假设，"假如生活欺骗了你"，这假设会深深伤害人们，足以使脆弱的人们丧失生活的信心，足以使那些不够坚强的人面临"灾难"。那的确是个很糟糕的事情，但诗人并不因为这而消沉、逃避和心情忧郁，不会因为被生活欺骗而去愤慨，做出出格的事情。诗中阐明了这样一种乐观坚强、积极向上的人生态度：当生活欺骗了你时，不要悲伤，不要心急。生活中不可能没有痛苦与悲伤，欢乐不会永远被忧伤所掩盖。正如诗中写到的那样，"忧郁的日子里须要镇静：相信吧，快乐的日子会到来"，生活往往是有曲折才会有更深刻的体会；失去了，才能知道拥有的可贵。

诗人在诗中提出了一种面向未来的生活观。"心儿永远向往着未来"，尽管"现在却常是忧郁"，现实的世界可能是令人悲哀的，可能会感受到被欺骗，但这是暂时的，不会停留在这儿，不会就在这儿止步。要用对立统一、变化发展的观点看待生活，理想与现实的矛盾，在生活中总会出现。正视理想与现实的矛盾，坚持美好的信念和进取的态度，才能更好地把握现实，才能真切地感受到一切艰难险阻都是暂时的，因而那逝去的也就变得可爱，这才是值得提倡的生活态度，也是生活中的辩证思想。

最为经典的尾句"一切都是瞬息，一切都将会过去；而那过去了的，就会成为亲切的怀恋"，表明诗人积极的人生态度，并告诉人们，困难迟早是会成为过去的，而那些过去的将成为人生财富，这些经验将有助于领悟人生的真谛，走完人生的道路。当成功后，回首一望，这些就成了自己成功路上的足迹、见证。

这首诗的前四行侧重于安慰困苦悲伤中的某个人，这也许就是诗人自己，诗人生活在法国大革命精神在欧洲大陆产生广泛影响的时代。那时的俄国，一方面处于沙皇暴政的统治下，另一方面，人民的自由意识大大觉醒，起义和反抗此起彼伏。诗人出身贵族，有着强烈的自由民主意识。这些注定了诗人的生活会充满暗礁、旋涡、险滩和坎坷不平。诗人在面对困苦时坚定自己对生活的信心，诗人就靠着信心去战胜一个又一个暴力的压迫。而后四行则试图理性地解释悲伤和泪水有害无益。困境中的"温和、平静"是生活的大智慧，只要保持一颗乐观的心，机会永远在那里，逃避困境，回避现实都于事无补。无论灾难何时发生，都要学会豁达从容，积极勇敢地面对困难，精神抖擞地直面沮丧，怀着一颗谦卑的心去战胜困难，只有这样，希望才一直都在，才能看到雨后彩虹的绚烂，体会到重重磨难之后的人生幸福。

诗人对生活的假设，引起很多人的共鸣。正是这种生活观，这种对人生的信心，这种面对坎坷的坚强和勇敢使得这首诗流传久远。

情商感悟

　　读这首诗的时候,有很多诗歌的意象会在脑海中浮现。比如说海子的《面朝大海春暖花开》,这是一种非常奇妙的感觉。因为我想到了这样一句话,一勺盐,撒在一个杯子里边,它会其咸无比。但是撒入大海,它的味道将会被稀释得荡然无存。有时候不是我们生活当中有太多的苦难,而是我们的胸怀还不够宽广。

　　我们不必纠结眼前的风雨,风雨之后必定是虹消雨霁,气爽天蓝。生活中不只有眼前的苟且,还有诗和远方。所有的一切都终将过去,美好的未来在远方等待你的到来。忧郁的日子,总会被时光所稀释,深色总会覆盖浅色。再回首,所有的苦难坎坷,苦难经历都将成为你迈向人生美好殿堂的里程碑和阶梯。青春总会有一些不如意,有一些孤独、苦闷和彷徨,放下忧伤,轻装向前,美好的人生在远方向你招手。

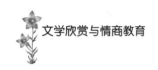

61 《创造宣言》——创新

创造宣言

陶行知

创造主未完成之工作，让我们接过来，继续创造。

宗教家创造出神来供自己崇拜。最高的造出上帝，其次造出英雄之神，再其次造出财神、土地公、土地婆来供自己崇拜，省事者把别人创造现成之神来崇拜。

恋爱无上主义者造出爱人来崇拜。笨人借恋爱之名把爱人造成丑恶无耻的荡妇来糟踏，糟踏爱人者不是奉行恋爱无上主义，而是奉行万恶无底主义的魔鬼，因为他把爱人造成魔鬼婆。

美术家如罗丹，是一面造石像，一面崇拜自己的创造。

教育者不是造神，不是造石像，不是造爱人。他们所要创造的是真善美的活人。真善美的活人是我们的神，是我们的石像，是我们的爱人。教师的成功是创造出值得自己崇拜的人，先生之最大的快乐，是创造出值得自己崇拜的学生。说得正确些，先生创造学生，学生也创造先生，学生先生合作而创造出值得彼此崇拜之活人。倘若创造出丑恶的活人，不但是所塑之像失败，亦是合作塑像者之失败。倘若活人之塑像是由于集体的创造，而不是个人的创造，那末这成功失败也是属于集体而不是仅仅属于个人。在一个集体当中，每一个活人之塑像，是这个人来一刀，那个人来一刀，有时是万刀齐发。倘使刀法不合于交响曲之节奏，那便处处是伤痕，而难以成为真善美之活塑像。在刀法之交响中，投入一丝一毫的杂声，都是中伤整个的和谐。

教育者也要创造值得自己崇拜之创造理论和创造技术。活人的塑像和大理石的塑像有一点不同，刀法如果用得不对，可以万像同毁，刀法如果用得对，则一笔下去，万龙点睛。

有人说：环境太平凡了，不能创造。平凡无过于一张白纸，八大山人挥毫画它几笔，便成为一幅名贵的杰作。平凡也无过于一块石头，到了菲狄亚斯、米开朗基罗的手里可以成为不朽的塑像。

有人说：生活太单调了，不能创造。单调无过于坐监牢，但是就在监牢中，产生了《易经》之卦辞，产生了《正气歌》，产生了苏联的国歌，产生了《尼赫鲁自传》。单调又无过于沙漠了，而雷赛布竟能在沙漠中造成苏伊士运河，把地中海与红海贯通起来。单调又无过于开肉包铺子，而竟在这里面，产生了平凡而伟大的平老静。

可见平凡单调，只是懒惰者之遁辞。既已不平凡不单调了，又何须乎创造。我们是

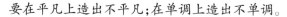

要在平凡上造出不平凡;在单调上造出不单调。

有人说:年纪太小,不能创造,见着幼年研究生之名而哈哈大笑。但是当你把莫扎尔特、爱迪生,及冲破父亲数学层层封锁之帕斯卡尔的幼年研究生活翻给他看,他又只好哑口无言了。

有人说:我是太无能了,不能创造。但是鲁钝的曾参,传了孔子的道统;不识字的慧能,传了黄梅的教义。慧能说:"下下人有上上智。"我们岂可以自暴自弃呀!可见无能也是借口。蚕吃桑叶,尚能吐丝,难道我们天天吃白米饭,除造粪之外,便一无贡献吗?

有人说:山穷水尽,走投无路,陷入绝境,等死而已,不能创造。但是遭遇八十一难之玄奘,毕竟取得佛经;粮水断绝,众叛亲离之哥伦布,毕竟发现了美洲;冻饿病三重压迫下之莫扎尔特,毕竟写了《安魂曲》。绝望是懦夫的幻想。歌德说:没有勇气一切都完。是的,生路是要勇气探出来,走出来,造出来的。这只是一半真理,当英雄无用武之地,他除了大无畏之斧,还得有智慧之剑、金刚之信念与意志,才能开出一条生路。古语说:穷则变,变则通。要有智慧才知道怎样变得通,要有大无畏之精神及金刚之信念与意志才变得过来。

所以,处处是创造之地,天天是创造之时,人人是创造之人,让我们至少走两步退一步,向着创造之路迈进吧!

像屋檐水一样,一点一滴,滴穿阶沿石。点滴的创造固不如整体的创造,但不要轻视点滴的创造而不为,呆望着大创造从天而降。

东山的樵夫把东山的茅草割光了,上泰山割茅草,泰山给他的第一印象是:茅草没有东山多,泰山上的"经石峪""无字碑""六贤祠""玉皇顶";大自然雕刻的奇峰、怪石、瀑布,豢养的飞禽、走兽、小虫,和几千年来农人为后代种植的大树,于他无用,都等于没有看见。至于那种登泰山而小天下之境界,也因急于割茅草看不出来。他每次上山拉一堆屎,下山撒一泡尿,挑一担茅草回家。尿与屎是他对泰山的贡献,茅草是他从泰山上得到的收获。茅草是平凡之草,而泰山所可给他的又只有这平凡之草,而且没有东山多,所以他断定泰山是一座平凡之山,而且从割草的观点看,比东山还平凡,便说了一声:"泰山没有东山好。"被泰山树苗听见,想到自己老是站在寸土之中,终年被茅草包围着,徒然觉得平凡、单调、烦闷、动摇,幻想换换环境。一根树苗如此想,二根树苗如此想,三根树苗如此想,久而久之成趋向,便接二连三的,一天一天的,听到树苗对樵夫说:"老人家,你愿意带我到东山去玩一玩吗?"樵夫总是随手一拔,把它们一根一根的和茅草捆在一起,挑到东山给他的老太婆烧锅去了。我们只能在樵夫的茅草房的烟囱里偶尔看见冒出几缕黑烟,谁能分得出哪一缕是树苗的,哪一缕是茅草的化身?

割草的也可以一变而成为种树的老农,如果他肯迎接创造之神住在他的心里。我承认就是东山樵夫也有些微的创造作用——为泰山剃头理发,只是我们希望不要把我们的鼻子或眉毛剃掉。

创造之神!你回来呀!你所栽培的幼苗是有了幻想,樵夫拿着雪亮亮的镰刀天天来,甚至常常来到幼苗的美梦里。你不能放弃你的责任。只要你肯回来,我们愿意把一切——我们的汗,我们的血,我们的心,我们的生命——都献给你,当你看见满山的幼苗在你监护之下,得到我们的汗、血、心、生命的灌溉,一根一根的都长成参天的大树,你不高兴吗？创造之神！你回来呀！只有你回来，才能保证参天大树之长成。

罗丹说："恶是枯干。"汗干了，血干了，热情干了，僵了，死了，死人才无意于创造。只要有一滴汗，一滴血，一滴热情，便是创造之神所爱住的行宫，就能开创造之花，结创造之果，繁殖创造之森林。

一九四三年十月十三日　　写于凤凰山

作品赏析

陶行知先生是我国近代一位以提倡"生活教育鼓励社会实践"而名垂于我国教育史的教育家。他那"捧着一颗心来，不带半根草去""千教万教教人学做真人"等至理名言一直激励、鼓舞着我们广大教师为教育这一崇高的事业无私耕耘、默默奉献着。今天我认真阅读了陶行知先生的《创造宣言》一文，文章虽短却使我收获不小。它使我进一步认识了陶行知先生伟大的一面。

他在文中这样说道："教师的成功，是创造出值得自己崇拜的人，先生之最大的快乐，是创造出值得自己崇拜的学生。说得正确些，先生创造学生，学生也创造先生，学生先生合作而创造出值得彼此崇拜之活人。"虽然我们没有陶行知先生认识那样深刻，但作为老师我们都有同感，老师的工作就是一种创造性的工作，是"要创造真善美的活人"。如何创造？在现实生活中，每一个人教育思想、内容、过程、方法的不同，就会产生不同的结果。有的人循循善诱，刻苦钻研，常教常新，深受学生喜欢，很有成就感；有的人不思进取，好抱怨，消极等待，一潭死水，谈不上成就感。为何如此？我觉得陶行知先生说得好，他说："教育者也要创造值得自己崇拜之创造理论和创造技术。"这就告诉我们：要创造需要有准备，要用一定的教育理论来武装，来指导；要学习教育技术，更好地提高教育的实效性。一名教师，心中若没有科学的理论来武装，不思进取，不与时俱进，不在实践中探索，那么，在当今时代，是不可能有什么创造，也很难有立足之地的。

在全面实施素质教育的过程中，教育体制改革、教育方法改革、教育创新、教育理念的更新等都迫切需要我们不断地学习和实践，多方面、多维度地进行创造。通过我们的创造，培养出适应时代发展要求的社会主义现代化建设事业的接班人，拿陶行知先生的话说就是"创造真善美的活人"。

总之，陶行知先生不愧是教育实践家，也是教育理论家。他的思想和理论对我们全面实施素质教育具有十分重要的指导意义，同时也为我们教育工作者指明了创新方向。

情商感悟

陶行知《创造宣言》中的创造既包含了从无到有的创造，也包含不断变化、层层递进的创新。在此，仅从情商的角度对创新写一点感悟。

当今时代，创新是最响亮、使用最广泛的概念。人要做创新之人，事要走创新之道，物要推创新之物，创新是一个民族发展的不竭动力，创新是国际竞争的制胜法宝。新时

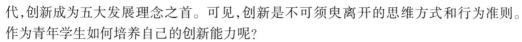

代,创新成为五大发展理念之首。可见,创新是不可须臾离开的思维方式和行为准则。作为青年学生如何培养自己的创新能力呢?

　　首先,前人的经验和教训是我们创新工作的基础,通过借鉴前人的经验,我们可以站在巨人的肩膀上看待问题、考虑问题和解决问题。其次,必须用人类的文明成果武装自己的头脑。任何创造都是对知识的综合运用。最后,必须坚持思维的相对独立性。思维的相对独立性是创造性思维的必备前提。爱因斯坦说过,应当把发展独立思考和独立判断的一般能力放在首位。

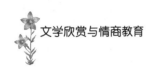

62 《背影》——亲情

背　影

朱自清

　　我与父亲不相见已二年余了,我最不能忘记的是他的背影。那年冬天,祖母死了,父亲的差使也交卸了,正是祸不单行的日子。我从北京到徐州,打算跟着父亲奔丧回家。到徐州见着父亲,看见满院狼藉的东西,又想起祖母,不禁簌簌地流下眼泪。父亲说:"事已如此,不必难过,好在天无绝人之路!"

　　回家变卖典质,父亲还了亏空;又借钱办了丧事。这些日子,家中光景很是惨淡,一半为了丧事,一半为了父亲赋闲。丧事完毕,父亲要到南京谋事,我也要回北京念书,我们便同行。

　　到南京时,有朋友约去游逛,勾留了一日;第二日上午便须渡江到浦口,下午上车北去。父亲因为事忙,本已说定不送我,叫旅馆里一个熟识的茶房陪我同去。他再三嘱咐茶房,甚是仔细。但他终于不放心,怕茶房不妥帖;颇踌躇了一会儿。其实我那年已二十岁,北京已来往过两三次,是没有什么要紧的了。他踌躇了一会儿,终于决定还是自己送我去。我两三回劝他不必去;他只说:"不要紧,他们去不好!"

　　我们过了江,进了车站。我买票,他忙着照看行李。行李太多了,得向脚夫行些小费才可过去。他便又忙着和他们讲价钱。我那时真是聪明过分,总觉他说话不大漂亮,非自己插嘴不可。但他终于讲定了价钱;就送我上车。他给我拣定了靠车门的一张椅子;我将他给我做的紫毛大衣铺好座位。他嘱我路上小心,夜里要警醒些,不要受凉。又嘱托茶房好好照应我。我心里暗笑他的迂;他们只认得钱,托他们只是白托!而且我这样大年纪的人,难道还不能料理自己?唉,我现在想想,那时真是太聪明了!

　　我说道:"爸爸,你走吧。"他往车外看了看说:"我买几个橘子去。你就在此地,不要走动。"我看那边月台的栅栏外有几个卖东西的等着顾客。走到那边月台,须穿过铁道,须跳下去又爬上去。父亲是一个胖子,走过去自然要费事些。我本来要去的,他不肯,只好让他去。我看见他戴着黑布小帽,穿着黑布大马褂,深青布棉袍,蹒跚地走到铁道边,慢慢探身下去,尚不大难。可是他穿过铁道,要爬上那边月台,就不容易了。他用两手攀着上面,两脚再向上缩;他肥胖的身子向左微倾,显出努力的样子。这时我看见他的背影,我的泪很快地流下来了。我赶紧拭干了泪,怕他看见,也怕别人看见。我再向外看时,他已抱了朱红的橘子往回走了。过铁道时,他先将橘子散放在地上,自己慢慢爬下,再抱起橘子走。到这边时,我赶紧去搀他。他和我走到车上,将橘子一股脑儿放在我的皮大衣上。于是扑扑衣上的泥土,心里很轻松似的。过一会儿说:"我走了,到那边来信!"我望着他走出去。他走了几步,回过头看见我,说:"进去吧,里边没人。"等他的背影混入来来往往的人里,再找不着了,我便进来坐下,我的眼泪又来了。

近几年来,父亲和我都是东奔西走,家中光景是一日不如一日。他少年出外谋生,独立支持,做了许多大事。哪知老境却如此颓唐!他触目伤怀,自然情不能自已。情郁于中,自然要发之于外;家庭琐屑便往往触他之怒。他待我渐渐不同往日。但最近两年的不见,他终于忘却我的不好,只是惦记着我,惦记着我的儿子。我北来后,他写了一信给我,信中说道:"我身体平安,惟膀子疼痛厉害,举箸提笔,诸多不便,大约大去之期不远矣。"我读到此处,在晶莹的泪光中,又看见那肥胖的、青布棉袍、黑布马褂的背影。唉!我不知何时再能与他相见!

1925 年 10 月于北京

作品赏析

朱自清(1898—1948),原名自华,号秋实,后改名自清,字佩弦。原籍浙江绍兴,出生于江苏省东海县(今连云港市东海县平明镇)。现代杰出的散文家、诗人、学者、民主战士。1916 年中学毕业并成功考入北京大学预科。1919 年开始发表诗歌。1928 年第一本散文集《背影》出版。1932 年 7 月,任清华大学中国文学系主任。1934 年,出版《欧游杂记》和《伦敦杂记》。1935 年,出版散文集《你我》。1948 年 8 月 12 日因胃穿孔病逝于北平,年仅 50 岁。

《背影》是朱自清先生的一篇脍炙人口的散文,文章不长,写得平实朴素,却以情动人,感人至深。

作品记叙的是多年前父亲在浦口车站送他乘火车北上念书的情景,文章不长,只一千多字,一共有六个自然段。前两个自然段主要为背影的出现做烘托和铺垫,交代背影出现的特定背景:屡遭变故,家境惨淡。第三、四、五自然段主要写送行的过程,其中第五自然段详写,集中写了父亲送行时的背影。最后一段写儿子对父亲的深切思念,引述父亲的来信,加深主题。

综观全文,文章时时处处流露着一种动人的情感:父子间深厚的感情,父亲对儿子无微不至的关爱和儿子对父亲的百般怀念和无限的感激。散文是作者灵感的物化,是作者情感涌溢、思维灵动的产物。作者对父亲的关爱非常感激,情溢于中,诉之于笔,外化的便是这充满感情的文章。

文章以情动人,父子深厚的感情洋溢于纸上,然而像"关心""爱护""感激"这一类的抽象现成的字眼,文章中却一个也没有用,更没有华丽的词藻。文章只是用不加粉饰装点的平常话语,用平朴、真率来打动读者。

文章写父亲的背影,不加形容和修饰,用质朴的文字,把当时的情景如实地记写出来,给读者以身临目击之感。"我看见他戴着黑布小帽,穿着黑布大马褂,深青布棉袍,蹒跚地走到铁道边,慢慢探身下去,尚不大难。可是他穿过铁道,要爬上那边月台,就不容易了。他用两手攀着上面,两脚再向上缩;他肥胖的身子向左微倾,显出努力的样子。这时我看见他的背影,我的泪很快地流下来了。我赶紧拭干了泪,怕他看见,也怕别人看见。我再向外看时,他已抱了朱红的橘子往回走了。过铁道时,他先将橘子散放在地上,自己慢慢爬下,再抱起橘子走。到这边时,我赶紧去搀他。"作者用平朴的文字描写了父亲去给"我"买橘子时的情景,他写了父亲怎样走去,怎样探身下去,怎样爬上月台,攀上爬下,这些都是如实的描写,洗尽铅华,保存本色,至真至朴,细细道来,将人、事、情、感,原态原貌地呈现于读者的面前,让人感同身受。

《背影》以情动人,感动了无数的读者。我想这除了因为作者用了平朴的语言写出了真实的情感外,还在于文章里头蕴含着一种"淡淡的哀愁",而这种哀愁是时世给作者的影响。作者的心情是哀愁的,这种哀愁也加深了读者对父子情深的理解。文章一开头就定下了"哀愁"的基调,"祖母死了,父亲的差使也交卸了""家中的光景很是惨淡"。这对作者无疑是一个沉重的打击,那个时候作者的家庭景况悲凉,作者的心情是哀愁。就是在这样的背景里,父亲为作者送行,其时年老的父亲还要去找工作,作者在这里看到了父亲的背影。作者在描写这个背影的时候,不仅融入了对父亲的深深感激之情,也融入了一种辛酸和悲凉的情绪,正是这一种情绪加深了读者对父子情深的体验,引起读者的同情和共鸣。

用平朴的语言去描写,将时世之感并入真情,这正是《背影》的成功之处。

情商感悟

从"黑色小帽"到"蹒跚地走到铁道旁边买橘子"整个过程中没有一点华丽的辞藻,也没有任何的矫情,有的只是深深的父爱,浓浓的情意。不需要过多的言语,不需要过多的表达,只是一句"但他终于不放心"便将这份最深沉的爱熔铸在两人的心中。作者在文章中并没有直接说明父亲有多关心自己或者自己有多疼惜父亲,只是隐晦地表达了父爱如山。作者选择了静态的背影,却表达了复杂波动的感情。这种感觉还真应了那句话"情到深处总无言"。人不一定要经过多大的情感波折才会得到历练,只要能用心感受,平凡生活中也有大爱。这或许就是普通人的幸福吧!

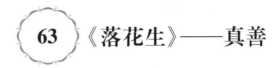

63 《落花生》——真善

落花生

许地山

　　我们家的后园有半亩空地,母亲说:"让它荒着怪可惜的,你们那么爱吃花生,就开辟出来种花生吧。"我们姐弟几个都很高兴,买种,翻地,播种,浇水,施肥,没过几个月,居然收获了。

　　母亲说:"今晚我们过一个收获节,请你们父亲也来尝尝我们的落花生,好不好?"母亲把花生做成了好几样食品,还吩咐就在后园的茅草亭过这个节。

　　晚上天色不太好,可是父亲也来了,实在很难得。

　　父亲说:"你们爱吃花生么?"

　　我们争着答应:"爱!"

　　"谁能把花生的好处说出来?"

　　姐姐说:"花生的味儿美。"

　　哥哥说:"花生可以榨油。"

　　我说:"花生的价钱便宜,谁都可以买来吃,都喜欢吃。这就是它的好处。"

　　父亲说:"花生的好处很多,有一样最可贵:它的果实埋在地里,不像桃子、石榴、苹果那样,把鲜红嫩绿的果实高高地挂在枝头上,使人一见就生爱慕之心。你们看它矮矮地长在地上,等到成熟了,也不能立刻分辨出来它有没有果实,必须挖起来才知道。"

　　我们都说是,母亲也点点头。

　　父亲接下去说:"所以你们要像花生一样,它虽然不好看,可是很有用。"

　　我说:"那么,人要做有用的人,不要做只讲体面,而对别人没有好处的人。"

　　父亲说:"对。这是我对你们的希望。"

　　我们谈到深夜才散。花生做的食品都吃完了,父亲的话却深深地印在我的心上。

作品赏析

　　《落花生》全文由种花生、过收获节两部分组成,情感真挚,详略得当。文章的重点部分是放在"过收获节"。那天晚上,父亲也来了,于是哥、姐三人由花生的好处,譬如"味美""能榨油""价格便宜"等特点进而深入对于花生更深层次的领悟。

在父亲的循循善诱之下,作者逐渐感悟到落花生的价值。它不追求外表华美而重在实用,不是那种外表好看而对社会无用的东西,这便是全文的主旨。

《落花生》这篇文章的每一段话,甚至每一个字,都包含着一个深刻的道理。

如"花生虽然不好看,可是很有用,不是外表好看而没有实用的东西"。这句话说明了落花生的特点:外表不好看,可是很有用。这说明了一个人外表虽然长得丑,可是心灵可以感化大家,成为人们尊敬的人。

我们要学习落花生的品格,要想长大后做一个对社会有用之人,就要从小严格要求自己,脚踏实地,安分守己干好本职工作。不断鞭策自己,树立坚定的信念,全心全意为人民服务,奉献自己的人生价值。

情商感悟

做人应该像落花生一样,实实在在地做人,外表美不重要,重要的是要做对社会和他人有益的人。

做一个有落花生品质的人听起来不难,但要从身边的小事做起也不是一件容易的事,只有拥有克制力的人才能做到。

"落花生精神"以出世的态度来入世。一方面保持锐意的进取之心,一方面又保持平和的生存态度;一方面积极地去做一个有用的人,一方面也明白人的命运被限定。

64 《致加西亚的信》——执行

致加西亚的信

阿尔伯特·哈伯德

在所有与古巴有关的事情中,有一个人常常令我无法忘怀。

美西战争爆发以后,美国必须马上与西班牙反抗军首领加西亚将军取得联系。加西亚将军隐藏在古巴辽阔的崇山峻岭中——没有人知道确切的地点,因而无法送信给他。但是,美国总统必须尽快地与他建立合作关系。怎么办呢?

有人对总统推荐说:"有一个名叫罗文的人,如果有人能找到加西亚将军,那个人一定就是他。"

于是,他们将罗文找来,交给他一封信——写给加西亚的信。关于那个名叫罗文的人,如何拿了信,将它装进一个油纸袋里,打封,吊在胸口藏好,如何在3个星期之后,徒步穿越一个危机四伏的国家,将信交到加西亚手上——这些细节都不是我想说明的,我要强调的重点是:

美国总统将一封写给加西亚的信交给了罗文,罗文接过信后,并没有问:"他在哪里?"

像罗文这样的人,我们应该为他塑造一座不朽的雕像,放在每一所大学里。年轻人所需要的不仅仅是学习书本上的知识,也不仅仅是聆听他人的种种教诲,而是更需要一种敬业精神,对上级的托付,立即采取行动,全心全意去完成任务——"把信送给加西亚"。

加西亚将军已不在人世,但还有其他的"加西亚"。没有人能经营好这样的企业——虽然需要众多人手,但是令人吃惊的是,其中大部分人碌碌无为,他们要么没有能力,要么根本不用心。

懒懒散散、漠不关心、马马虎虎的工作态度,对于许多人来说似乎已经变成常态。除非苦口婆心、威逼利诱地强迫他们做事,或者,请上帝创造奇迹,派一名天使相助,否则,这些人什么也做不了。

不信的话我们来做个试验:

此刻你正坐在办公室里——有六名职员在等待安排任务。你将其中一位叫过来,吩咐他说:"请帮我查一查百科全书,把克里吉奥的生平做成一篇摘要。"

他会静静地回答:"好的,先生。"然后立即去执行吗?

我敢说他绝对不会,他会用满脸狐疑的神色盯着你,提出一个或数个问题:

他是谁呀？

他去世了吗？

哪套百科全书？

百科全书放在哪儿？

这是我的工作吗？

为什么不叫乔治去做呢？

急不急？

你为什么要查他？

我敢以十比一的赌注跟你打赌，在你回答了他所提出的问题，解释了如何去查那些资料，以及为什么要查的理由之后，那个职员会走开，去吩咐另外一个职员帮助他查某某的资料，然后回来告诉你，根本就没有这个人。当然，我也许会输掉赌注，但是根据平均率法则，我相信自己不会输。

真的，如果你很聪明，就不应该对你的"助理"解释，克里吉奥编在什么类，而不是什么类，你会面带笑容地说："算啦。"然后自己去查。

这种被动的行为，这种道德的愚行，这种意志的脆弱，这种姑息的作风，有可能将这个社会带到"三个和尚没水喝"的危险境界。

如果人们都不能为了自己而自动自发，你又怎么能期待他们为别人服务呢？

乍看起来，任何一家公司都有可以分担工作的人选，但事实真的如此吗？你登广告征求一名速记员，应征者中，十有八九不会拼也不会写，他们甚至认为这些都无所谓。

这种人能把信带给加西亚吗？

"你看那个职员。"一家大公司的总经理对我说。

"看到了，怎么样？"

"他是个不错的会计，但是，如果我派他到城里去办个小差事，他也许能够完成任务，但也可能中途走进一家酒吧。而到了闹市区，他甚至可能完全忘记自己是来干什么的。"

这种人你能派他送信给加西亚吗？我们经常听到许多人对那些"收入微薄而毫无出头之日"以及"但求温饱却无家可归"的人表示同情，同时将那些雇主骂得体无完肤。

但是，从没有人提到，有些老板如何一直到白发苍苍，都无法使那些不求上进的懒虫勤奋起来；也没有人谈及，有些雇主如何持久而耐心地希望感动那些当他一转身就投机取巧、敷衍了事的员工，使他们能振作起来。

在每家商店和工厂，都有一些常规性的调整过程。公司负责人经常送走那些无法对公司有所贡献的员工，同时也吸纳新的成员。无论业务如何繁忙，这种整顿一直在进行着。只有当经济不景气，就业机会不多的时候，这种整顿才会有明显的效果——那些无法胜任工作、缺乏才干的人，都被摒弃在工厂的大门之外，只有那些最能干的人，才会被留下来。为了自己的利益，每个老板只会留住那些最优秀的职员——那些能"把信送给加西亚"的人。

我认识一个十分聪明的人，但是却缺乏自己独立创业的能力，对他人来说也没有丝毫价值，因为他总是偏执地怀疑自己的老板在压榨他，或者有压榨他的意图。他既没有能力指挥他人，也没有勇气接受他人的指挥。如果你让他"送封信给加西亚"，他的回答极有可能是:"你自己去吧。"

我知道,与那些四肢残缺的人相比,这种思想不健全的人是不值得同情的。相反,我们应该对那些用毕生精力去经营一家大企业的人表示同情和敬意:他们不会因为下班的铃声而放下工作。他们因为努力去使那些漫不经心、拖拖拉拉、被动偷懒、不知感恩的员工有一份工作而日增白发。许多员工不愿意想一想,如果没有老板们付出的努力和心血,他们将挨饿和无家可归。

我是否说得太严重了? 不过,即使整个世界变成一座贫民窟,我也要为成功者说几句公道话——他们承受了巨大的压力,导引众人的力量,终于取得了成功。但是他们从成功中又得到了什么呢? 一片空虚,除了食物和衣服以外,一无所有。

我曾为了一日三餐而为他人工作,也曾当过老板,我深知两方面的种种酸甜苦辣。贫穷是不好的,贫苦是不值得赞美的,衣衫褴褛更不值得骄傲;但并非所有的老板都是贪婪者、专横者,就像并非所有的人都是善良者一样。

我钦佩那些无论老板是否在办公室都努力工作的人,我敬佩那些能够把信交给加西亚的人。他们静静地把信拿去,不会提任何愚笨的问题,更不会随手把信丢进水沟里,而是全力以赴地将信送到。这种人永远不会被解雇,也永远不必为了要求加薪而罢工。

文明,就是孜孜不倦地寻找这种人才的一段长久过程。

这种人无论有什么样的愿望都能够实现。在每个城市、村庄、乡镇,以及每个办公室、商店、工厂,他们都会受到欢迎。世界上急需这种人才,这种能够把信送给加西亚的人。

谁将把信送给加西亚?!

作品赏析

《致加西亚的信》是100多年前的一个傍晚,阿尔伯特·哈伯德与家人喝茶时受儿子的启发,创作了一篇名为《致加西亚的信》的文章,刊登在《菲士利人》杂志上,杂志销售很快就告罄。

"到哪里能找到将信送给加西亚的人呢?"

"谁将把信送给加西亚?!"

当整个世界都在谈论着"变化""创新"等时髦的概念时,重提"忠诚""敬业""执行"未免略显陈旧。然而,这却无法回避。

成事先成人,成人诚为先。一个人无论成就多大的事业,人品永远是第一位的。而人品的第一要素就是忠诚。记得有位哲人对用人做了三种判断:德才兼备之人,可重用之;有德无才之人,可用之;无才无德之人,绝不可用。可见,忠诚是衡量一个人品行好坏的重要标志,忠诚的人才是可靠的,才是可以将信送给加西亚的人。忠诚意味着敬业,敬业意味着追求卓越、意味着奉献。忠诚于祖国、忠诚于宪法、忠诚于领导、忠诚于自己所从事的工作。

一个集体要想取得发展,要有忠诚有能力的成员,而成员为实现自我价值需要集体所提供的平台作为依托。当积极性和能力被埋没、被误解时，请不要牢骚满腹，怨天尤人。因为，最重要的事是做好自己的本职工作，没有十全十美的人，要相信自己，肯定自己。同情和宽容是一种美德，诚实诚信更加可贵。以诚实对待领导，才能提高自己的工作能力，增加工作经验，培养我们宽阔的胸襟，才能使我们的事业无往而不胜。

态度决定一切，对待工作除了忠诚，更离不开敬业。如果工作态度不端正，就会对工作推诿塞责，画地为牢，以至于自己总是在一个水平上来回波动，不自我省思，以种种借口遮掩自己缺乏责任心。要成为一个能够将信送给加西亚的人，靠的是一种执着的精神和追求，是一种专注的态度，一种不达目标誓不罢休的精神。人必须有种高昂向上、积极进取的精神状态，缺少了这种精神，就会整天萎靡不振、无所事事、毫无作为。因此，在工作中要坚守执着，牢固树立强烈的事业心和责任感，树立一丝不苟、积极主动的工作态度；树立精益求精、誓争一流的标准要求；树立大胆工作、雷厉风行的工作作风。

敬业精神离不开执行，执行更需要一种敬业精神。执行的魅力无所不在。军人对于命令需要执行，机关对于政策需要执行，学生对于老师需要执行，法律面前人人需要执行。执行领导下达的命令是有必要的，但是要完成任务，不仅仅是学习书本上的知识，也不仅仅是聆听他人的种种指导，还需要是一种敬业精神。对于上级的托付，立即采取行动，全心全意地完成任务，要有一种成功的心态，积极主动地去做每一件事。停止抱怨，喜欢抱怨的人没有立足之地，喜欢抱怨说明缺乏一种信念，而这种信念正是成功的基础。树立正确的心态，否则烦恼忧愁就是心灵的杀手。

"静静地把信拿去，不会提出任何愚笨问题，也不会随手把信丢进水沟里，而是不顾一切地把信送到。"这就是罗文，一个能够把信送给加西亚的人。这就是"忠诚""敬业""执行"的完美结合。省思自我，在具体的工作中，是否也能像罗文那样敬业，那样勤奋，努力完成本职工作，积累经验，为自己赢得一个又一个为加西亚送信的机会。虽然不是每一个人都能成为"把信送给加西亚"的人，然而却需要这样的精神来鼓舞和激励，充分发挥自己的主观能动性，执行领导工作安排，忠诚于要做的每一件事，不断地完善自己，做一个新时代的"罗文"。

让我们一起把信送给加西亚吧！

情商感悟

只有投入才有回报，只有忠诚才有信任，只有主动才能有创新，没有付出就没有收获。

年轻人所需要的不只是学习书本上的知识，也不只是聆听他人的种种指导，而更需要一种敬业精神，对上级的托付要立即行动，全心全意地去完成任务。要学习罗文超越平庸，超越自我的精神，不管上级交给你的是什么任务，不管这个任务有多么困难，我们必须像罗文那样接下任务，凭着自己的努力和机智去完成，而不是还没有做就屈服于这样或那样的困难。

65 《中国人失掉自信力了吗》——自信

中国人失掉自信力了吗

鲁 迅

从公开的文字上看起来：两年以前，我们总自夸着"地大物博"，是事实；不久就不再自夸了，只希望着国联，也是事实；现在是既不夸自己，也不信国联，改为一味求神拜佛，怀古伤今了——却也是事实。

于是有人慨叹曰：中国人失掉自信力了。

如果单据这一点现象而论，自信其实是早就失掉了的。先前信"地"，信"物"，后来信"国联"，都没有相信过"自己"。假使这也算一种"信"，那也只能说中国人曾经有过"他信力"，自从对国联失望之后，便把这他信力都失掉了。

失掉了他信力，就会疑，一个转身，也许能够只相信了自己，倒是一条新生路，但不幸的是逐渐玄虚起来了。信"地"和"物"，还是切实的东西，国联就渺茫，不过这还可以令人不久就省悟到依赖它的不可靠。一到求神拜佛，可就玄虚之至了，有益或是有害，一时就找不出分明的结果来，它可以令人更长久的麻醉着自己。

中国人现在是在发展着"自欺力"。

"自欺"也并非现在的新东西，现在只不过日见其明显，笼罩了一切罢了。然而，在这笼罩之下，我们有并不失掉自信力的中国人在。我们从古以来，就有埋头苦干的人，有拼命硬干的人，有为民请命的人，有舍身求法的人，……虽是等于为帝王将相作家谱的所谓"正史"，也往往掩不住他们的光耀，这就是中国的脊梁。

这一类的人们，就是现在也何尝少呢？他们有确信，不自欺；他们在前仆后继的战斗，不过一面总在被摧残，被抹杀，消灭于黑暗中，不能为大家所知道罢了。说中国人失掉了自信力，用以指一部分人则可，倘若加于全体，那简直是诬蔑。

要论中国人，必须不被搽在表面的自欺欺人的脂粉所诓骗，却看看他的筋骨和脊梁。自信力的有无，状元宰相的文章是不足为据的，要自己去看地底下。

九月二十五日

作品赏析

《中国人失掉自信力了吗》的核心是论述中国人自信力的有无，因此，正确地理解作者所称颂的有自信力的人的含义,就成了理解这篇杂文的关键。笔者认为,"中国的脊梁"是一个民族的概念,而不仅仅是中华民族中某一阶级、某一集团的概念,在民族矛盾上升为主要矛盾的情况下,更是如此。我们中华民族是有着光荣革命传统的伟大民族,她孕育了千千万万个英雄豪杰,其中既包括劳动人民中的优秀人物,也包括剥削阶级中的志士仁人以及历代统治阶级中的杰出人物。由于历史条件的原因,后者的聪明才智比前者有更多的机会得到发挥;他们在政治、经济、军事、文化、科学、艺术等领域为中华民族的发展所做出的贡献,也比后者有更多的可能在史书上有所记载。文中所论及的"埋头苦干的人",指那些为了国家、民族的利益,执着于某一项事业,不畏艰险,奋斗不息的人。就在一年后,作者又写了历史小说《理水》,塑造了古代治水英雄大禹的形象,可互相印证。"拼命硬干的人",当指那些置身家性命于不顾,揭竿而起、斩木为兵的农民领袖和精忠报国、壮怀激烈的民族英雄。"为民请命"的确切含义,指的是为老百姓请求保全生命或解除疾苦,这一词语的出处,见《汉书·蒯通传》:"西乡(向)为百姓请命。""为民请命"这一提法在极"左"思潮泛滥时曾经受到过大规模的口诛笔伐,以致一些教科书的编者在选用这篇杂文时,不得不将这句话从文章中删除。但是,正如一位戏剧家借助剧中人物之口所说的那样:"为民请命,何罪之有?"几乎在写作本文的同时,作者写了历史小说《非攻》,塑造了一个古代为民请命的墨子形象,也可互为印证。"舍身求法"的"法",这里可做标准,规范解。"法"在世界各国语源上都兼有"公平""正直""正义"等含义,所以,"舍身求法"可以理解为:为追求某一种规范(诸如公平、正义等),不惜牺牲性命,类似"舍生取义",而"舍生取义"语出《孟子·告子上》,它在本质上属于儒家思想。历代统治阶级中的不少杰出人物,都把它奉为行动的准则,这样的例证,史不绝书。甚至无产阶级革命的一些先驱,有时也借用这一成语来激励自己的革命意志。可见,作者在这里列举的几种类型的人,都不仅仅限于某一阶级或集团,而是指我们整个中华民族的精华。鲁迅是实事求是的典范。对于那些所谓"正史",他虽然借用梁启超的说法,认为它们不过是为帝王将相做家谱,但这并不意味着对历代统治阶级采取简单否定、一笔抹杀的态度,更不意味着对他们中的杰出人物所做的贡献也采取不承认主义。他曾经把汉唐统治者魄力的"雄大"与"闳放"和"人民具有不至于为异族奴隶的自信心"一起来加以肯定;他还推崇被人误认为奸臣的曹操是个"很有本事的人,至少是一个英雄",至于他称赞一些在文学史上做出重要贡献的诗人和散文家的例子,就更是俯拾皆是了。对于那些被现代的某些人改铸得无比高大的农民起义领袖,鲁迅也从未做过无原则的歌颂,而是毫不掩饰他们历史和阶级的局限性。他对明末农民起义领袖张献忠多有针砭,即是一例。

同样,现实生活里的"脊梁",既包括中国共产党及其领导下的革命人民,也包括中华民族中其他阶级和集团中的杰出人物。就在作者写作本文之前两年,在日本帝国主义挑起的"一·二八"事变中,驻守上海的十九路军就曾奋起抵抗,重创敌人,使之四易司令。在作者写作本文之前一年,二十九军又血战喜峰口,以大刀和血肉之躯与敌人拼搏,震惊中外。中国军队在这些战斗中所表现出来的与敌人血战到底的英雄气概,无疑是"有确信,不自欺","前仆后继的战斗"的具体表现,在民族敌人面前,他们理应和中国共产党及其领导下的革命人民同属于民族"脊梁"之列。至于作者在本文中所指斥的失掉自信力而发展自欺力的人,主要指的是国民党政府中的一部分上层人物,但也不宜理解得过于绝对。本文明明写道，这种自欺力已"笼罩了一切"。可见，这种思潮也不仅仅局限于一个阶级、一个集团。恩格斯在论述三十年战争给德国带来的影响时指出，小资产阶级的市侩庸俗习气"已经沾染了德国的一切阶级"，"它既经常笼罩着王位，也经常笼罩着鞋匠的小屋"。"这种旧遗传病毒"甚至"感染"到党内，以致"必须警觉地注意这些人"。联系到作者一贯坚持的对国民"劣根性"的解剖，我们也应该承认，这种缺乏自信力甚至发展着自欺力的现象与人民群众中的某些不觉悟的部分也并非绝缘。正由于此，在困难当头的情况下，强调民族自信力，唤起民族自豪感，就成了思想战线上一项十分紧迫的任务，而《中国人失掉自信力了吗》就是鲁迅实践这一任务的光辉篇章。

情商感悟

　　自信是一个人成功的关键，很多时候我们只要向前迈出一小步，就可以成功一大步。只有使自己自卑的心自信起来，弯曲的身躯才能挺直。

　　要成为自信者，就要像自信者一样去行动。我们在生活中自信地讲了话，自信地做了事，我们的自信就能真正确立起来。面对社会环境，我们每一个自信的表情、自信的手势、自信的言语都能真正在心理中培养起我们的自信。

　　人生需要目标，有目标才有奋斗，有奋斗才有充实感。要充实必定要自信，有自信生活才会有阳光。

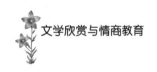

66 《老人与海》——意志

老人与海

海明威

女: 那老人再一次扛起他的桨,朝海边走去。这时候,远处的地平线刚刚出现白色。借着微弱的天光,老人理了理他的鱼钩、鱼叉和那张绕在桅杆上的旧帆。

男: 已经第八十五天了,一条鱼也没有打到。我好像已经老了,开始"背运"了。可我的胳膊倒还是有着劲呢!

女: 他慢慢地升起那张补过几次的旧帆,那帆看上去就像一面永远不会失败的旗帜。

男: 太阳升起来了。太阳刺痛了我的眼睛。这耀眼的阳光已经把我的眼睛刺痛了一辈子。我感到有点老了,有点力不从心。可年轻的时候,我是个好水手……

女: 不知过了多久,老人看见那绿色浮杆急速地向水底沉去。他拉了拉鱼绳,感到沉重的分量。

男: 我钩住的是一条什么样的鱼!它几岁了?我还从来没有见过鱼有这么大的劲呢。它只要一跳,或者往前一窜,就会要了我的命。

女: 老人全身心地等待着他和那条大鱼的最后搏斗。他想他这辈子不会再遇到这么大的鱼了,他要最后再赢一次。太阳落下去了,夜晚来临,老人感到寒冷。他望着满天的星星。他的那盏哈瓦那鱼灯也不像从前那样明亮了。……那条鱼拖着他的小船在海上游了一夜,老人没想到等待一场搏斗需要这么长时间。第二天,当太阳再一次升起,老人又冷又饿,疲惫不堪……

男: 我已经感到了你的力量。让我们面对面地斗一斗吧!我和你谁也没有帮手,这很公平!喂,老兄,让我看看你是谁,我知道你是谁!用你的大尾巴来拍碎我的船,用你那尖硬的长吻来刺穿我的身体吧,我早已做好了准备。我不会后悔死在一条大马林鱼的手里。

女: 夜晚第二次降临,老人筋疲力尽。

男: 它不会有那么大,不会的。

女: 它就是那么大,大得出乎老人的意料。老人看见了它的尾巴从水里露出来,满身紫色条纹。它伸展着巨大的胸鳍围着小船打转,老人看见了它的眼睛。

男: 我只有一次机会。这是生死搏斗。不是我叉死它,就是它撕碎我。

女: 老人觉得自己快要撑不住了。他用绵软的双手努力握紧他的鱼叉,然后站起身,将鱼叉举过头顶。他将鱼叉举到了不可能再高的高度。

男：来吧，冲着这儿来吧，做一次临死前最后的决斗！我老了，没什么力气了。我跟你磨了三天。我等了你一辈子。老兄，我还从来没见过比你更大更美更沉着的鱼呢！来吧，我们都快死了，看我们究竟谁杀死谁。

女：那条鱼挣扎着向老人的小船冲过来，它游得那么快那么有力。尖硬的长吻就像一把利剑。

男：哎——

女：老人拼尽他最后的生命，将鱼叉扎入那大鱼胸鳍后面的鱼腰里。那鳍挺在空中，高过老人的胸膛。老人扎中了大鱼的心脏。大鱼生气勃勃地做了最后一次挣扎。它跳出水面跃向空中，把它的长、它的宽、它的威力和它全部的美都展现出来，尔后轰隆一声落入水中。

男：哈……哈。

女：老人赢了。他战胜了自己，战胜了那条鱼，那条他从来没有见过的美丽的大鱼。那条鱼比老人的小船长出许多。老人撑起瘫痪般的躯体，费了很长时间才把小船拴在大鱼的身上。他不知道应该让鱼带着他走，还是他带着鱼走。

这时候一群无所畏惧的鲨鱼正嗅着血迹朝这里涌来……成群集队的鲨鱼向老人的战利品——那条系在船边的大鱼发起了猛攻。那撕咬鱼肉的声音使老人再一次站立起来。他重新举起鱼叉，悲壮地站在船头。他决心捍卫他的战利品，就像捍卫他的荣誉……

男：这不公平！你们这些厚颜无耻的强盗，真会选择时机。可我不怕你们，我不怕你们，我不怕你们！人并不是生来要给打败的。你可以消灭他，可就是打不败他，你们打不败他！……

女：当老人终于回到他出发时的那个港口，天空第三次黑暗下来。它的船边只剩下大鱼粗长的白色脊骨，夜晚的潮水摇晃着那条美丽硕大的尾巴，老人无力上岸回到他的小屋。就在船上睡着了，头枕着那张补过几次的旧帆。

男：人并不是生来要给打败的。你可以消灭他，可就是打不败他，打不败他。

女：老人睡着了。他梦见年轻时看到过的非洲。他梦见了狮子。

作品赏析

《老人与海》是海明威的代表作，凭借这部作品，他荣获 1953 年的普利策奖和 1954 年的诺贝尔文学奖，同时该书也被评为影响历史的百部经典作品之一。这部作品有如下特点：

（1）象征意蕴丰厚。《老人与海》中的形象具有很强的象征意蕴，作者用大鱼象征人生的理想和人类作为生命本身所拥有的欲望，用鲨鱼象征难以摆脱的悲剧命运，用大海象征变化无常的人类社会；而狮子是勇武健壮、仇视邪恶、能创造奇迹的象征，老人则是人类中的勇士、与强大势力搏斗的"硬汉子"的代表，他那捕鱼的不幸遭遇象征人类总是与厄运不断抗争却无论如何都无法改变的命运。

（2）"硬汉精神"。在《老人与海》中，海明威一以贯之的"硬汉精神"再一次得到体现。所谓"硬汉精神"就是无论在怎样艰难困苦的逆境中，都毫不畏惧，勇往直前，以非凡的毅力和决心同对手进行百折不挠的战斗，并在战斗中保持做人的勇气和尊严。老人桑地亚哥就完美地体现了这一点。

（3）"冰山理论"。海明威在谈到《老人与海》的创作时曾经说"《老人与海》本来可以写成一千多页那么长"，但他"总是根据冰山的原理去写它。关于显现出来的每一部分，八分之七是在水面的。你可以略去你所知道的任何东西，这只会使你的冰山深厚起来。这是并不显现出来的部分"。于是，一方面我们看到在《老人与海》简单的故事情节背后，深藏着一个丰富而又博大的世界；另一方面，这部小说像诗篇，像交织着沉郁、苦难、昂扬与庄严，甚至也不失明丽与柔情的气魄宏伟的交响曲。作者从老人的孤独与失败开始写起，依次讲述他在出海之前与小男孩的交往、他的扬帆出海、他与大鱼及鲨鱼的搏斗、他的失败的返航，最后复归于他庄严的梦境。作者叙事从容不迫，"瀑布般倾泻的豪华、庄严的抒情段落，而节奏正表现在它的抑扬顿挫里"。

（4）蕴藉深厚。通过作品中展现的老人的精神与命运，作者赞美和讴歌了不服输的"硬汉精神"。海明威巧妙地把这一主题镶嵌在故事情节中，使他想表达的主题升华到了更高的象征地位，获得了永恒的生命，使读者在审美的同时也得到了提高。另一方面，解读《老人与海》，体会海明威人与自然的观念，我们得到的启示是：自然法则是人类力量不可抗拒的，人类可以利用自然、改造自然，但人类不能征服自然。

情商感悟

《老人与海》中的老人在海上经过三天精疲力竭的搏斗，最终拖到海岸上的是一副巨大的鱼骨架子，事实上，老人是一无所获的胜利者。而且今后人们也无法相信这位身衰力竭的老人，能够战胜奔腾不息的大海。在海明威看来，人生是一场打不赢的战争，就像老人那张"用好多面粉袋子补过的旧帆，看上去就像一面永远失败的旗帜"。但老人始终没有停下行动的脚步，是一种面对巨大悲哀的追求，是一种面对死亡和失败的追求，而这种追求同样是顽强的、执着的。由此我们在老人身上看到了巨大的精神力量——意志！而且给读者带来强烈的审美效应：使我们深刻地认识到人的生命的有限和人的追求的无限之间的矛盾。在人生的道路上，谁不经受一些挫折和失败呢？此时是缴械投降，还是顽强拼搏？老人给我们的启示是积极进取和行动，是顽强的意志和追求，是必然失败面前不屈不挠的坚持。

俗语道：不以成败论英雄。老人那坚强的意志、勇敢的精神不比英雄的行为逊色，他将成为经历磨难而战无不胜的巨人。

在现实生活中，碰到困难是难免的，最重要的是要勇敢面对，有坚持不懈的精神，从失败中吸取教训。

在日常生活中，我们也许会因为考试的失败而失落，对自己没有信心；也许会因为朋友的背弃而伤心，自暴自弃。但是，想想渔夫，再想想自己，就觉得自己碰到的这些都不是问题。人生谁没有失败，最重要的是在失败过后重新勇敢地站起来，积极地去面对，寻找失败的根本原因并改正。

古人云:山穷水复疑无路,柳暗花明又一村。青年学子们,要满怀信心地去迎接挑战,坚持不懈地付出努力,成功必将属于你们!

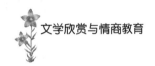

67 《在葛底斯堡国家烈士公墓落成典礼上的演说》（节选）——表达

在葛底斯堡国家烈士公墓落成典礼上的演说（节选）

林　肯

八十七年前，我们的先辈们在这个大陆上创立了一个新的国家，它孕育于自由之中，奉行一切人生来平等的原则。

我们正从事一场伟大的内战，以考验这个国家，或者任何一个孕育于自由和奉行上述原则的国家是否能够长久存在下去。我们在这场战争中的一个伟大战场上集会。烈士们为使这个国家能够生存下去而献出了自己的生命，我们来到这里，是要把这个战场的一部分奉献给他们做最后安息之所。我们这样做是完全应该而且非常恰当的。

但是，从更广泛的意义上说，这块土地我们不能够奉献，不能够圣化，不能够神化。那些曾在这里战斗过的勇士们，活着的和去世的，已经把这块土地圣化了，这远不是我们微薄的力量所能增减的。我们今天在这里所说的话，全世界不大会注意，也不会长久地记住，但勇士们在这里所做过的事，全世界却永远不会忘记。毋宁说，倒是我们这些还活着的人，应该在这里把自己奉献于勇士们已经如此崇高地向前推进但尚未完成的事业；倒是我们应该在这里把自己奉献于仍然留在我们面前的伟大任务——我们要从这些光荣的死者身上吸取更多的献身精神，来完成他们已经完全彻底为之献身的事业；我们要在这里下定最大的决心，不让这些死者白白牺牲；我们要使国家在上帝福佑下自由地新生，要使这个民有、民治、民享的政府永世长存。

作品赏析

亚伯拉罕·林肯（1809—1865），美国第十六任总统，1865年4月遇刺身亡。1861年，林肯因提出反对奴隶制的纲领当选后，导致南方诸州脱离联邦，爆发了南北战争。1863年7月3日，联邦军在宾夕法尼亚州小镇葛底斯堡取得胜利，标志着战局的转折。四个月后，林肯应邀在阵亡将士墓落成仪式上发表了这篇演讲，赞美为理想而献身的战士，并表示要完成他们未竟的事业，"民有、民治、民享"的口号则被视为民主政治的纲领，深入人心。本篇被誉为英语演说的典范及美国文学中最富有诗意的文章之一。

葛底斯堡国家公墓委员会主席，起初并没有想到总统能够出席落成典礼并发表演讲，然而，林肯总统三分钟的演讲却引得台下一万五千名观众眼中噙满泪水，并报以热烈的掌声。这篇演讲之所以取得成功是有道理的,它词语运用简洁、凝练、准确,判断正确。如演讲开头一段"八十七年之前,我们的先辈们在这个大陆上创立了一个新的国家,它孕育于自由之中,奉行一切人生来平等的原则"就是由一系列准确而鲜明的词语组成的。如"八十七年前""先辈""新的国家"等重要概念,都能在人们的心目中找到具体的表象,表述非常明确。而"我们的先辈们在这个大陆上创立了一个新的国家"一句,是关系判断,非常明确。同时,这篇简洁的演讲词中还充满强烈的感情色彩,感情真切、深沉,饱含着林肯对为国捐躯的烈士们的崇敬和缅怀之情,因此能深深地打动听众的心弦,引起共鸣。现今,这篇演讲已经被铸成金文,作为英文演讲的典范之作,存放在牛津大学。杰出的演讲家,总是非常注意遣词造句,苦心孤诣,字斟句酌,选用那些能准确恰当地表达思想内容、蕴含着真挚动人感情的词语,用这些带有强烈感情色彩的语言,去叩动听众的心扉,拨动他们的心弦,并引起共鸣。林肯的这篇演讲讲完之后,成千上万的听众眼含热泪。除了其中蕴含着深挚而丰富的情感因素之外,这篇演讲之所以取得成功,就在于林肯对演讲词的精心推敲、锤炼。

情商感悟

　　表达能力是我们在日常生活和工作中极其重要的一种能力。何为"表达"? 表达是将思维所得的成果用语言、语音、语调、表情、行为等方式反映出来的一种行为。表达以交际、传播为目的,以物、事、情、理为内容,以语言为工具,以听者、读者为接收对象。青年朋友们首先应学会的是,如何清晰地表达自己的思想和工作,进一步要学习的是,在不同的场合、情形之下合适地表达自己的思维和感情,我们认为,语言表达能力不仅仅是能够清晰有条理,更为重要的是要学会区分场合与环境。

　　那么如何提高表达能力呢? 以下建议,青年朋友们不妨试一试。比如要多读书;学习一些表达的技巧;在说话时放慢自己的语速,以便大脑及时反应并组织语言。此外,表达时还要注意自己的语气和神态,眼睛注视对方,观察对方的反应以便及时调整等。

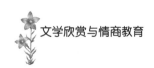

68 《关于友情》(节选)——友情

关于友情(节选)

余秋雨

一

常听人说,人世间最纯净的友情只存在于孩童时代。这是一句极其悲凉的话,居然有那么多人赞成,人生之孤独和艰难,可想而知。

我并不赞成这句话。孩童时代的友情只是愉快的嬉戏,成年人靠着回忆追加给它的东西很不真实。友情的真正意义产生于成年之后,它不可能在尚未获得意义之时便抵达最佳状态。

其实,很多人都是在某次友情感受的突变中,猛然发现自己长大的。仿佛是哪一天的中午或傍晚,一位要好同学遇到的困难使你感到了一种不可推卸的责任,你放慢脚步忧思起来,开始懂得人生的重量。就在这一刻,你突然长大。

二

然而可笑的是,我们的回答大部分不属于自己。能够随口吐出的,都是早年的老师、慈祥的长辈、陈旧的著作所发出过的声音。所幸流年,也给了我们另一套隐隐约约的话语系统,已经可以与那些熟悉的回答略作争辩。

他们说,友情来自于共同的事业。长辈们喜欢用大词,所说的事业其实也就是职业。置身于同一个职业难道是友情的基础?当然不是。如果偶尔有之,也不能本末倒置。情感岂能依附于事功,友谊岂能从属于谋生,朋友岂能局限于同僚。

他们说,在家靠父母,出外靠朋友。这种说法既表明了朋友的重要,又表明了朋友的价值在于被依靠。但是,没有可靠的实用价值能不能成为朋友?一切帮助过你的人是不是都能算作朋友?

他们说,患难见知己,烈火炼真金。这又对友情提出了一种要求,盼望它在危难之际及时出现。能够出现当然很好,但友情不是应急的储备,朋友更不应该被故意地考验。

…………

不知出于什么原因,我们这个缺少商业思维的民族在友情关系上竟然那么强调实用原则和交换原则。

真正的友情不依靠什么。不依靠事业、祸福和身份,不依靠经历、方位和处境,它在本性上拒绝功利,拒绝归属,拒绝契约,它是独立人格之间的互相呼应和确认。它使人们独而不孤,互相解读自己存在的意义。因此所谓朋友也只不过是互相使对方活得更加自在的那些人。

在古今中外有关友情的万千美言中,我特别赞成英国诗人赫巴德的说法:"一个不是我们有所求的朋友,才是真正的朋友。"真正的友情都应该具有"无所求"的性质,一旦有所求,"求"也就成了目的,友情却转化为一种外在的装点。我认为,世间的友情至少有一半是被有所求败坏的,即便所求的内容乍一看并不是坏东西;让友情分担忧愁,让友情推进工作,……友情成了忙忙碌碌的工具,那它自身又是什么呢?应该为友情卸除重担,也让朋友们轻松起来。朋友就是朋友,除此之外,无所求。

其实,无所求的朋友最难得,不妨闭眼一试,把有所求的朋友一一删去,最后还剩几个?

三

真正的友情因为不企求什么不依靠什么,总是既纯净又脆弱。

世间的一切孤独者也都遭遇过友情,只是不知鉴别和维护,一一破碎了。

为了防范破碎,前辈们想过很多办法。

一个比较硬的办法是捆扎友情,那就是结帮。不管仪式多么隆重,力量多么雄厚,结帮说到底仍然是出于对友情稳固性的不信任,因此要以血誓重罚来杜绝背离。结帮把友情异化为一种组织暴力,正好与友情自由自主的本义南辕北辙。我想,友情一旦被捆扎就已开始变质,因为身在其间的人谁也分不清伙伴们的忠实有多少出自内心,有多少出自帮规。不是出自内心的忠实当然算不得友情,即便是出自内心的那部分,在群体性行动的裹卷下还剩下多少个人的成分?而如果失去了个人,哪里还说得上友情?一切吞食个体自由的组合必然导致大规模的自相残杀,这就不难理解,历史上绝大多数高竖友情旗幡的帮派,最终都成了友情的不毛之地,甚至血迹斑斑,荒冢丛丛。

一个比较软的办法是淡化友情。同样出于对友情稳固性的不信任,只能用稀释浓度来求得延长。不让它凝结成实体,它还能破碎得了吗?"君子之交淡如水",这种高明的说法包藏着一种机智的无奈,可惜后来一直被并无机智、只剩无奈的人群所套用。怕一切许诺无法兑现,于是不作许诺;怕一切欢晤无法延续,于是不作欢晤,只把微笑点头维系于影影绰绰之间。有人还曾经借用神秘的东方美学来支持这种态度:只可意会,不可言传;不着一字,尽得风流;羚羊挂角,无迹可寻……这样一来,友情也就成了一种水墨写意,若有若无。但是,事情到了这个地步,友情和相识还有什么区别?这与其说是维护,不如说是窒息,而奄奄一息的友情还不如没有友情,对此我们都深有体会。在大街上,一位熟人彬彬有礼地牵了牵嘴角向我们递过来一个过于矜持的笑容,为什么那么使我们腻烦,宁肯转过脸去向一座塑像大喊一声早安?在宴会里,一位客人伸出手来以示友好却又在相握之际绷直了手指以示淡然,为什么那么使我们恶心,以至恨不得到水池边把手洗个干净?

另一个比较俗的办法是粘贴友情。既不拉帮结派,也不故作淡雅,而是大幅度降低朋友的标准,扩大友情的范围,一团和气,广种薄收。非常需要友情,又不大信任友情,试图用数量的堆积来抵拒荒凉。这是一件非常劳累的事,哪一份邀请都要接受,哪一声招呼都要反应,哪一位老兄都不敢得罪,结果,哪一个朋友都没有把他当作知己。如此大的联系网络难免出现种种麻烦,他不知如何表态,又没有协调的能力,于是经常目光游移,语气闪烁,模棱两可,不能不被任何一方都怀疑、都看轻。这样的人大多不是坏人,不做什么坏事,朋友间出现裂缝他去粘粘贴贴,朋友对自己产生了隔阂他也粘粘贴贴,最终他在内心也对这种友情产生了苦涩的疑惑,没有别的办法,也只能在自己的内心粘粘贴贴。永远是满面笑容,永远是行色匆匆,却永远没有搞清:友情究竟是什么?

强者捆扎友情,雅者淡化友情,俗者粘贴友情,都是为了防范友情的破碎,但看来看去,没有一个是好办法。原因可能在于,这些办法都过分依赖技术性手段,而技术性手段一旦进入感情领域,总没有好结果。

四

该破碎的友情常被我们捆扎、黏合着,而不该破碎的友情却又常常被我们捏碎了。两种情况都是悲剧,但不该破碎的友情是那么珍贵,它居然被我们亲手捏碎,这对人类良知的打击几乎是致命的。

提起这个令人伤心的话题,我们眼前会出现远远近近一系列酸楚的画面。两位写尽了人间友情的大作家,不知让世上多少读者领悟了互爱的真谛,而他们自己也曾在艰难岁月里相濡以沫,谁能想得到,他们的最后年月却是友情的彻底破碎。我曾在十多年前与其中一位长谈,那么善于遣字造句的文学大师在友情的怪圈前只知愤然诉说,完全失去了分析能力。我当时想,友情看来真是天地间最难说清楚的事情。还有两位与他们同时的文坛前辈,其中一位还是我的同乡,他们有一千条理由成为好友却居然在同一面旗帜下成了敌人,有你无我,生死搏斗,牵动朝野,轰传千里,直到一场没顶之灾降临,双方才各有所悟,但当他们重新见面时,我同乡的那一位已进入弥留之际,两双昏花老眼相对,可曾读解了友情的难题?

同样的事例,可以举出千千万万。

可以把原因归之于误会,归之于性格,或者归之于历史,但他们都是知书达理、品行高尚的人物,为什么不能询问、解释和协调呢?其中有些隔阂,说出来琐碎得像芝麻绿豆一般,为什么就锁了这么一些气壮山河的灵魂?我景仰的前辈,你们到底怎么啦?

对这些问题的试图索解,也许会贯穿我的一生,因为在我看来,这其实也正是在索解人生。现在能够勉强回答的是:高贵灵魂之间的友情交往,也有可能遇到心理陷阱。

例如,因互相熟知而产生的心理过敏。

彼此太熟了,考虑对方时已经不再做移位体验,只是顺着自己的思路进行推测和预期,结果,产生了小小的差异就十分敏感。这种差异产生在一种共通的品性之下,与上文所说的异质侵入截然不同;但在感觉上,反而因大多的共通而产生了超常的差异敏感,就像在眼睛中落进了沙子。万里沙丘他都容忍得了,却不容自己的身体里嵌入一点点东西,他把朋友当作了自己。其实,世上哪有两片完全相同的树叶,即便这两片树叶贴得很紧?本有差异却没有差异准备,都把差异当作了背叛,夸大其词地要求对方纠正。这是一种双方的委屈,友情的回忆又使这种委屈增加了重量。负荷着这样的重量不可能再来

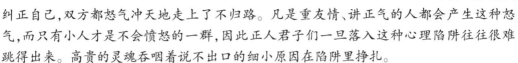

纠正自己，双方都怒气冲天地走上了不归路。凡是重友情、讲正气的人都会产生这种怒气，而只有小人才是不会愤怒的一群，因此正人君子们一旦落入这种心理陷阱往往很难跳得出来。高贵的灵魂吞咽着说不出口的细小原因在陷阱里挣扎。

五

说了这么多，可能造成一个印象，人生在世要拥有真正的友情太不容易。

其实，归结上文，问题恰恰在于人类给友情加添了太多别的东西，加添了太多的义务，加添了太多的杂质，加添了太多因亲密而带来的阴影。如果能去除这些加添，一切就会变得比较容易。

友情应该扩大人生的空间，而不是缩小这个空间。可惜，上述种种悖论都表明，友情的企盼和实践极容易缩小我们的人生空间，从而产生适得其反的效果。

要扩大人生的空间，最终的动力应该是博大的爱心，这才是友情的真正本义。在这个问题上，谋虑太多，反而弄巧成拙。

诚如先哲所言，人因智慧制造种种界限，又因博爱冲破这些界限。友情的障碍，往往是智慧过度，好在还有爱的愿望，把障碍超越。

友情本是超越障碍的翅膀，但它自身也会背负障碍的沉重，因此，它在轻松人类的时候也在轻松自己，净化人类的时候也在净化自己。其结果应该是两相完满：当人类在最深刻地享受友情时，友情本身也获得最充分的实现。

现在，即便我们拥有不少友情，它也还是残缺的，原因在于我们自身还残缺。世界理应给我们更多的爱，我们理应给世界更多的爱，这在青年时代是一种小心翼翼的企盼，到了生命的秋季，仍然是一种小心翼翼的企盼。但是，秋季毕竟是秋季，生命已承受霜降，企盼已洒上寒露，友情的渴望灿如枫叶，却也已开始飘落。

生命传代的下一个季度，会是智慧强于博爱，还是博爱强于智慧？现今还是稚嫩的心灵，会发出多少友情的信号，又会受到多少友情的滋润？这是一个近乎宿命的难题，完全无法贸然作答。秋天的我们，只有祝祈。心中吹过的风，有点凉意。

想起了我远方的一位朋友写的一则小品：两只蚂蚁相遇，只是彼此碰了一下触须就向相反的方向爬去。爬了很久之后突然都感到遗憾，在这样广大的时空中，体型如此微小的同类不期而遇，"可是我们竟没有彼此拥抱一下"。

是的，不应该再有这种遗憾。但是随着宇宙空间的新开拓，我们的体型更加微小了，什么时候，还能碰见几只可以碰一下触须的蚂蚁？

且把期待留给下一代，让他们乐滋滋地爬去。

作品赏析

"人生在世，能有几个知己？"这是每个人都会感叹的，友谊对于许多人都是可望而不可即的。而文章却对友情做了全面的诠释，其中提到了许多人们熟悉的话语，也提出了许多现实生活中存在的关于友情的问题。

余秋雨从自己童年友情的转折点写起,一幅连环画只是一个引子,真正让作者发出感慨的是昔日的小友已黯然失色。四十年的岁月也没有让作者确切地回答是否找到知音,可见友谊是多么珍贵、稀有,知音则更难寻觅,而友情的真谛又是什么呢?是迷失自我还是以自我为中心?文章给了我们明确的答案。

文中三个"他们说"是在日常生活中经常在耳边萦绕的。正如作者所说的在人们心中"友情来自于共同的事业","在家靠父母,出外靠朋友","患难见知己,烈火炼真金"这三句话仿佛已成为人人平衡友情的准则。

文化散文大家——余秋雨先生,是一个有良知、有人道主义的学者;是一个才华横溢、学识渊博的作家。先生慧眼如炬,洞悉人情世故。友情,一个古今中外人们议论不断的话题,被先生描写得淋漓尽致。知性的思绪、丰富的情感、抽象的理念、感性的形象交织融合在一起,形成一种富有诗意的表述方式。典雅、灵动、情理交融的语言引人叫绝,启人深思。在本文中,余秋雨先生对友情做了全面的诠释,犀利地剖析了友情错位的各种病理症结,揭示了友情的真谛,真正的友情不依靠事业、祸福和身份,不依靠经历、方位和处境,它在本性上拒绝功利,拒绝归属,拒绝契约,它是独立人格之间的互相呼应和确认……因此所谓朋友也只不过是互相使对方活得更加自在的那些人……真正的友情都应该具有"无所求"的性质。表达了作者对平等人际关系的向往和追求。文章笔触自然而动情,令读者为之动容。文中对人性的感悟,给人以心灵上强烈的震撼。文中提到的许多切合人们实际的问题,引发共鸣,让人陷入深深的思考中。作者融入了自己生命的真实体验,几十年的岁月也没有让作者确切地回答是否寻觅到知音。由此可见友谊的珍贵、稀有和不易获得。接下来作者对友情进行分析,作者讲到了防范友情破碎的办法,举出了前辈们的办法:一是比较硬的办法——强者捆扎友情;二是比较软的办法——雅者淡化友情;三是比较俗的办法——俗者粘贴友情。第三种既不像第一种拉帮结派,也不像第二种故作淡雅,不会刻意去强调友情,而是大幅度降低朋友的标准,扩大友情的范围,广种薄收。这种也没有真正理解友情。而且这些办法都过分依赖技术性手段,而技术性手段一旦进入感情领域,总没有好结果。还有一些原因导致友情破裂。例如因互相熟知而产生的心理过敏;因互相信任而产生的心理黑箱。然后,作者阐释了友情的真正本义。最后,作者通过写两只蚂蚁相遇的友情,来写真正友情的可贵与脆弱,友情的来之不易,友情的容易破碎,容易失去,从而告诉人们要加倍珍惜友情,不要等到失去了再后悔。作者期待以后的人们能获得真正的友情,珍惜友情,不再有错失友情的遗憾。

情商感悟

友情,一个古今中外名人志士议论不断的话题。在余秋雨的笔下挥洒得淋漓尽致。《关于友情》阐释了友情的本质、友情的错位和友情破裂的病理,着实使人受益匪浅。

友情是友谊的同义词,它是一种人类的情感,它是朋友和朋友之间的感情。它是一种很美妙的东西,可以让你在失落的时候变得高兴起来,可以让你走出苦海,去迎接新的人生。它就像一种你无法说出,又可以感到快乐无比的东西。只有拥有真正朋友的人,才能感受到它真正的美好之处。

友情,它是一种只有付出了同样一份这样的东西,才可以得到的这种东西。它和亲情、爱情一样,全是一种抽象的、令人捉摸不透的东西,可却要比它们更值得我们去珍惜。

友情不要求什么,它有一种温暖,它是我们都能体会到的。

没有人能说清楚,友情到底是一种什么东西。那它到底是什么东西呢?它是你只有付出关爱,付出真诚才能得到的东西;它既是一种感情,也是一种收获。

想要知道它到底是什么,那你只有自己去亲身体验了!

读余秋雨的《关于友情》,让我们重新整理对友情的看法,抛开以前的误识,拾起现在的真谛。"友情本是超越障碍的翅膀,但它在自身也背负障碍的沉重,因此,它在轻松人类的时候也在轻松自己,净化人类的同时也在净化自己。"因此,我们在对待友情时,切不要让它负重,更不要让它残缺。

69 《真正的修行是遇见你自己》——自省

真正的修行是遇见你自己

南怀瑾

真正的修行不在山上，不在庙里，不能脱离社会，不能脱离现实。要在修行中生活，在生活中修行。你的工作环境就是你的道场、你的坛城。

修行是什么，是不是一定要脱离生活跑到庙里拜佛念经呢？是不是一定要专职打坐、阅读灵修书呢？

当生活出现了问题，我们总感觉是生活的问题打乱了我们的修行。其实修行与生活是一体的，修行的目的也是为了解决生活中的实际问题，离开了生活谈修行，总不免是在逃避问题……

煮饭、洗碗、做家务，也是一种修行。修行，总会让人想到偏安一隅的山林隐士，幕天席地、禅坐、行脚，苦苦思考宇宙中生的意义。然而修行的定义绝非如此狭隘，在生活中修行，不知要比那些"躲起来"独善其身的人勇敢多少倍，平衡工作与家庭、压力与健康……在错综复杂的关系中寻求平衡，反而更能让我们看清生活如实的本貌。

不要把修行变成一种逃避现实生活或烦恼的借口。修行不是一种逃跑的方式；修道不是修一条逃跑的道儿。修行更不能成为一种心灵的娱乐。

当修行从实际问题入手，每一个实际问题都是入口。

每一个问题都是道场，每一件烦恼的事都是道场，每一次情绪的旋风都是道场，每一次恐惧的到来都是道场，每一个念头都是道场。

如果你婚姻有问题，有问题的婚姻就是你的道场；如果你和老公的关系有问题，和老公的关系就是道场；如果你和同事发生矛盾，与同事的矛盾就是道场；如果你陷入生活的无聊，这无聊就是道场；如果你出现了钱的问题，钱就是道场；如果畏惧生死，生死问题就是你的道场。道场在你每一个受难处，道场在你每一个受卡和被卡处。修行必须从那里进行。

不要移过婚姻的问题，老公的问题、同事的问题、无聊的问题、钱的问题，生死问题——而跑到寺庙、禅堂、山林或修行者多的地方，去玄谈道去，去冥想佛或菩萨去，去念阿弥陀佛或《大悲咒》去。修行不是为了遇见佛，而是为了遇见你自己。修行应该哪里有问题在哪儿修，直到修通这个问题。在寺庙、在禅堂、在大山林、在修行者多的地方心情好、没问题，但那有什么用？

修行也不是向他人显示你的自我："看我修行得多好。""我是一个修行者。"修行是向你自己的生活显示,"看,这个问题难不住我""它不是问题""什么也不能带给我问题或烦恼""存在只能给我喜悦"。

作品赏析

　　南怀瑾先生是一位在海内外享有盛誉的著名学者,被视作一代宗师,是现代"中国文化引路人"。"上下五千年,纵横十万里,经纶三大教,出入百家言。"这是一代大师南怀瑾对自己一生事功和学问的写照。他长期精研国学,读书数万卷,学贯中西,学识渊博,著作等身;他精研儒释道,将中国文化各种思想融会贯通。在为人处事方面,他更是将西方哲学与诸子百家之思想精华相融合,俨然一个布道者,在人事纷繁,喧嚣热闹的社会生活中,为大众详解其"道",讲述人生智慧。南怀瑾先生心怀无穷愿力,以普度众生为己任,一生游走世界各地,向世人"传道授业解惑也",施教不已。《真正的修行是遇见你自己》就是一篇充满人生智慧,对修行人很有教育意义的好文章。文章意蕴深邃,语言平实,但又字字珠玑,智慧的箴言挥洒如诗,警醒读者。文章寓意深刻,针对性强,说服力强。生活中,很多人将自己冠名为修行人,实际上是修了半天也不知道在修什么。更有绝大多数人认为修行就应该脱离生活跑到寂静之地,如寺庙拜佛念经、专职打坐、阅读灵修书或进入山林深处一味坐禅冥想。但作者却有独特而深刻的思考:离开了生活谈修行,总不免是在逃避现实生活的问题……不如在生活的诸多琐事中修炼自己的身心。你生活中遇到的每一道关卡,都是你修行的最好时机。修行是向你自己的生活显示,"看,这个问题难不住我""它不是问题""什么也不能带给我问题或烦恼""存在只能给我喜悦"。归根结底,真正的修行不是为了遇见佛,而是为了遇见你自己。所以修行要遇见的佛恰恰就是自己。国学大师宏阔的思想境界和非凡智慧也由此可见一斑。的确,大千世界,芸芸众生,每个人置身于红尘闹市中,都免不了和人、事、物打交道,少不了忧愁、烦恼和困惑,怎样解决问题,怎样化解矛盾,南怀瑾先生为人与处世的思想和真知灼见值得每个人借鉴和深思。

情商感悟

　　有人说人生就是一场修行,修什么呢? 如何修呢? 要通过自省的方法。修行的次第是这样的,闻、思、修、行、证。《大学》里有这样一句话,大学之道,在明明德,在亲民,在止于至善。讲明人修行最终的目的,是通过学习使自己自性的光明显现出来,使自己的本性达到至善的境界。不忘初心,为了这个理想,需要一直努力。

　　有一句古话是天人合一,人与自然,人与社会是密不可分的。真正的修行是一份从容处世的淡然,不为世俗所困的释然,无论顺境逆境,永葆一份"百花丛中过,片叶不沾身"的超然。在《劝学》中荀子也提到"君子博学而日参省乎己,则知明而行无过矣",每天多次地反省自己,使自己智慧明达,行为没有什么过错。"宝剑锋从磨砺出,梅花香自苦寒来。""不经一番寒彻骨,哪得梅花扑鼻香。"所谓的不受磨,难成佛。经历生活的风雨,才能够见人生的彩虹。诚然,知行合一,修为至理。我们为了解决生活中的问题而修行。生活是我们人生知识、人生智慧的源泉。人生就是一个不断地遇到问题解决问题的过程,历事炼心,才能够真正地成就自己。修行是人生的必修课,在这个过程中也许需要我们改变,改变是痛苦的,但是结果是美好的。修正自己的行为是漫长的,但这是我们终其一生不变的课题。在日常的行住坐卧当中,在举手投足之间,人生处处是考场,事事皆修行,不必躲山中,道法自然应。

后　记

　　一直想编写一本情商方面的书籍,现在终于如愿。

　　情商和智商如同一对孪生兄弟,出现在关心、关注、从事教育事业的人们的茶余饭后,出现在家长们对孩子成长的考量中,出现在教育专家学者们的论文著作中。情商以无可争议的分量,成为教育的重要内容之一。然而,围绕高考形成的教育模式,使得智育几乎"包打天下",学生只要有好的成绩,就会使家长有面子,学校创荣誉,社会能认可。而唯独学生成长了没有,成长了多少,心理成熟几分,意志、品质、毅力如何,与人相处的人际交往能力如何,这些却没有多少人真正关心,甚至从来都没有人正视过!很多人想当然地认为"情商会随年龄的增长而增长",殊不知,情商与知识、技术的提高一样,也需要后天的付出才能习得。所以,任何一个人的成长完善过程,既包括知识、技术的丰富积累,也应该有情商的提高。没有情商的提高,学生将成为高分低能的教育次品。智商让人获得知识、技术,情商则让知识、技术产生价值。情商、智商没有哪个更重要,就像鸟之两翼,两个都重要,缺一不可。

　　一直想在学校开设情商教育的课程,想把情商教育落实在教育实践中。笔者长期在中等职业学校工作,对职业学校的学生特点极为熟悉。在很多人的眼光里,这些学生都是中招过滤后的失败者,大多数学生基本也都是这么定位自己的。但多年的教育实践及伴随学生成长的过程证明,中职学校的学生一点也不差,智商肯定不落后,这是不需要证明的。正直、孝心、善良在他们身上显示得也非常充分,绝大多数学生好学上进。有时我经常拿我身边表现好的、入学时只有200多分的学生,与普通高中我熟悉的500分左右的学生暗自比较,我们的学生真的一点不逊色。

　　不同的成长环境塑造了不同的成才之路。但职业学校的学生在应试教育中失败了,为什么?通过观察,我发现在智商差别不大的情况下,孩子的智能倾向潜在地起着作用,还有情商的高低起着重要作用。所以要使中职学校的学生重拾信心,一是要挖掘他们的智能倾向,二是要培养训练他们的情商。基于这样的想法,所以一直想开设情商教育的课程。当然,情商教育在学校教学中上升不到主流课程的位置,但作为选修课还是有其一席之地的。平时与学生交流时,了解到他们大都喜欢涉猎这样的内容。这本书付印之后,在学校开设选修课程也就具备了一定的条件。尤其通过这本书的编写,自己对情商教育的理解进一步深入,对开设这门课更加有了信心。开设课程后既可以让学生读书,又可以实践训练,情商教育成矣!开设课程之后,还想进一步挖掘情商教育的课程门类和实践模式,探寻出一条情商教育训练的有效途径。这么一谈,可以看出,本书编写只是对情商教育探索的初步工作,以后还有更多的内容等着我们课题组去探索完成。真诚希

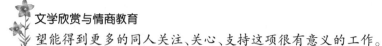

望能得到更多的同人关注、关心、支持这项很有意义的工作。

　　本书的编写离不开编写组每位同人的辛苦努力和智慧付出,大家认真挑选每一篇文章,字斟句酌,推敲定稿,显示出治学严谨的态度和深厚的文字功底。更离不开各方的大力支持和帮助,我校校长李京辉亲自过问书稿的进展情况,提出指导意见。郑州职业技术学院院长薛培军教授提出了很多修改建议,我们都一一采纳。薛院长还亲自为本书作序,对我们是极大的鼓励。清华大学艺术学理论博士后、美术学(书法)副教授、中国书法家协会会员薛帅杰为本书题写了书名。他们的关心、关怀使本书大大增辉。

　　还有其他关心、支持、帮助过我们的同人、朋友,不再一一述说,在这里一并表示深深的感谢! 正是大家的帮助、支持才使本书付梓,同时这份厚爱也会成为我们继续前进的动力!

高勤华

二〇一八年十二月